新编

新编高职高专旅游管理类专业规划教材

谢彦君　总主编

U0872806

LÜYOU JINGQU RENLI ZIYUAN GUANLI

旅游景区人力资源管理

沈雁飞　主　编

余世勇　副主编

旅游教育出版社

总 序

经过将近三年的策划与组织，旅游教育出版社的“新编高职高专旅游管理类专业规划教材”终于要整体付梓印行了。本套丛书不管是在编写宗旨的确立还是在撰著者的遴选方面，都经历了一个较为严谨而细致的过程，这也为保证丛书的质量奠定了一个良好的基础。

中国的高等旅游教育和旅游产业发展，已经度过了三十多个春秋。从20世纪70年代末的筚路蓝缕到今天已蔚为大观的局面，这当中包含了几代学人和业者共同努力、共同创业的艰辛。在今天看来，尽管在这个知识和行业共同体中曾经并依然存在着观点、思想和认识上的碰撞和摩擦，但一路前行的步伐却始终没有停止过。这也是中国旅游教育界、旅游产业界呈现于世人的最令人鼓舞的风貌和景观。

在整个高等旅游教育体系中，职业教育的发展，只是在最近的十几年中才真正被政府纳入到大力发展的战略框架当中，并在今天形成了占据旅游高等教育半壁江山的势头。如果站在整个旅游高等教育的视野来审视旅游职业教育和普通教育在整个旅游高等教育中的局面，大家会有一个基本的共识：旅游高等职业教育在人才培养方面，无疑更加体现了专业细分、供需对接、学为所用的人才培养效率和效果，并不像旅游本科教育那样，每年的毕业生有70%以上流入其他行业或领域，从而造成社会教育资源的极大浪费。这个问题学界多有认识、阐述和呼吁，并一致认为，其根源在一定程度上是由本科专业目录管理过于僵化的行政机制所造成。值得欣慰的是，最新的本科专业目录调整方案中，已经增设了饭店管理专业，这一举措借鉴了旅游专业高等职业教育按照旅游大类进行专业细化的成功方面，昭示了旅游大类下设专业（二级学科）进一步有限度细化的趋势。

不过，尽管旅游专业的高等职业教育有其成功的地方，但也不是没有问题。在专业格局有了科学摆布的前提下，人才培养的质量就取决于具体的人才培养方案了。在这当中，各个学校所拥有的教学资源、师资队伍、教材、教学法等方面的准备，就成为关键的教育因素。如果仔细盘点目前我国旅游专业高等职业教育在这一方面的家底，其实还很不容乐观。在我看来，由于我们对职业教育在认识上还不够成熟，准备上还不够充分，操作上还有待完善，加之旅游职业教育向来多以接待服务为教育的主体内容，缺乏硬技术、高门槛，因此，中国的旅游职业教育，依然显得离岗位培训距离不远、差异不大。在知识体系和职业技能的衔接方面，始终没有找到最好的途径和策略。因此，旅游职业教育在培养人的职业深度发展空间方面，始终有浅薄无力的缺欠。这是一个需要警觉，同时也是一个需要时间才能加以解决的问题。

旅游教育出版社在策划本套丛书的初期，就曾意识到这个问题，并有努力解决这一问题的想法。在本套丛书的书目确定、作者遴选、写作宗旨的厘定等方面，都试图对上述问题做出回应。从各位作者所做的努力来看，本套丛书还是在一定程度上解决了这个问题。整套丛书中，不乏在这方面做得很好的，也有在其他方面展现了充分特色的著作。因此，希望本套丛书的面世能够给旅游职业教育提供一套比较适用的教材资源。

本套丛书的作者都来自职业教育工作的教学与科研第一线，他们在各自所长的学科领域也都多有建树。作为本丛书的主编，我十分感谢他们在编写过程中所做出的巨大努力以及展现出来的合作与奉献精神。

由于水平所限，加之本人对旅游职业教育的理解缺乏深度，因此，本套丛书还是会存在总体架构、基本思想和具体编写工作方面的诸多不足甚至错谬。希望广大读者和其他人士对本书的缺欠不吝赐教，以图再版时予以修正，避免贻误学生。

是为序。

谢彦君

2011 年 7 月 22 日于灵水湖畔

前言

旅游景区已成为一个地区旅游业发展的标志。

从全国范围来看，随着旅游业的发展，景区急需大量高素质，兼具现代服务意识、服务技能和景区管理能力的实用型人才。不少院校意识到旅游景区开发与管理对人才的巨大市场需求，在旅游管理类院校中设置了旅游景区开发与管理专业方向，并设置了相应的课程。其中"旅游景区人力资源管理"是旅游景区开发与管理专业的主干课程之一。

本教材具有以下特色：

(1)先进性。形式上，尽可能按照"立体化教材"的模式编写，针对景区人力资源管理实践性强的特点，增加拓展知识、特别提示，突出学生的能力训练和职业素质培养。

(2)实用性。每章节中都有明确的学习目标，增加了案例分享，使学生在学习基本的知识点后，能综合应用所学知识、技能灵活地分析和解决具体问题。

(3)科学性。本书引用的资料、数据尽量做到准确、可靠，力求最新，以体现最新成果和最新发展状况。

本书大纲由金华职业技术学院旅游与酒店管理学院沈雁飞副教授拟定，并负责提出编写体例格式、组织编写及初稿的审定和全书的最后统稿工作。全书共分为八章，编写分工如下：沈雁飞，第一章、第二章、第六章、第七章、第八章；宋城股份杭州乐园人力资源部经理王燕茹，第三章；宋城股份杭州乐园人力资源部副经理王玲飞，第四章；杭州西溪湿地经营有限公司人力资源部总监余世勇，第五章。参与本书编写的人员是有丰富实际工作经验的不同类型旅游景区的人力资源管理专家，在此致谢！

本书在编写过程中，参考了多位专家学者的相关文献，在此表示衷心感谢。同时，感谢旅游教育出版社和责任编辑，为本书出版付出的大量辛劳。由于时间和水平有限，本书难免有疏漏和不足之处，恳请各位专家和广大读者批评指正。

沈雁飞

2011 年 11 月

目录

第一章 旅游景区人力资源管理概述

引　言

旅游景区是一个国家和地区人文资源、自然景观的精华,是展示民族历史和民族文化的重要窗口。从旅游行业的角度看,旅游景区是旅游活动的核心和空间载体,也是旅游产品的主体成分,且是旅游产业链中的中心环节,更是旅游消费面的吸引中心,还是旅游产业面的辐射中心,当前,观赏旅游景区仍是人们旅行的主要动机。在一定意义上甚至可以说,整个旅游业都是依附于旅游景区而存在的。在知识经济时代,人力资源已成为旅游景区的第一资源,是促使实现景区目标的最重要资源。

旅游景区的一切活动都离不开人,因此,人是旅游景区最宝贵的资源。故而人力资源管理是任何组织都不可缺少的一项基本专项管理。人才是景区建设、经营管理和进一步发展的支柱,高水平的景区必须具有优秀的管理与服务人才,必须开展完善的人力资源管理工作。

学习目标

1. 初步了解人力资源及相关概念、基本特征,并能主动进行探究性学习;

2. 培养学生掌握旅游景区人力资源的特点及构成内容,并能联想到景区企业人力资源管理领域的实际问题;

3. 掌握人力资源管理的含义、基本原理及模型;

4. 掌握景区人力资源的管理及基本功能;

5. 了解并初步分析旅游景区人力资源管理的基本原理及发展的最新趋势。

第一节　认识人力资源

一、旅游景区人力资源的特点

（一）人力资源的含义

人力资源，是与自然资源、物质资源或信息资源相对应的概念，有广义与狭义之分。广义的人力资源，是指以人的生命为载体的社会资源，凡是智力正常的人都是人力资源，它以人口为存在的自然基础；而狭义的人力资源，则是智力和体力劳动能力的总称，也可以理解为是为社会创造物质文化财富的人。

人力资源实质上应该包括四个方面的内容：一是人的本身体质；二是人的智力；三是具有特定范畴的才干；四是人的意识观念状态和道德准则。只有这四个方面的组合才形成人力资源。作为最重要、最活跃的生产要素，人力资源在旅游景区发展中起着越来越重要的作用。

拓展知识

"人力资源"一词是由当代著名的管理学家彼得·德鲁克（Peter F. Drucker）于1954年在其《管理的实践》一书中提出的。他指出，和其他所有资源相比，人力资源唯一的区别就在于其是人，是一种特殊的资源，必须通过有效的激励机制才能开发与利用，为企业创造经济价值。随后，"人力资源"一词为管理学界、企事业界所接受，学者们对人力资源的内涵和定义也从多角度进行了界定。

彼得·德鲁克，现代管理之父，"大师中的大师"。彼得·德鲁克于1909年生于奥匈帝国的维也纳，祖籍为荷兰。德鲁克家族的先人在17世纪时从事书籍出版工作。德鲁克的父亲为奥国负责文化事务的官员，母亲是率先学习医学的妇女之一。德鲁克从小生长在富于文化的环境中，他于1979年所著的自传体小说《旁观者》对自己的成长历程作了详细而生动的描述。彼得·德鲁克在管理界是颇受人尊敬的思想大师。

德鲁克一生共著书39本，在《哈佛商业评论》发表文章30余篇，被誉为"现代管理学之父"。他的文风清晰练达，对许多问题都提出了自己的精辟见解。

（二）人力资源的相关概念

1.人口资源

这是指一个国家或地区所拥有的人口总量，它是一个最基本的底数，一切人力资源、人才资源皆产生于这个最基本的资源中，它主要表现为人口的数量。

2. 劳动力资源

这是指一个国家或地区所拥有的劳动力人口总和。它通常是指 18 岁左右至 60 岁左右的人口群体，偏重的是数量。

劳动力资源与人力资源的区别是：

人力资源包含数量和质量两个概念，它不仅要求具有劳动能力，同时还要具有健康的、创造性的劳动，能推动社会的发展和人类的进步；而人力资源不受年龄的限制。

3. 人才资源

这是指一个国家或地区具有较强的战略能力、管理能力、研究能力、创造能力或专门技术能力的人口总称；同时还是优秀的人力资源。它主要突出的是质量概念。

4. 人力资本（Human Capital）

这是指人们以某种代价获得，并能在劳动力市场上具有一种价格的能力或技能。

人力资源与人力资本的关系：前者是后者内涵的继承、延伸和深化；分析角度不同，分析内容也不同。

特别提示

人力资源和人力资本的区别

在于社会财富和社会价值的关系上，两者是不同的。

人力资源，是指劳动者拥有的脑力和体力对价值创造起了重要的贡献作用，强调人力作为生产要素在生产过程中的生产、创造能力，它在生产过程中可以创造产品、财富，促进社会发展。它与社会价值的关系应当说是一种由果溯因的关系。

人力资本，是由投资形成的，强调以某种代价获得能力或技能的价值，投资的代价可以在提高生产力过程中以更大的收益收回。它与社会价值的关系应当说是一种由因索果的关系。

二者研究问题和关注的重点不同。

人力资源，将人作为财富的来源来看待，使从投入产出的角度来研究人对经济发展的作用，关注的重点是产出的问题，即人力资源对经济发展的贡献有多大，对经济的推动力有多强。

人力资本，是通过投资形成的存在于人体中的资本形式，是形成人的脑力和体力的物质资本在人身上的价值凝结，是从成本收益的角度来研究人在经济增长中的作用,强调投资付出的代价及其收回,考虑投资成本带来多少价值,研究的是价值增值的速度和幅度,关注的是收益问题,即投资能否带来收益及其带来多少收益的问题。

二者的计量形式不同。

人力资源,是指在一定时间、一定空间内人所具有的对价值创造起贡献作用,且能够为组织所利用的体力和脑力的总和,是存量的概念。

人力资本,如果从生产活动的角度看,往往是与流量核算相联系的,表现为经验的不断积累、技能的不断改进、产出量的不断变化和体能的不断消耗;如果从投资活动的角度看,又与存量核算相联系,表现为投入到教育培训、迁移和健康等方面的资本在人身上的凝结。

纵观世界各国、各地区、各企业的发展,都有一个共同点,就是把社会、科技、经济等发展的依据放在"人才"这个支撑点上。这在人力资源的配置逐步全球化、社会化的今天,更是如此。人力资源之所以是第一资源,是因为:知识经济正在崛起,并将逐步取代工业经济,其战略资源已不再是土地资源、材料、能源等物质资源,而是人力资源。国家间的竞争、地区间的竞争乃至企业间的竞争,归根到底是人才的竞争。人才是科技进步和社会经济发展的最重要资源和主要推动力。

为更全面地理解人力资源的概念,我们应从以下几个方面把握人力资源的特征:

(1)生物性。与人的自然特征相联系;与其他任何资源不同,人力资源属于人类自身所有,存在于人体之中,是一种"活"的资源,与人的生理特征、基因遗传等密切相关,具有生物性。

(2)能动性。人力资源的能动性是指人力资源是体力与智力的结合,具有主观能动性,具有不断开发的潜力。表现在自我强化性、选择性、积极性三个方面;人力资源具有创造性思维的潜能,能够在人类活动中发挥创造性的作用,既能创新观念、革新思想,又能创造新的生产工具、发明新的技术。

(3)时代性。人力资源的时代性,是指形成人力资源的人都是生活在一定的历史条件下和社会环境中的,不同时期社会经济发展的总体水平必然决定着人力资源的数量和质量,决定着人力资源的整体素质与水平。人力资源本身反映了不同时代的社会发展力水平对劳动者的认识能力、创造能力的决定和影响;同时,人力资源又反作用于现实社会,决定和影响着现实社会的发展水平。今人不同于古人,此一代人不同于彼一代人,就是这个道理。

(4)智力性。人类的智力具有继承性,即它包含着智力的内容,一般的动物只能靠自身的肢体运动做功,取得其生存资料。人类则把物质资料作为自己的手段。

人类创造了工具，通过自身的智力，使器官得到延长、放大，从而使自身的能力无限扩大，推动数量巨大的物质资料，获得丰富的生活资料。人类的智力具有继承性，这是指人力资源所具有的劳动能力随着时间推移的不断积累、延续和增强。

(5)再生性。人力资源是可再生资源，通过人口总体内各个个体的不断替换更新和劳动力的"消耗——生产——再消耗——再生产"的过程实现其再生。人力资源的再生性除受生物规律支配外，还受到人类自身意识、意志的支配，人类文明发展活动的影响，新技术革命的制约。它基于人口的再生产和劳动力的再生产。

(6)社会性。人力资源是一种社会资源，应归整个社会所有。人处在一定的社会中，人力资源的形成、配置、利用、开发是通过社会分工来完成的，是以社会的存在为前提条件的。人力资源的社会性，主要表现为人际间的交往及由此产生的千丝万缕的联系。人力资源开发的核心，在于提高个体的素质，因为每一个个体素质的提高，必将形成高水平的人力资源质量。既要注重人与人、人与团体、人与社会的关系协调，又要注重组织中团队建设的重要性。

正是这些特点将人力资源与其他资源区分开来，使人力资源在人类所拥有的一切资源中，是第一位、最宝贵的资源，成为现代管理的核心。

(三)旅游景区人力资源的特点①

旅游景区是一个多功能的综合性旅游企业，各个旅游景区等级不同、范围大小有别，内容特色各异，在其经营管理上都有各自的特点，对人才的需求也不尽一致，但无论哪种旅游景区，其服务内容和宗旨都有共同点，具体表现在：

1. 需求量大

旅游景区是一个综合性的旅游企业，一个大型景区所涉及的行业可以包括整个旅游行业中各主要企业的类型。例如，有的景区内设有酒店，并配置交通运输、餐饮、娱乐场所、购物、商品销售等；而有些景区内还设置附属的旅行社，这就需要配备大量的管理人员、专业技术人员、接待人员、服务人员、后勤保障人员等，才能保证旅游景区的正常运转，为游客提供优质服务。

2. 素质要求高

旅游景区作为国家和地区的一个"窗口"，其员工队伍的素质高低更在一定程度上代表了国家和地区的形象。旅游景区人力资源的高素质体现在三个方面，即个人能力、职业道德和职业习惯。个人能力方面要求具备较强的文化修养、较高的知识层次、良好的记忆力、敏锐的观察力和优异的交际能力；职业道德方面，要求敬业爱岗、尽职尽责、工作热情、态度友好、自觉维护旅游景区的形象和利益；职业习惯方面，要求有履行职业要求的业务水平和服务技能，有适应游客需求和景区发展

---

① 资料来源：董观志. 景区经营管理. 广州：中山大学出版社，2007：298.

的业务管理技能以及较高的服务意识。

3.层次丰富

大多数旅游景区的人力资源配备要求层次丰富，不仅需要素质极高的高级管理人员、高级技术人员，也需要较高素质的中级管理人员和技术人员，同时还需要高素质的基层员工。

4.季节性强

旅游活动具有明显的季节性。旺季时，旅游景区的服务人员数量要求较多；淡季时会有大量的人力资源闲置。这就意味着景区很多岗位都是临时性的，在景区的人力资源管理过程中，对临时工的管理也是最容易忽视的，必须引起管理者的高度重视，才能保证旅游景区的整体服务质量。

二、旅游景区人力资源的构成内容

一般来讲，旅游景区人力资源的构成内容主要包括：体质、智力、心理素质、品德、能力素养、情商等方面。

体质，即身体素质，包括身体的忍耐力、适应能力、抗病力和体能等。

智力，在这里是指学习的速率。智力的优劣主要取决于记忆能力、感知能力、理解能力、思维能力、接受能力和应变能力。

心理素质，包含情绪的稳定性、心理承受能力、心情、心态、心理应变能力和适应能力等。

品德，即道德品质。古人把良好的道德品质概括为仁、义、礼、智、信。人的道德品质对其人力资源的质量和评估是非常重要的。

能力素养，是学历、经历、阅历的综合表现。它可以表现为以下这些能力：战略能力、知识总量、规划能力、理解能力、决策能力、研究能力、组织能力、判断能力、创新能力、人际沟通能力、推理能力、分析能力、感知能力、工作的条理性、应变能力、文字写作能力、演讲与口才能力、再学习的能力。

情商(EQ)，即情感商数(Emotional Intelligence Quotient)，通常主要指情绪控制能力，还包括定力、耐性、沟通能力等。情商水平的高低对一个人能否取得成功有重大的影响作用，有时其作用甚至要超过智力水平。情商包括：一是认识自身的情绪。因为只有认识自己，才能成为自己生活的主宰。二是能妥善管理自己的情绪。即能调控自己。三是自我激励，它能够使人走出生命中的低潮，重新出发。四是认知他人的情绪。这是与他人正常交往，实现顺利沟通的基础。五是人际关系的管理，即领导和管理能力。

三、旅游景区人力资源的重要性

人力资源与物力资源、财力资源、信息资源共同构成了财富的源泉，并且人力资源通过对其他三类资源的支配和调控,在财富的形成过程中起着关键性作用。人力资源是旅游景区各项资源中的主体要素,也是制约旅游景区管理和发展的主要因素。由于旅游景区相对较低的工资、较长的工作时间和单调的工作性质等特点,使旅游景区对人才的吸引力小于酒店、旅行社,员工流失率高,这就给有效的人力资源管理提出更高的要求。旅游景区加强人力资源的开发与管理,有利于更全面、系统、客观、有效地分析旅游景区战略与人力资源规划,合理配置人力资源,发挥旅游景区内部的人力资源优势,最大限度地发挥人力潜能,使人尽其用。

第二节　旅游景区人力资源管理

一、旅游景区人力资源管理

（一）人力资源管理的含义

对管理的理解,存在着多种观点,现在对管理有一种最简洁,也是最抓住其本质的定义,即管理是通过别人把事办成。把管理言简意赅地归纳为通过别人把事办成,正是突出地点明了管理者的主要职责是去管理别人,强调了管理者的主要职责是搞好管理。这种管理的贡献和价值将远远超过管理者去做体力的和简单的劳动所能创造的价值。

人力资源管理是研究如何最有效、最合理地管理和使用企业所拥有的最宝贵的资源——其员工们的才能与热情,从而实现企业的既定目标,实现其经济效益和社会效益的最大化。

人力资源管理(Human Resource Management,简称 HRM),就是指运用现代化的科学方法,对与一定物力相结合的人力进行合理的培训、组织和调配,使人力、物力经常保持最佳比例,同时对人的思想、心理和行为进行恰当的诱导、控制和协调,充分发挥人的主观能动性,使人尽其才,事得其人,人事相宜,以实现组织目标。

根据定义,可以从两方面来理解人力资源管理,即:

1. 对人力资源外在要素——量的管理

对人力资源进行量的管理,就是根据人力和物力及其变化,对人力进行恰当的培训、组织和协调,使二者经常保持最佳比例和有机的结合,使人和物都充分发挥出最佳效应。

2. 对人力资源内在要素——质的管理

主要是指采用现代化的科学方法,对人的思想、心理和行为进行有效的管理(包括对个体和群体的思想、心理和行为的协调、控制和管理),充分发挥人的主观能动性,以达到组织目标。

（二）现代人力资源管理与传统人事管理的区别

(1)传统人事管理的特点是以“事”为中心，其管理的形式和目的是“控制人”；而现代人力资源管理以“人”为核心，强调动态地对心理、意识和潜能的调节与开发，管理的根本出发点是“着眼于人”，此类管理归结于人与事的系统优化，致使企业取得最佳的社会和经济效益。

(2)传统人事管理把人作为一种成本，将人视做一种“工具”，注重投入、使用和控制；而现代人力资源管理把人作为一种“资源”，注重产出和开发。是“工具”，你可以随意控制它、使用它；是“资源”，特别是把人作为一种资源，你就得小心保护它、引导它、开发它。难怪有学者提出：重视人的资源性的管理，并且认为21世纪的管理哲学是“只有真正解放了被管理者，才能最终解放管理者自己”。

(3)传统人事管理是某一职能部门单独使用的工具，似乎与其他职能部门的关系不大，但现代人力资源管理却与此截然不同。实施人力资源管理职能的各组织中的人事部门逐渐成为决策部门的重要伙伴，从而提高了人事部门在决策中的地位。人力资源管理涉及企业的每一位管理者，现代的管理人员应明确：他们既是部门的业务经理，也是该部门的人力资源经理。人力资源管理部门的主要职责在于制订人力资源规划、开发政策，侧重于人的潜能开发和培训，同时培训其他职能经理或管理者，提高他们对人的管理水平和素质。所以说，企业的每一位管理者，不单完成企业的生产、销售目标，还要培养一支为实现企业组织目标能够打硬仗的员工队伍。现代人力资源管理更多地探讨人力资源管理如何为企业的战略服务，人力资源部门的角色如何向企业管理的战略合作伙伴关系转变。

表1-1 传统人事管理与现代人力资源管理的区别

类型 / 项目	现代人力资源管理	传统人事管理
管理内容	以人为中心，关注开发	以事为中心，关注对人的掌控
管理形式	动态管理	静态管理
管理视角	视员工为第一资源、资产	视员工为负担、成本
管理手段	信息管理	手段单一
管理层次	处于决策层	执行部门，很少决策
管理策略	战术与战略相结合	战术性管理
管理方式	人性化管理	制度控制和物质刺激
管理性质	战略性、整体性	战术性、分散性
管理目的	组织和员工利益的共同实现	组织短期目标的实现

资料来源：贺秋硕，喻靖文. 人力资源管理案例引导教程. 北京：人民邮电出版社，2010.

（三）旅游景区现代人力资源管理的内涵

现代旅游景区的人力资源管理，是指一个旅游景区为有效利用其人力资源而进行的制订景区人力资源管理战略和人力资源计划，并在其指导下，进行人员安排、业绩评定、员工激励、管理培训及决定报酬和劳资关系等一系列活动。

根据阿姆斯特朗对人力资源管理体系目标的规定，旅游景区的战略发展目标最终将通过其最有价值的资源——景区员工来实现。为了提高旅游景区员工的整体业绩，必须制定与景区整体战略发展目标紧密相连，具有连贯性的人力资源方针和制度，努力寻求旅游景区人力资源管理制度和政策同景区战略发展目标之间的匹配与统一，同时创造合理的旅游景区管理环境，鼓励景区员工进行创造和创新，培养员工积极向上的作风，制定反应灵敏、适应性强的旅游景区组织管理体系，帮助旅游景区实现竞争环境下的具体目标，提供相对完善的工作和组织条件，为景区员工充分发挥其潜力提供所需要的各种支持。

拓展知识

人力资源管理的发展历程

对人的管理活动起源久远，中国五千多年的文明史中，就有许多“知人善任”、“唯才是举”的管理理念和事例，诸如春秋战国时期的《尚书》、《左传》、《论语》、《墨子》、《孟子》、《韩非子》，汉代的《史记》、《汉书》，三国时代的《人物志》，唐代的《贞观政要》，宋代的《资治通鉴》等，都有精彩的论述。中国古代的这些辉煌思想，日本、美国、欧洲各国的一些人力资源管理学者至今仍在研究和应用。人力资源管理作为一门独立的学科，形成于20世纪初美国科学管理兴起时期。人力资源管理的发展历程，大致可以分为三个阶段：经验管理、人事管理和人力资源管理阶段。

一、经验管理阶段（18世纪后期—19世纪末）

这期间，随着西方资本主义国家大工业生产的兴起，手工作坊渐被淘汰，工业企业开始发展，但规模不大，生产力水平低。此阶段，对工人的管理主要靠资本家或其代理人的个人经验，没有操作规程和严格的规章制度。这一阶段管理的特点是：工厂的所有者就是工厂的管理者，他们凭着传统的经验办事，管理工作比较简单，以人治为主，人事管理随意性强，是典型的雇佣关系下的管理。

二、人事管理阶段（19世纪末—20世纪70年代末）

人事管理阶段又可分为以下几个阶段：科学管理阶段、人际关系管理阶段、行为科学管理阶段。

（一）科学管理阶段（19世纪末—20世纪初）

20世纪初，“科学管理之父”弗雷德里克·泰勒（Frederick Taylor）发表了其代表作《科学管理原理》，这标志着企业管理由漫长的经验管理阶段，步入划时代的科学管理阶段。泰勒在人事管理方面，主要提出以下管理方法：以"劳动定额"、"工时研究"为主要管理方式，对劳动效果进行科学合理的计算；劳动方法、劳动工具标准化；有目的地培训工人；明确划分了管理职能和作业职能，劳动人事部门开始出现，主要职能是监工，还负责招工、协调和配置人员。

（二）人际关系管理阶段（20世纪20—50年代）

科学管理尽管对经验管理来讲是质的飞跃，但它存在自身的不足和缺陷，即过分强调工作效率，忽视员工的心理需求。随着社会的进步、人民生活水平的提高，经济组织里的员工对缺乏人性关怀的管理感到厌倦。如何调动员工的主动性、积极性成为管理学研究的重要课题。

20世纪20年代，哈佛大学心理学家梅奥(Mayo)为组织者的研究小组在芝加哥的西方电器公司霍桑(Howthorne)工厂进行了一系列实验，这就是著名的"霍桑实验"。梅奥得出结论：生产效率不仅受物理的、生理的因素影响，还受社会环境、社会心理的影响。他提出工人不是"经济人"，而是"社会人"，具有心理与社会各方面的各种需求。另外，他还提出了企业中除正式组织外还存在非正式组织的见解，这些研究结果促进了人际关系理论的产生。

（三）行为科学管理阶段（20年代50—70年代）

行为科学是在人际关系学说基础上形成的。但行为科学以更广泛的理论学科和应用学科为理论，涉及更多的问题。它重视对个体心理和行为、群体心理和行为的研究与应用，侧重于对人的需要和动机的研究，探讨了对人的激励研究，分析了与企业有关的"人性"问题。其代表人物是勒温、马斯洛和麦格雷戈。这一阶段在理论上，已经从过去只重视对具体工作和组织的研究，转向重视人的因素的研究，这是从重视"物"转向重视"人"的一种观念和理论上的飞跃。

在人事管理方面，虽然逐渐看是重视人的因素，但企业的人事管理仍然更多地关注对事的管理，并不关注员工绩效，员工在企业不被看做可待开发的资源，而是简单地以人事档案的形式存在。

三、人力资源管理阶段（20世纪70年代末至今）

"人力资源"这一概念早在1954年就由彼德·德鲁克在其著作《管理的实践》中提出并加以明确界定。20世纪70年代末以来，人力资源管理理论不断成熟，并在实践中得到进一步发展，为企业所广泛接受，并逐渐取代人事管理。

现代人力资源管理基本上涉及了企业人力资源管理最为重要的几个方面，即人力资源战略与规划、岗位分析、雇员的招募与甄选录用、工作绩效评价、培训与开发、薪资福利与激励计划、劳资关系和雇员安全与健康计划等。然而，人力资源管理取代人事管理，并不仅仅是名称上的改变和内容的进一步丰富，它更是一种管理观念上的根本性变革。现代人力资源管理与传统人事管理的最大区别就在于:过去的人事管理是以工作为中心的,即让人去适应工作;而现代人力资源管理则是以人为中心的,它总是力图根据人的特点和特长来组织工作,从而使人力资源的能量得到最大限度的发挥。

进入20世纪90年代,人力资源管理理论不断发展,也不断成熟。这个阶段,人力资源作为企业重要的战略性资源,开始由企业高层充分考虑到企业的战略规划中。招募、甄选、培训开发、奖惩、薪酬,以及对劳动者进行激励的重要性,已经受到组织中每一个单位和每一个职能领域的重视。企业不再只是对人力资源进行浅层次的管理,也不只是为其他部门提供例行性服务,而是将人视为一种可增值的资源进行深度的开发与经营。这个阶段,企业需要建立起由企业高层管理人员、直线经理以及专业HR(人力资源,Human Resource,下同)管理团队共同组成的人力资源经营主体,实施系统化、全面化的人力资源管理理念,而不再认为人力资源管理工作应由HR部门独立处理。战略人力资源管理理论的提出和发展,标志着现代人力资源管理进入了新阶段。

二、人力资源管理的5P模型

"5P"模型认为,人力资源管理是一项系统性的工作,它包括五项基本的工作:识人、选人、用人、育人、留人(见图1-1)①。

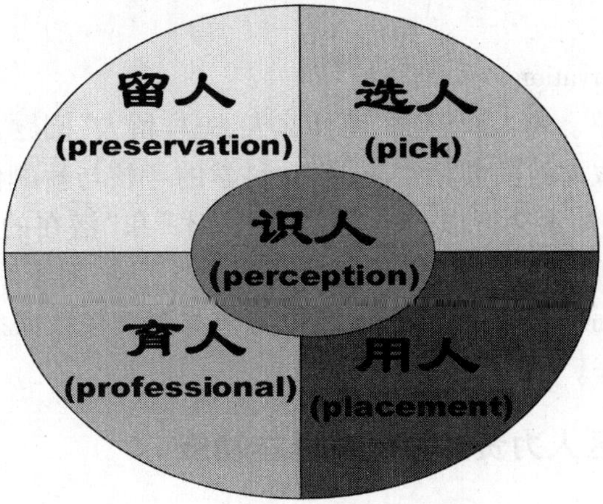

图1-1 人力资源管理的5P模型图

① 李旭穗.人力资源管理实务[M].广州:华南理工大学出版社,2009:4.

1. 识人(Perception)

识人是"基础"。所谓识人,就是要认识和了解人的心理与行为规律,洞察人的心理需求变化,其是人力资源管理工作的基础。人才识别是以科学的人才观念为指导,借助科学的人才测评技术和手段,识别符合企业需求的真正人才。

2. 选人(Pick)

选人是"先导"。选人是人力资源管理工作的首要环节,是对人员的招聘与选拔。选人必须在岗位分析的基础上建立并完善岗位说明书,设计科学的选拔方案,同时借助科学的选拔工具和手段提高选拔的信度和效度。

3. 用人(Placement)

用人是"核心"。企业人力资源管理的出发点和落脚点在于用人,通过对人力资源的合理配置和使用,达到人尽其才、才尽其用,同时达成组织既定的目标。要用好人,具体来说,首先,应在企业发展战略的基础上,制订人力资源战略规划,并分解制定科学、合理的年度招聘制度,严格界定需引进人才的数量、层次和结构等内容;其次,在人力资源配置的过程中,须做到知人善任,量才录用,任人唯贤,建立和完善人员流动机制和人事管理制度。

4. 育人(Professional)

育人是"动力"。育人即培养人才。育人的根本目的,是激发员工的工作兴趣,提高员工的工作素质,规划员工的职业生涯,以达到使其成为职业专家能手的过程。因此,管理者的角色是老师、教练、专家。育人必须以战略为向导,既注重满足当前需求的培训,更注重满足未来需求的开发,着力建立一套科学的培训与开发体系。

5. 留人(Preservation)

留人是"目的"。留人要解决"留什么人,怎样留人"问题,必须围绕"持续激励人"这个核心,采取有效的激励措施,建立科学的考核与薪酬体系。显然企业应该留住的是人才,而人才又可以分为"现实的人才"和"潜在的人才"两类。对于前者,我们要给予奖励和晋升,激励他们继续为企业工作;对于后者,我们要给予培训和开发,使他尽快成为现实的人才。绩效考核与薪酬体系必须围绕如何留住企业所需要的人才展开。

三、旅游景区人力资源管理及基本功能

(一)旅游景区人力资源管理的概念

旅游景区人力资源管理,是指运用各种科学、合理的方法对景区的人力资源进行培训、组织和调配,使景区的人力、物力、财力始终保持最佳比例,同时对员工的思想、心理和行为进行恰当的诱导、控制和协调,充分发挥员工的主观能动性,为实

现景区既定的目标而努力。

（二）旅游景区人力资源管理的基本功能

人力资源管理是旅游景区的基本管理职能之一，其基本功能就是吸引、保持、激励与开发旅游景区发展所需的人力资源，促进旅游景区战略发展目标的实现。旅游景区的人力资源管理具有以下五种基本功能：

1. 获取功能

旅游景区的人力资源获取功能，主要是通过景区对人才的综合吸引力来实现的。旅游景区的形象、景区知名度、景区的宣传力度等都对景区的人才吸引力具有重要影响。旅游景区应该制定统一、鲜明的人力资源管理理念、政策和战略，培养和塑造和谐、统一的景区文化范围，据此来凝聚景区的人力资源。根据战略发展目标，旅游景区应该确定目前和未来所需员工的条件，通过人力资源规划、招聘、考核、选拔、录用与配置等一系列过程，来获取景区所需的人才。

2. 整合功能

旅游景区人力资源管理的整合功能，主要是指通过人力资源管理统一的理念和价值观，把景区员工的目标、行为、态度统一起来，在景区员工之间建立良好的信息沟通机制，使景区员工之间建立和谐的人际关系，有效地化解员工之间的矛盾冲突，使之形成一个高度合作与协调的群体，充分发挥集体优势，提高旅游景区的整体运作效益。

3. 评价功能

旅游景区人力资源管理的评价功能，主要是指通过对景区员工工作成果、工作态度、技能水平，以及其他方面作出全面的考核、鉴定和评价，为相应的奖惩、晋升、去留等决策提供依据。通过评价功能，可以使景区员工的贡献与收益、责任与收益、风险与收益相对称，把景区的整体利益和广大员工的个人价值融为一体，建立景区的长期激励机制，把景区建设成为一个人才成长与发展的有效平台，促进景区整体运营效率的提高。

4. 保持功能

旅游景区人力资源管理的保持功能，主要是通过招聘适合景区岗位的员工，为其提供良好的工作环境，制定有吸引力的职能体系、加强对员工的培训、促进员工工作能力的持续提高等一系列措施来实现的，景区人力资源管理的保持功能，可以为景区员工的发展提供一个有效的平台，激发景区员工的积极性、主动性和创造性，使优秀的人才能够留在景区。

5. 发展功能

旅游景区人力资源管理的发展功能，主要是通过景区员工培训、工作丰富化、职业生涯规划与开发等一系列措施来实现的。这一系列措施，有助于促进景区员工知识、技能和其他方面的素质显著提高，使景区员工的潜能得以充分发挥，最大限度地实现其个人价值和对景区的贡献率，达到员工个人和景区共同发展的目的。

以上旅游景区人力资源管理的五项功能是相辅相成、密切联系、彼此互动的。它们共同构成完整的旅游景区人力资源管理功能体系。

特别提示

旅游产业是一项综合性的产业，是一个国家或地区经济的重要组成部分。在旅游资源丰富的国家，旅游业一般都成为主要产业，甚至是支柱产业。旅游业在协调经济结构、平衡国际收支、加快货币回笼、促进经济发展、增加社会就业等方面具有不可替代的作用。

旅游景区是旅游业的核心要素，也是旅游产品的主体成分，且是旅游产业链中的中心环节，还是旅游消费面的吸引中心，更是旅游产业面的辐射中心。由于旅游资源的垄断性、不可替代性，以及门票价格的非市场性，旅游业在其他方面（如购物、餐馆、交通等）价格下降的同时，旅游景区门票价格多呈刚性，只升不降，旅游景区的收入规模与收入比重将会越来越大。最重要的是，旅游景区是旅游吸引力的根本来源，且是旅游消费的直接刺激因素，成为旅游消费面的吸引中心。人们选择旅游目的地，安排旅游行程，首要考虑的是旅游景区的吸引力程度，其次才考虑交通可进入性，以及其他配套设施的完善程度。从这个意义上讲，旅游景区是旅游业“行、游、住、吃、购、娱”六大要素中的核心要素，其他各要素只是配套条件和辅助要素。

旅游景区是旅游业发展的增长点。在旅游产业发展过程中，作为旅游吸引力根本来源和旅游消费原动力的旅游景区，其开发建设成为产业扩张的重心点，其经营管理成为产业发展的着力点，其消费成为旅游经济新的增长点。一个国家或地区旅游业的发展，关键在于培育具有吸引力和竞争力的旅游景区、景点。

我国目前正在进一步加快建设旅游景区、景点，实施精品战略，努力建设和推出一批在海内外市场上影响大和竞争力强的旅游景区、景点，以及旅游线路，推进旅游产品的多样化；进一步丰富和优化旅游产品，增加其文化科技内涵，提高参与性和吸引力，突出地方特色和民族特色；大力发展生态旅游、都市旅游等，规划建设一批国家生态旅游示范区、旅游扶贫试验区和旅游度假区。

四、旅游景区人力资源管理的基本原理

由于旅游景区自身的特点，使得旅游景区与其他组织的人力资源管理工作相

比,既有共性,也有自己的个性,概括起来,在旅游景区人力资源管理工作中,主要应遵循以下原则:

1. 文化凝聚原理

现代人力资源管理已经发展到一种文化管理的阶段,文化已经成为塑造旅游景区凝聚力的重要方法和手段。不同的景区就有不同的文化及特色,文化是旅游景区的灵魂,具有极强的凝聚力,是景区员工的黏合剂,员工一旦对企业文化认同,就会与企业同甘苦、共命运。景区文化对于景区的人力资源具有重要的凝聚功能和约束功能,通过塑造高尚的景区文化,树立良好的景区形象等,吸引人力资源,开发人力资源,建立景区与个人、个人与个人之间的忠诚关系,提高景区的组织效率。所以,要加强景区企业文化的建设,用高尚的企业目标、企业精神、企业风气塑造人才、凝聚队伍,促进企业发展壮大。

2. 激励强化原理

旅游景区员工在受到激励的情况下,能够产生比平时大得多的工作热情,提高工作的完成质量,增强对组织的认同感和归属感。根据研究表明,一个人在没有激励的状态下工作只能发挥20% ~30% 的潜能,但是通过适当的激励就可以发挥80% ~90% 的潜能。因此,可采用包括物质动力,如物质的奖罚,或者精神动力,如成就感与挫折感、危机意识等方式来激发景区员工的潜能。但每个员工的兴趣、需求可能存在差异,因此,需要充分了解每个员工的特点和需要,结合景区的实际情况,采取有针对性的激励措施。同时要注意激励的公平性、及时性,使员工能够及时了解景区弘扬什么、抑制什么,以矫正自己的行为。此外,管理人员要轻许诺、重承诺,以维护景区员工对组织的信任。

3. 弹性冗余原理

人的劳动能力是有限的,劳动强度要适度有弹性,以保持旺盛的精力、清晰的智力、敏捷的思维和健康的身体。大部分旅游景区的客源都存在淡季和旺季之分,很多时候,淡季与旺季的游客量相差悬殊。旅游旺季,景区需要大量的服务人员,而到了淡季,就会出现人员的闲置。因此,不少景区对一线员工都采用灵活的用工方式。这种做法在为景区节省成本的同时,也带来了一些问题,使一些景区没有较为固定的员工队伍,内部难以培养优秀管理人才,同时也导致招聘和培训费用增加,以及旅游旺季的服务人员素质良莠不齐,影响旅游者对景区的评价等,长期下来,这种无形成本可能比节约的有形成本还要大。因此,景区要减少短期行为,根据实际情况,将灵活用工控制在一定范围内,建立一支有弹性、留有余地的员工队伍。与此同时,加强景区产品的开发和有效的市场宣传与推广,增加旅游淡季的客源,尽量使“淡季不淡”,以消化景区富余人员。

4. 系统优化原理

景区人力资源系统优化原理,是指景区人力资源系统经过组织、协调、运行、控制,使其整体功效达到最优绩效。景区人力资源管理系统面对的最主要要素是人,景区管理者、景区员工、旅游者都是具有复杂性、可变性和社会性的人。景区人力资源系统具有相关性、目的性、整体性、社会性、有序性等系统共性。因此,要达到景区员工的群体功效最优,必须注意协调,提倡理解,反对内耗,通过系统优化,达到整体的最优。

5. 竞争合作原理

景区人力资源系统的竞争,包括景区之间人力资源状况的竞争、景区内各类员工之间的竞争和景区人才所拥有的各种专业技能的竞争。旅游景区在择用员工时,应根据景区需要,择优录用,充分体现竞争的公平性,在日常工作中,由于景区经营本身不断需要新的创意和更完善的工作,也要采取一定的管理方式,调动员工的竞争意识,使组织有生机和活力。但竞争是良性的,在竞争中双方或多方都应受益。同时,竞争中有合作,由于人力资源的个体差异化,景区员工在知识、能力、气质、性格、爱好、年龄等方面存在差异,应扬长避短,各尽所长,互补增值。

第三节　旅游景区人力资源管理的特殊性

一、旅游景区

(一)旅游景区的概念

目前,在学术界和旅游业界对"旅游景区"尚无严格定义,广义的旅游景区通常被理解为旅游目的地或旅游吸引物,拥有旅游资源的地方,旅游者乐于光顾的地方,自然就可以称之为旅游景区。它未必是一个地域上有明确边界的地方,博物馆、公园和一些历史古迹遗址是有明确地域边界的,但一些风景宜人的海滨或海滩,滑雪坡地的地域边界就很难确定。也不一定是长久性的、长期存在的。一些著名的节事赛事,景区内的各种活动、表演都是有时间性的,如巴西里约热内卢的狂欢节、伦敦白金汉宫前的换岗仪式或一些应季的花卉展览等,错过了一定的时间这个吸引物就不存在了。

而狭义的旅游景区则是一个有组织机构管理的旅游资源区域,一个吸引游客休闲和游览的经营实体,基本上等同于《旅游景区质量等级的划分与评定》(GB/T 17775－2003)中对"旅游景区"(tourist attraction)的定义,即旅游景区是以旅游及其相关活动为主要功能或主要功能之一的空间或地域。其具有参观游览、休闲度假、康乐健身等功能,具备相应旅游服务设施并提供相应旅游服务的独立管理区。该管理区应该有统一的经营管理机构和明确的地域范围。包括风景区、文博院馆、寺庙观堂、旅游度假区、自然保护区、主题公园、森林公园、地质公园、游乐园、动物园、植物园及工业、农业、经贸、科教、军事、体育、文化艺术等各类旅游景区。

根据这个定义,一个经营性的旅游景区至少应包含以下五个要素:

(1)经营主体,即有统一的经营管理机构对景区进行管理;

(2)独立职能,即景区应是一个独立的职能单位,要有专门的人、财、物和场所;

(3)空间范围,即景区的空间地域范围应是明确固定的;

(4)旅游功能,即应满足游客的旅游消费需求;

(5)服务设施,旅游景区要有必要的服务设施,如交通设施、住宿设施、餐饮设施等,这样才能为旅游者提供相应的服务产品。

特别提示

旅游景区与旅游景点的混淆

旅游景区与旅游景点,虽只是一字之差,二者有根本的区别,并不单是空间区域尺度的问题。一般而言,旅游景点的区域范围较小,而旅游景区的区域范围要大些,包括若干个景点。旅游景点是旅游景区的基础,是旅游景区的重要组成部分。如果没有旅游景点的旅游景区是很难想象的,景从何来。旅游景区由旅游景点和旅游服务设施诸如游步道、标志牌、旅游公厕、组织机构等构成。

(二)旅游景区的类型

对旅游景区进行分类,有助于了解旅游景区的性质,提高旅游景区的管理效率和服务水平。按照不同的分类标准,旅游景区有多种分类方法。如按照主要旅游资源的类型可分为自然类旅游景区、人文类旅游景区、主题公园类旅游景区和社会类旅游景区;如按照景区的主导功能分类,则可分为观光类旅游景区、度假类旅游景区、科考类旅游景区和游乐类旅游景区;如按照旅游景区的质量等级可分为A级、2A级、3A级、4A级、5A级共五个类型。通常采用较多的是按照资源属性的不同,对旅游景区进行分类。

1. 自然旅游景区

以自然景观和自然资源为主要吸引物,以名山、大川、江、河、湖、海为代表,在全国的旅游景区中占有比较大的比重,也是现在旅游者旅游的一个热点。典型的旅游景区如黄山、九寨沟、张家界等。根据自然景观的类型,自然旅游景区又可以分为山岳型旅游景区、森林型旅游景区、江河型旅游景区、湖泊型旅游景区、瀑布型旅游景区、泉水型旅游景区、洞穴型旅游景区等多种类型。

2. 人文旅游景区

以人文景观和人文资源为主要吸引物,并辅以一定的自然景观的相对独立的旅游景区。在人文旅游景区中,主体的吸引物是人文景观,而不是自然景观。最具代表性的是以古建筑为主体的人文旅游景区,多数人文旅游景区都是依靠这样的一个资源在市场上生存和发展,比如北京故宫、颐和园、八达岭长城、圆明园等。根据人文景观资源的不同,人文旅游景区可分为历史文化名城、古代工程建筑、宗教文化、古典园林、博物馆等多种类型。

3. 主题公园旅游景区

主题乐园是根据特定的主题,采用现代化的科学技术,借助于人力、物力和财力,为游客设计的融诸多娱乐休闲活动为一体的活动空间。主题乐园在我国又称主题公园,是一种人造旅游景区。例如,美国的迪士尼乐园,深圳的锦绣中华,大连老虎滩海洋极地馆,各种各样的民族文化村、世界之窗等,这些主题乐园都是一种资源脱离型的旅游产品。

4. 综合型旅游景区

这是指有多处自然景观和人文景观,二者相互映衬、相互依赖,共同吸引游客而形成的相对独立的旅游景区。综合型旅游景区中的自然景观和人文景观的旅游价值都较高,二者复合在一起,形成复合型的旅游吸引物。典型的综合型旅游景区有泰山、峨眉山、普陀山、西湖等。

5. 社会型旅游景区

这是一种新的旅游景区类型,它突破了人们对旅游景区界定的定式。只要是利用社会资源吸引旅游者,开展旅游经营业务,并形成相对独立的旅游景区都可以称之为社会类旅游景区。典型的社会型景区就是利用工业企业或工业园区为吸引物的工业旅游示范区、利用生态农业资源开发的生态农业旅游观光区,以及借助高等院校和科研机构开展的修学旅游等。

(三)旅游景区的功能

我国旅游景区的类型复杂多样,景观变化丰富,文物古迹众多。大多数旅游景区拥有优美的自然景观和珍贵的历史文化遗迹,保存着良好的生态环境,具有浓郁的民族文化风情和地方文化传统,在区域社会发展中具有重要的作用,其功能主要有游憩、教育、生态、科考、经济五大方面。

1. 游憩功能

游憩功能是旅游景区的首要功能,也是旅游景区最基本的功能。旅游景区一般都具有良好的生态环境、优美的自然风景和丰富的文物古迹,因而成为广大游客向往的浏览观赏之地。在闲暇时间,人们到旅游景区进行观光度假或娱乐,获得身心休息和锻炼,陶冶性情。

旅游景区能提供给人们各种形式的愉悦体验,从而满足人们的观赏、度假、休闲、审美、求知、健身等多种心理需要。在旅游景区中游客们尽情享受景观中丰富的美感,获得精神的愉悦,放松身心,恢复体力和精力,并充实和提高自我,抒发对生活的热爱,度过悠闲的假期。不管是哪一种类型的旅游景区,它的游憩功能越强,越能吸引广大的游客。

2. **教育功能**

中国的旅游景区在发展过程中深受古代哲学、宗教、文学、艺术的深厚影响。很多风景名胜区伴有不少的民间故事、神话传说、名人事迹,保存着大量的文学艺术作品。

旅游景区是个天然的课堂,能够提供审美、自然、历史、文化等多种教育。任何一个旅游景区,不论其整体或局部、实物或空间,绝大多数都具有特色鲜明的美的形象、美的环境和美的意境。在自然旅游景区中,自然界中各种物体的形、色、质、光、声、态各种因素相互影响、相互交织、相互配合而成,呈现出险、秀、雄、幽、旷、坦、奥等千变万化的自然之美;在人文旅游景区中,各种文物古迹、历史遗迹、神话传说等相互渗透,形成了瑰丽多彩的人文之美。

我国山河壮丽,历史悠久,古迹众多。尤其是我国的风景名胜区中,有的是古代"神山",例如,因被历代帝王封禅祭天活动而形成的"五岳";有的是自古以来因宗教活动而逐渐发展的佛教名山和道教的洞天福地;有的是千百年来就是人民群众游览的地方;有的是人民革命纪念地;有的是近代发展起来的避暑胜地……因此很多风景名胜区中都保存着不少的文物古迹、摩崖石刻、古建园林、诗联匾额、壁画雕刻……它们都是文学史、艺术史、建筑史、园林史、革命史、科技发展史的重要史料,是历史的见证,同时也是进行历史教育的理想场所。

3. **生态功能**

人类生存需要良好的生态环境。随着人类社会的发展,环境问题日益突出,成为当代人类共同面临的难题之一。由于地球上大面积的自然环境受到破坏,森林遭到滥伐,绿地面积迅速缩小,人口急剧增长,工业污染加剧,导致大气自净能力减弱,生态环境失衡,促使人类生存环境日益恶化,直接影响人们的身心健康。在城市中,环境不断恶化是非常明显的。而旅游景区一般都具有良好的环境条件,尤其在风景名胜区中,大多还保存着山清水秀的良好生态环境,这对环境问题日益严重的今天来说,实在是难能可贵。因此,旅游景区在维持生态平衡方面具有重要的作用。

4. **科考功能**

许多旅游景区,尤其是风景名胜区,往往是特殊的地形、地貌、地质构造、稀有生物及其物种、古代建筑、民族乡土建筑的宝库,而且它们都有一定的典型性和代表性，因而旅游景区往往具有极其重要的科学价值，成为很多学科进行科学研究、科普教育的实验室和课堂。

5. 经济功能

旅游景区本身并不直接产生经济价值，而是通过其自然景观、人文景观及风景环境提供人们游览观赏来吸引游人，再通过为游人提供的饮食、住行、服务、供应等经济活动而产生经济价值，因而旅游景区具有了发展地方经济、增加就业等经济功能。随着人民生活水平的提高，外出旅游的越来越多，旅游业也会越来越发展，旅游景区的经济功能也就越来越突出。

二、与旅游景区相关的概念

在我国与旅游景区相近、相关的概念有很多，如风景名胜区、自然保护区、森林公园、地质公园、世界遗产等，其间存在着或多或少的差异，而生活中人们往往不加区别，互相混用，造成了表述上的混乱。

1. 风景名胜区

根据国务院2006年9月新修订的《风景名胜区条例》，风景名胜区，是指具有观赏、文化或者科学价值，自然景观、人文景观比较集中，环境优美，可供人们游览或者进行科学、文化活动的区域。风景名胜区划分为国家级风景名胜区和省级风景名胜区。国务院建设主管部门负责全国风景名胜区的监督管理工作。国务院其他有关部门按照国务院规定的职责分工，负责风景名胜区的有关监管工作。

自1982年起至2011年1月底，国务院总共公布了7批、208处国家级风景名胜区。实际生活中，几乎所有风景名胜区都可以建设成为经营性的旅游景区，这也是人们常常将二者混同的原因，但从旅游景区的分类可以看出，旅游景区并不仅限于风景名胜区，风景名胜区是旅游景区的重要组成部分。

2. 自然保护区

根据国务院1994年10月9日发布的《中华人民共和国自然保护区条例》，自然保护区，是指对有代表性的自然生态系统、珍稀濒危野生动植物物种的天然集中分布区、有特殊意义的自然遗迹等保护对象所在的陆地、陆地水体或者海域，依法划出一定面积予以特殊保护和管理的区域。自然保护区分为国家级自然保护区和地方级（省、市、县）自然保护区。国家对自然保护区实行综合管理与分部门管理相结合的管理体制。国务院环境保护行政主管部门负责全国自然保护区的综合管理。国务院林业、农业、地质矿产、水利、海洋等有关行政主管部门在各自的职责范围内，主管有关的自然保护区。

我国建立自然保护区的目的是保护珍贵的、稀有的动物资源，以及保护代表不同自然地带的自然环境的生态系统，还包括有特殊意义的文化遗迹等。其意义在于：

(1)保留自然本底，它是今后在利用、改造自然中应循的途径，为人们提供评价标准，以及预计人类活动将会引起的后果；

(2)贮备物种，它是拯救濒危生物物种的庇护所；

(3)科研、教育基地，它是研究各类生态系统的自然过程、各种生物的生态和生物学特性的重要基地，也是教育实验的场所；

(4)保留自然界的美学价值，它是人类健康、灵感和创作的源泉。

1956 年，我国在广东省肇庆建立了我国的第一个自然保护区——鼎湖山自然保护区。截止到 2007 年 8 月，我国已建成 303 个国家级自然保护区。对自然保护区，我国采取保护、科研教育、生产相结合的方式，在不影响保护区的自然环境和保护对象的前提下，还可以和旅游业相结合，旅游只是自然保护区的一个副产品。

3. 森林公园

根据林业部(现林业局)1994 年 1 月发布的《森林公园管理办法》，森林公园，是指森林景观优美，自然景观和人文景物集中，具有一定规模，可供人们游览、休息或进行科学、文化、教育活动的场所。林业部主管全国森林公园工作。森林公园分为国家级、省级和市县级三级。

我国第一座森林公园是 1982 年设立的张家界国家森林公园。截至 2010 年 5 月，我国已建立各级森林公园 2 458 处，其中 730 处国家森林公园。2006—2009 年，全国森林公园共接待森林旅游人数超过 10.66 亿人次，以门票为主的森林旅游直接收入达 690 亿元，创社会综合旅游收入超过 5 700 亿元。森林旅游产业一直保持快速、良好的发展态势。森林公园已成为人们休闲、度假、养生、健身的重要场所，森林旅游产业逐步成为林业产业体系中最具活力和最具发展前景的新兴产业。

4. 地质公园

根据地质矿产部(现国土资源部)1995 年 5 月 4 日发布的《地质遗迹保护管理规定》，对具有国际、国内和区域性典型意义的地质遗迹，可建立国家级、省级、县级地质遗迹保护段、地质遗迹保护点或地质公园。

地质公园是以具有特殊地质科学意义、稀有的自然属性、较高的美学观赏价值，且具有一定规模和分布范围的地质遗迹景观为主体，并融合其他自然景观与人文景观而构成的一种独特的自然区域。既为人们提供具有较高科学品位的观光旅游、度假休闲、保健疗养、文化娱乐的场所，又是地质遗迹景观和生态环境的重点保护区，地质科学研究与普及的基地。截至 2011 年 3 月，国土资源部一共公布 5 批共 182 家地质公园。国务院地质矿产行政主管部门在国务院环境保护行政主管部门的协助下，对全国地质遗迹保护实施监督管理。

地质公园分为国家级、省级、县级三级。此外，由联合国教科文组织组织专家进行实地考察，并经专家组评审通过，经联合国教科文组织批准的地质公园，称世界地质公园（Global Geo Park，GGN），中国目前共有20个世界地质公园。

5. 国家公园

由国家政府部门在全国范围内统一管理的“国家公园”从2008年才刚刚起步。2008年10月8日，中国环境保护部和国家旅游局已批准建设中国第一个国家公园试点单位——黑龙江汤旺河国家公园。该公园地处小兴安岭南麓，范围包括汤旺河原始森林区和汤旺河石林区。此区域是松花江一级支流汤旺河的源头，植被覆盖率99.8%以上。以红松为主的针阔叶混交林是亚洲最完整、最具代表性的原始红松林生长地，同时分布着大量云杉、冷杉、白桦、椴树等多达110余种珍贵树种。区域内生物多样性丰富，有野生植物612种，国家重点保护珍稀濒危植物10种；野生动物250多种，国家重点保护的珍稀濒危物种40余种。区域内自然景观独特，百余座花岗岩石峰构成了奇特的地质地貌，是目前国内发现的唯一一处造型丰富、类型齐全、特征典型的印支期花岗岩地质遗迹。

环境保护部和国家旅游局决定开展国家公园试点，主要目的是为了在我国引入国家公园的理念和管理模式，同时也是为了完善我国的保护地体系，规范全国国家公园的建设，有利于将来对现有的保护地体系进行系统整合，提高保护的有效性，切实实现保护与发展双赢。

6. 世界遗产

世界遗产，是指被联合国教科文组织和世界遗产委员会确认的人类罕见的、目前无法替代的财富，是全人类公认的具有突出意义和普遍价值的文物古迹及自然景观。狭义的世界遗产包括“世界文化遗产”、“世界自然遗产”、“世界文化与自然遗产”和“文化景观”四类。广义概念，根据形态和性质，世界遗产分为文化遗产、自然遗产、文化和自然双重遗产、记忆遗产、人类口述和非物质遗产（简称“非物质文化遗产”）、文化景观遗产。

联合国教科文组织注意到：世界各国文化遗产和自然遗产越来越有遭受到破坏的威胁，一方面因年久腐变所致，另一方面社会和经济条件使情况恶化，造成更加难以对付的损害或破坏现象，而任何文化或自然遗产的破坏或毁灭都会使全世界遗产枯竭。一些国家保护这类遗产的工作不是很完善，原因在于这项工作需要大量投入，而有些国家却不具备充足的经济、科学和技术力量，故联合国教育、科学及文化组织考虑到为此有必要通过采用公约形式的新规定，以便为集体保护具有突出的普遍价值的文化和自然遗产建立一个根据现代科学方法制定的永久性的有效制度，使这些全人类的世界遗产得以留存，于是联合国教育、科学及文化组织在1972年11月16日通过了《保护世界文化和自然遗产公约》。

中国于1985年12月12日加入该公约。1999年10月29日，中国当选为世界遗产委员会成员。中国于1986年开始向联合国教科文组织申报世界遗产项目。自1987年至2011年8月,中国先后被批准列入《世界遗产名录》的世界遗产已达43处,其中文化遗产29处、自然遗产8处、自然与文化遗产4处、文化景观2处,数量居世界第三位。此外,还有列入"人类口述和非物质遗产代表作"的非物质文化遗产4处,列入《世界记忆遗产名录》的世界记忆遗产4处。

除此之外,还有水利系统内的水利风景名胜区、文物系统的文物保护单位、旅游度假区等。

三、旅游景区人力资源管理的最新趋势

人力资源是旅游景区最重要的资源。人是知识的载体,具有一定的质量(智慧、技能和能力),且能在数量上满足景区需要的人力资源是景区的生命之源。人力资源管理可以帮助景区实现其主要的战略目标,从战略角度讲,人力资源是旅游景区的一种长期财富,其价值在于创造企业与众不同的竞争优势。

在知识经济时代,人力资源管理的发展趋势主要体现在人力资源资本化、职业教育终身化、管理方法人性化、管理手段科学化、薪金报酬绩效化,这些变化应引起我国旅游景区人力资源工作者的高度重视。旅游景区的发展要适应人力资源管理的最新趋势。

1. 人力资源资本化

根据舒尔茨的理论,人力资本是相对于物质资本或非人力资本而言的,是体现在人身上的可以被用来提供未来收入的一种资本,是指个人具备的才干、知识、技能和资历,是人类自身在经济活动中获得收益并不断增值的能力。旅游景区人力资本收益水平的高低主要取决于两个因素:一是人力资本存量;二是人力资本效率。旅游景区人力资本收益的提高,有赖于扩大人力资本存量和提高人力资本效率。因此,人力资本是知识经济时代的关键资源,景区人力资本已成为景区发展的重要资源,成为推动旅游经济增长的主要动力。

2. 职业教育终身化

对景区员工进行终身培训是未来人力管理的一项重要内容。在知识经济时代,无论是知识的重要性还是从知识的创新速度来看,景区员工都面临着需要不断更新知识和技能的压力,这种情况随着现代旅游业的发展在景区管理中日趋明显。旅游景区只有不断加强对员工的培训,并促进员工自觉学习,才能适应社会的发展要求。学习将成为景区员工的终身需要。旅游景区应认识到对员工进行培训的重要性,并制订详细的培训计划,将员工的学习情况纳入员工的工作绩效考核制度中。

3. 管理方法人性化

未来经济的发展取决于人的智能的开发、创新能力的发挥和活力的激发。只

有通过发挥人的能动性和创造性，开发人的潜能，才能推动经济的发展。因此，旅游景区必须实行人性化管理。景区的人力资源管理工作者要转变工作观念和工作方法，要充分了解员工的心理需要、价值观的变化及自我实现的需要；要给员工足够的自由度，充分调动他们的工作积极性和主动性。景区人力资源管理的职责将由过去的对景区员工严格控制、发布命令，转变为对员工的充分授权和服务。

4. 管理手段科学化

科学技术的飞速发展，为管理工作带来了一场前所未有的革命。人力资源管理将由过去的被动式、经验式的人事管理，步入科学化、专业化、技术化的人力资源管理时代。与其他专业一样，人力资源管理也有许多专门技术知识，如人才预测规划技术、人员招聘面试技术、员工培训与开发技术、员工考核技术、职业生涯规划技术、人事诊断技术、激励管理技术等。如果一个人事工作者缺乏这方面的知识和技能，不懂得有关的技术与方法，将难以胜任本职工作。这应引起我国旅游景区人力资源管理者的高度重视，以适应时代发展的客观要求。

5. 薪金报酬绩效化

随着旅游景区管理理念和模式的不断进步，景区员工的工作模式在不断进化，景区员工薪资报酬的分配模式也在发生根本的变化。未来旅游景区的组织模式将由全职职工、临时工、兼职工、景区以外的工人等多种形式所形成。在这种职工构成多样性的组织中，为保留核心竞争力，在薪资报酬方面，全职职工和其他员工将享有不同待遇。全职职工的薪资报酬，除考虑工作岗位和工作责任的大小外，还应该考虑实际工作的绩效及给景区创造的实际价值。这种景区分配模式的特点是基本工资占总收入的比例较少，各种奖励所占的比例较大。优点是可以把员工的工作绩效与景区的整体业绩联系起来，激发景区员工的工作热情和工作责任感，为景区发展作出贡献。

四、人力资源管理与旅游景区发展的关系

1. 人力资源管理在旅游景区发展中的地位

与酒店、旅行社和交通工具等旅游要素相比，旅游景区具有较强的不可替代性，是旅游业发展的核心要素，是旅游消费活动的最终载体。在观光游阶段，景区毋庸置疑是第一主角，也是最为受益的旅游子行业；在休闲度假游阶段，景区的角色分量虽然会有所弱化，但也是决定该休闲度假区域是否具有较强竞争力的关键条件。因此，某一地区或某一国家要想发展旅游产业，必须要在开发旅游景区资源上下足够的工夫。

旅游景区直接面向旅游者，主要通过为旅游者提供旅游产品，使旅游者获得精神消费的满足，面对不同消费需求、消费偏好、消费能力的旅游者，景区必须在依托

自身物质性旅游资源的基础上，甚至是在物质性旅游资源匮乏的情况下，制定发展战略，找准市场定位，开发差异化产品，选择适宜的营销策划手段，为旅游者提供周到、细致的服务。因此，旅游景区需要有一支精干、高效的专业化队伍，人力资源的开发与管理自然也就成为景区资源开发与管理的关键性工作。

据统计，截至 2011 年 7 月，我国共有 A 级景区 5000 多家，其中 5A 级景区 110 家，每个景区的从业人员从几十人到几千人不等。同时，各地每年还在不断开发一些新的旅游景区，数量上已有相当可观的规模，但不同景区的市场吸引力、社会评价和赢利状况等却存在很大差异。除了物质性旅游资源的自然品位因素外，景区从业人员的素质是导致差异产生的重要原因。

2. 我国景区人力资源管理存在的问题

从总体看，目前我国旅游景区在人力资源管理方面取得了一定的成绩，涌现出一批经营业绩好、社会评价高、员工满意度高的景区，但也普遍存在以下问题：

(1)管理理念和管理方式落后。在大多数旅游景区，仍然采用传统的人事管理模式，未把景区人力资源的开发与管理放在应有的高度。不少传统的文化、自然景区在属性上仍是事业单位，在选人、用人、育人、留人等环节上缺少自主性，一些新兴的旅游景区和改制为企业的旅游景区虽然在人力资源管理方面有了较大的自主性，但受制于管理者自身的局限，往往管理手段单一，缺乏科学性和系统性的规划。尤其是在一些规模较小、位置偏远的景区，旅游产品设计单一，从业人员数量少，专业人才又不愿意到这样的景区工作，导致管理的随意性相当大。

(2)高素质专业人才缺乏。在旅游景区人力资源中，大专以上学历者所占比例很低，旅游专业的毕业生更少，特别是缺乏既懂外语又懂业务的专业技术人才。旅游景区为我国提供了大量的就业岗位，但从业人员的素质参差不齐，鱼龙混杂。直接接触旅游者的一线工作人员进入门槛低、待遇低、流动性大，服务技能和职业态度相应也差，形成恶性循环，而他们的服务在很大程度上影响旅游者对景区的印象和评价。同时，景区的产品开发、包装策划、营销推广等工作需要具有较高的综合素质和专业素质，而目前这类人才比较稀缺。

(3)人力资源开发投入不足。不少景区在硬件的开发上往往不惜血本，投入重金，但在软件开发，特别是人力资源的开发上却显得保守。视人为“成本”的观念还有一定的市场，通过人力资源的开发所获得的收益具有一定的无形性，也在无形中影响了管理者对人力资源开发本身的价值判断。因此，花费在储备培养高素质专业人才、对员工进行系统性培训、提高员工福利待遇等方面的资金常常可以让位于其他投资活动。由于投入不足，大多数基层管理人员得不到培训，在新技术、新知识迅速发展的时代，难以适应高水平管理的要求。

3. 人力资源管理对景区发展的作用

做好人力资源管理工作，对旅游景区的发展有重要作用，可以使景区规范、健

康、可持续地发展,为整个旅游行业的发展提供强劲动力。具体而言:

(1)帮助景区决策层提高管理水平。人是景区发展最为重要的、活的、第一资源,只有管理好了“人”这一资源,决策层才算抓住了管理的要义、纲领,纲举才能目张。景区的其他各项工作都能够因为人力资源管理工作的科学开展而迈上新的台阶,决策层才不会因为人力资源的困境而在产品开发、包装策划、营销推广等问题上捉襟见肘。

(2)帮助人力资源管理部门提高管理效率。人力资源管理工作的大部分具体执行工作都要依靠人力资源部门来完成,这是人力资源部门的本职工作。景区人力资源部门通过对自身职责的正确行使,变被动为主动,通过制定科学、合理、有效的人力资源管理政策、制度,为景区决策提供有效信息。

(3)帮助一般管理者开发团队。景区中的其他管理者也要承担一部分人力资源管理工作,任何管理者都不可能是一个“万能使者”,更多的应是扮演一个“指挥、激励、协调”属下工作的角色。他不仅仅需要有效地完成业务工作,更需要了解下属特点,培训下属,开发员工潜能,建立良好的团队关系,以避免人心涣散、工作懈怠的局面,使全体员工步调一致,围绕景区目标共同工作。

(4)帮助普通员工规划职业生涯。景区员工都想掌握自己的命运,但自己适合做什么,景区的目标、价值观念是什么,岗位职责是什么,自己如何有效地融入景区中,结合景区目标如何开发自己的潜能、发挥自己的能力,如何设计自己的职业人生等,这是每个员工十分关心而又深感困惑的问题,有效的人力资源管理会为每位员工提供切实的帮助。

五、旅游景区人力资源管理系统

1. 旅游景区人力资源规划子系统

旅游景区人力资源规划,是指根据景区社会环境、经济环境、市场环境、技术环境、景区内部治理环境的动态变化,预测景区对人力资源的需求,确保景区在需要时拥有能够满足要求的合适员工。景区人力资源规划,要求把景区的人力资源战略转化为景区的中长期目标、计划和政策措施,具体内容包括对旅游景区人力资源现状的分析、对景区未来人员的供需预测与平衡等。

2. 旅游景区职务分析与设计子系统

旅游景区的职务分析与设计,主要是由岗位及编制确定、工作分析与职位描述、任职资格确定三部分组成。岗位及编制确定,是指根据景区的组织结构和业务流程,明确景区各个管理部门的职责,进行景区关键流程的梳理,确定岗位职责及特定岗位所需要的员工数量。工作分析与职位描述,是景区基础管理体系的重要内容和实现人岗匹配、提高景区管理有效性的主要前提。景区员工的任职资格确定，主要是对胜任该岗位员工的素质、知识、技能等的描述。

3. 旅游景区员工招聘与选拔子系统

旅游景区员工的招聘与选拔，主要依据是景区的人力资源规划和岗位职责分析，任务是通过了解人才，最大化地发现人才的价值，让合适的员工处于合适的工作岗位上。景区员工招聘的效果，主要体现在：能否及时招聘到所需人才来满足景区战略发展的需要，能否以较少的投入招到合适的人才。景区员工的选拔，主要是根据景区的发展需求，选拔所需要的人才，并将其安排在合适的工作岗位上。

4. 旅游景区员工绩效考评子系统

景区员工的工作绩效，是指员工经过考评的工作行为、工作表现和工作结果。旅游景区员工的绩效考评，就是按照一定的考核标准，在一定的期间内，科学、动态地衡量景区员工对岗位职责的履行情况，以确定其工作成绩的有效管理方法。绩效考评通过全面、客观、公正地评价景区员工的工作绩效，能使员工的贡献与收益、责任与收益、风险与收益相对称，把旅游景区的整体利益和广大员工的个人价值融为一体，建立旅游景区的长期激励机制，促进旅游景区整体运营效率的提高。

5. 旅游景区员工薪酬管理子系统

薪酬管理是旅游景区人力资源管理中最敏感的话题，因为它不但涉及每个员工的利益，也是员工自我价值的一种普遍体现，更是旅游景区对员工价值认可程度的一种表现形式。旅游景区员工的薪酬管理，包括对基本薪酬、绩效薪酬、奖金、津贴，以及福利等薪酬结构的设计与管理，以激励员工更加努力地为景区发展作贡献。

6. 旅游景区员工激励与发展子系统

所谓“激励”是指通过一定的手段，使员工的需要和动机得到满足，以调动他们的工作积极性，使他们积极主动地发挥个人潜能，从而实现组织目标的过程。根据激励理论和方法，景区员工的激励与发展主要是指根据景区员工的需要设置某些目标，通过目标引导景区员工产生实现景区目标的优势动机，并依据景区发展所需要的行动和方式，对员工的各种需要予以不同程度的满足或限制，引起景区员工心理状况的变化，以激发员工向景区所期望的目标而努力。

7. 旅游景区员工培训与开发子系统

员工的培训与发展，是旅游景区人力资源管理的一项重要内容。培训是指通过讲座、报告、座谈等各种方式，使景区员工在知识、技能和工作态度方面有所改进和提高，以达到景区工作的要求，培训强调即时生效。发展则是指努力增长景区员工的知识和能力，以满足旅游景区目前和将来的工作需要，强调旅游景区长期发展的需要。

8. 旅游景区人力资本管理子系统

员工不仅是景区的重要资源，而且是景区的重要资本。景区的“人力资本”，是景区财富增长的源泉，是体现在景区员工身上的知识、技能、资历和经验等。“人力资本”管理，要求旅游景区重新审视景区员工之间的关系，综合考虑景区利益与员工利益，形成利益共同体，对员工采取具有长期导向的激励措施，努力促进景区人力资本的增值。

案例分享

案例一　三国演义中的人力资源管理①

日本企业管理界对中国的《三国演义》研究颇深。《三国演义》中贯穿着人力资源管理的脉络，从人力资源管理的角度讲，《三国演义》的历史演变是企业和人力资源管理方面发人深省的反面教材。

由于曹操、孙权、刘备尤其是诸葛亮人力资源管理能力的不同，间接导致了曹操能够统一北方但始终无法统一全国；孙权稳踞东南；刘备结缔下的基业在诸葛亮手中化为泡影。众所周知，诸葛亮的军事才能是平常人难以望其项背的，但他在人力资源管理上的手段与策略都接连出现了重大失误，从处理和孙吴、曹魏的关系，到过度放任关羽并安排与孙吴不共戴天的关羽镇守荆州，一切的一切都为后来埋下了失败的火种。

相反，东吴孙权却理智地在不同阶段重用不同的人才，从重用周瑜开拓疆土，到任用鲁肃整顿内务，再到使用吕蒙稳定局面，孙权在人才的任用方面是清醒的，有条理的。公元221年，刘备称帝后，立即起兵攻打东吴，名曰为关羽报仇，实为争夺荆州。孙权果断任命39岁的陆逊为大都督，迎战刘备。陆逊在彝陵火攻大破刘备。刘备病逝后，诸葛亮为了北伐，派邓芝过江与东吴讲和。孙权就与蜀汉和睦，共伐曹魏。公元224年曹丕大军攻打东吴，孙权便任命大将徐盛火攻并大破曹丕。孙权知人善用，在人力资源方面有合理而有效的措施，充分发挥人才优势，恰当使用人力资源，不盲从，不搞个人主义。

而反观诸葛亮，虽是谋事能臣，用人方面却不够清醒、果决。刘备去世后，实掌蜀汉大权的诸葛亮的每一决策几乎都与人力资源管理观念背道而驰。其用人策略与其战略理念相违背，空使英雄泪满襟。

我们试想，如果诸葛亮投奔曹操且得到重用，孙权是不是还能够独霸南方地区长达半个世纪之久？或者以诸葛亮之才，又懂得运用人力资源管理策略，也许历史将会被重写。

① 谌新民. 新人力资源管理. 北京：中央编译出版社，2003.

思考与练习

1. 什么是人力资源？人力资源的基本特征是什么？
2. 简述景区人力资源管理的基本原理。
3. 从专业类型角度看，景区人力资源结构如何？有何特点？
4. 简述景区人力资源管理的发展趋势。

第二章 旅游景区工作分析

引　言

随着社会不断向前发展，企业管理的方法和手段也发生了很大变化，现代企业人力资源管理的发展从整体来看，表现为两方面的趋势：强调人力资源管理的战略导向和强调人力资源管理各种功能模块的系统整合，工作分析在上述两个趋势中都扮演着关键性的角色。工作分析是旅游景区人力资源管理的一个主要环节。搞好工作分析，可以为旅游景区企业制定人力资源规划、进行人员招聘、员工培训与发展、绩效管理、薪酬管理等工作提供科学的依据，保证事得其人，人尽其才，人事相宜。

学习目标

1. 理解工作分析的基本理论，并掌握工作分析的基本方法；
2. 掌握解决旅游景区工作环节中基本问题的能力；
3. 具备为景区企业进行工作分析的实际运作能力。

第一节　旅游景区工作分析概述

旅游景区工作分析，是景区人力资源管理众要素中最基本的要素，是开展景区人力资源管理工作的基础。在旅游景区的实际管理工作中，我们经常会遇到一些有关工作职责、胜任能力界定的问题，还有如何评定景区工作人员的工作绩效，以及工作相对重要性与报酬标准等。显然，要解决这些实际问题，决不能凭借主观想象、个人经验，而必须掌握有关工作的全面信息。旅游景区工作分析主要就是为景区人力资源管理者提供这类完整的信息，是整个景区人力资源管理工作的基础。

一、旅游景区工作分析的含义

旅游景区工作分析又称景区职务分析，是全面了解景区一项具体职务的管理活动，也是对该项职务的工作内容和职务规范（任职资格）的描述和研究过程，即制定职务描述书（一般包括职务说明和职务规范两个部分）的系统过程。

工作分析就是通过资料收集，运用一系列科学的方法，对景区的各项工作所需技能、责任和知识的分析。工作分析是景区人力资源科学管理的前提和基础，其主要目的在于弄清景区中每个职位应该做些什么工作，明确这些职位对员工有什么具体的从业要求，从而为制订出科学的人力资源计划、选拔合格人才、进行成功的职业生涯管理、开展针对性的培训活动、有效激励员工、实行科学的绩效评估提供依据。

拓展知识

工作分析的基本术语

在人力资源管理中，有很多专业术语，其与人们在日常生活中所使用的语言有近似之处，但是其中一部分却与人们通常意义上的理解迥异。

1. 工作要素：是指工作中不能再分解的最小动作单位。例如，酒店里负责接待客人的服务员在客人刚刚到酒店时要帮客人运送行李，这项工作任务中就包含有将行李搬运到行李推车上、推动行李推车、打开客房的行李架、将行李搬到行李架上四个工作要素。

2. 任务：为了达到某种目的所从事的一系列活动。如某公司指派人员将数据录入计算机、工人加工零件、转一笔账目等都是一项任务。它可以由一个或多个工作要素组成。例如，生产线上给瓶子贴标签这一工作任务就只有一个工作要素，而上面提到的运送行李的工作任务中就包含四个工作要素。

3. 工作：就是组织为达到目标必须完成的若干任务的组合。一项工作可能需要一个人完成，如公司总经理的工作；也可能需要若干人完成，如计算机网络管理人员。

4. 职责（责任）：是指任职者为实现一定的组织职能或完成工作使命而进行的一个或一系列工作任务。例如，营销部经理要实现新产品推广的职责就需要完成一系列工作任务，包括制定新产品推广策略、组织新产品推广活动和培训新产品推广人员等。打字员的责任包括打字、校对、简单机器维修等系列任务。如人力资源部人员的责任之一是“员工的满意度调查”，它由设计调查问题、把调查问卷发给调查对象、将结果表格化并加以分析、把调查结果汇报给管理者或员工等组成。

5. 职位：也称岗位。指担负一项或多项责任的一个任职者所对应的位置。一般来说，有多少个职位就有多少个任职者，例如，总经理、秘书、出纳、招聘主管、营销总监等。应该注意的是,职位是以"事"为中心确定的,强调的是人所担任的岗位,而不是担任这个岗位的人。例如,李强是某景区公司的销售部经理,当我们对销售部经理这个职位进行工作分析时,我们所指的销售部经理是一个岗位的概念,而不是指李强这个人。

6. 职务：一组主要责任相似或相同的职位。例如,局长、处长、科长、科员、总经理等。在分析一个职位就是一项工作时称为职位分析,在分析多个职位是一项工作时则称为工作分析。一般来说,在政府机关多用职位分析一词,因为政府部门一个职位是一项工作的情况较为普遍;在工商企业,由于多个职位是一项工作的情况较为普遍,因此多用工作分析一词。通常,职位与职务是不加区分的,但是二者在内涵上是有很大区别的。职位是任务与责任的集合,它是人与事有机结合的基本单元;而职务则是同类职位的集合,它是职位的统称。职位的数量是有限的,职位的数量又称为编制;职位不随人员的变动而改变;职位可以按不同的标准加以分类。

7. 职权：依法赋予的完成特定任务所需要的权力。职责往往与职权是有密切关系的,特定的职责要赋予特定的职权,甚至是特定的职责等同于特定的职权。比如,质量检查员对产品质量的检验既是质量检查员的职责,又是他的职权。

8. 职业：人们在社会中所从事的作为主要生活来源的某种工作。例如,工程师、教师、会计、采购员等就是不同的职业。工作(或职务)与职业的区别主要在于其范围的不同。工作所指的范围较窄,主要是指在组织内的,而职业则是指跨组织的。

9. 工作族：又称工作类型,是指两个或两个以上的工作任务相似或要求的人员特征相似的一组工作。如销售工作和生产工作分别是两个工作族。

10. 职业生涯：指一个人在其工作生活中所经历的一系列职位、工作(或职务)职业。

11. 职位分类：指将所有的工作岗位(职位),按其业务性质分为若干职组、职系(从横向上讲);然后按责任的大小、工作难易、所需教育程度及技术高低分为若干职级、职等(从纵向上讲),对每个职位给予准确的定义和描述,制成职位说明书,以此作为对聘用人员管理的依据。

职系：指一些工作性质相同,而责任轻重和困难程度不同的职位系列。例如,人事行政、社会行政、保险行政各属于不同职系,但工作性质相似。每个职系就是一个职位升迁的系统。

职组：也叫职群。工作性质相近的若干职系总和。如人事行政和社会行政可以并入为普通行政组。

职级：指将工作内容、难易程度、责任大小、所需资格皆很相似的职位划为同一职级,实行同样的管理使用与报酬。

职等：工作性质不同或主要职务不同,但其困难程度、职责大小、工作所需资格等条件充分相同的职级的归细。同一职等的所有职位,不管它们属于哪一个职级,其薪金报酬相同。

特别提示

表 2－1　职系、职组、职级、职等之间的关系与区别

职组	职系	Ⅴ	Ⅳ	Ⅲ	Ⅱ	Ⅰ
	职等	Ⅴ	Ⅳ	Ⅲ	Ⅱ	Ⅰ
	职级	员级	助级	中级	副高职	正高职
高等教育	教师		助教	讲师	副教授	教授
高等教育	科研人员		助理工程师	工程师	高级工程师	
高等教育	实验人员	实验员	助理实验师	实验师	高级实验师	
高等教育	图书、资料、档案	管理员	助理馆员	馆员	副研究馆员	研究馆员
科学研究	研究人员		研究实习员	助理研究员	副研究员	研究员
医疗卫生	医疗、保健、预防	医士	医师	主治医师	副主任医师	主任医师
医疗卫生	护理	护士	护师	主管护师	副主任护师	主任护师
医疗卫生	药剂	药士	药师	主管药师	副主任药师	主任药师
医疗卫生	其他	技士	技师	主管技师	副主任技师	主任技师
企业	工程技术	技术员	助理工程师	工程师	高级工程师	正高工
企业	会计	会计员	助理会计师	会计师	高级工程师	
企业	统计	统计员	助理统计师	统计师	高级统计师	
企业	管理	经济员	助理经济师	经济师	高级经济师	
农业	农业技术人员	农业技术员	助理农艺师	农艺师	高级农艺师	
新闻	记者		助理记者	记者	主任记者	高级记者
新闻	广播电视播音	三级播音员	二级播音员	一级播音员	主任播音指导	播音指导
出版	编辑		助理编辑	编辑	副编审	编审
出版	技术编辑	技术设计员	助理技术编辑	技术编辑		
出版	校对	三级校对	二级校对	一级校对		

二、旅游景区工作分析的内涵

(一)旅游景区工作分析的内容

旅游景区工作分析的内容包括职位描述和任职者说明两个方面的基本内容。

1. 职位描述

职位描述是获得职位要素信息、概括职位特征的直接分析。一般来说,职位描述包括以下主要内容:

(1)基本信息。包括工作名称、所属部门、对应的岗位登记、薪资水平、所辖人员、定员人数、工作性质等。

(2)工作详细说明。包括工作概述、工作职责、工作权限、所使用的原材料和设备、工作流程、工作环境、工作结果、与其他工作的关系等。工作详细说明是职位描述的主体内容。

(3)聘用条件。包括工作时数、工资结构、支付工资的方法、福利待遇、该工作在组织中的正式位置、晋升的机会、工作的季节性、进修的机会等。

2. 任职者说明

任职者说明主要说明从事某项工作的人员必须具备的能力、资质和其他特性的要求,主要包括以下内容:

(1)资历要求。主要包括任职者所需的最低学历,职位所需的性别、年龄,所接受培训的内容和时间,从事与本职要求的相关工作的年限和经验等。

(2)心理要求。主要包括任职者的性格、气质、兴趣爱好、工作态度、事业心、合作精神、观察能力、集中能力、记忆能力、理解能力、学习能力、解决问题能力、创造性、数学计算能力、语言表达能力、决策能力、交际能力、领导能力等。

(3)生理要求。主要包括健康状况、力量与体力、运动的灵活性、感觉器官的灵敏度等。

3. 工作分析的结果是形成工作说明书与岗位(职务)规范

工作说明书是关于某种工作职务所包括的任务、职责以及责任的说明。主要包括工作职务、目的、任务或职责、权利、隶属关系、工作条件等内容。

岗位(职务)规范是一个人为了完成某种特定的工作所必须具备的知识、技能、能力以及其他特征的说明。主要包括完成工作所需要的知识、能力、行为和人员条件等内容。

(二)旅游景区工作分析的作用

旅游景区工作分析是景区人力资源管理中非常重要的工作,它被认为是景区人力资源管理工作者所从事的各种活动的基石,如图 2-1 所示。

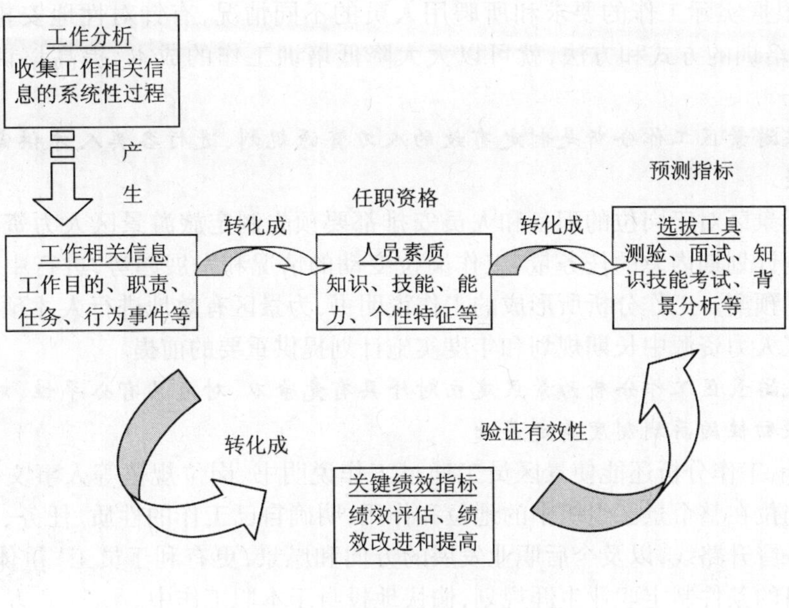

图2-1 工作分析的内在关系

1. 旅游景区工作分析为人员的招聘、选拔和任用提供明确的标准，有助于提高人员招聘录用的质量

通过工作分析，掌握了工作任务的静态与动态特点，能够系统地提出有关人员的文化知识、专业技能、生理心理品质等方面的具体要求，并对景区本岗位的用人标准作出具体而详尽的规定。这就使景区人力资源管理部门在选人、用人方面有了客观依据，经过对员工的素质测评和业绩评估，为旅游景区招聘和配置符合岗位数量与质量要求的合格人才，使景区人力资源管理“人尽其才，岗得其人，能位匹配”的基本原则得以实现。

2. 旅游景区工作分析为景区员工的考评、晋升提供依据

景区员工的评估、考核、晋级和升职，如果缺乏科学依据，将会挫伤各级员工的积极性，使旅游景区的各项工作受到严重影响。根据工作分析的结果，景区人力资源管理部门可制定出各类人员的考评指标和标准，以及晋职、晋级的具体条件，提高景区员工绩效考评和晋升的科学性，最大限度地调动景区员工的工作兴趣，充分地激发景区员工的工作积极性和主动性。

3. 旅游景区工作分析为景区对员工的培训开发提供客观依据，提高培训开发工作的绩效

通过工作分析，可以明确任职者必备的技能、知识和各种心理条件的要求。按照工作分析的结果，准确地进行培训需求分析（不同等级的景区需求是不同的)，并根据实际工作的要求和所聘用人员的不同情况，有针对性地安排培训内容、选择培训的方式和方法，就可以大大降低培训工作的成本，提高培训工作的绩效。

4. 旅游景区工作分析是制定有效的人力资源规划，进行各类人才供需预测的重要前提

各类景区对于岗位的配备和人员安排都要预先制定旅游景区人力资源规划，且要根据计划期内总的任务量、工作岗位变动的情况和发展趋势，进行中、长期的人才供需预测。工作分析所形成的工作说明书，为景区有效地进行人才预测、编制旅游景区人力资源中长期规划和年度实施计划提供重要的前提。

5. 旅游景区工作分析为景区建立对外具有竞争力、对内具有公平性、对景区员工具有激励性的薪酬制度奠定基础

此外，工作分析还能使景区员工通过工作说明书、岗位规范等人事文件，充分了解本岗位在整个景区组织中的地位和作用，明确自己工作的性质、任务、职责、权限和职务晋升路线，以及今后职业发展的方向和愿景，更有利于员工"量体裁衣"，结合自身的条件制定职业生涯规划，愉快地投身于本职工作中。

拓展知识

工作分析所要回答的基本问题可以概括为七个方面，即国外的人事心理学家提出的"6W＋1H"模式。即What(做什么)、Why(为什么)、Who(谁来做)、When(何时做)、Where(在哪里做)、For Whom(为谁做)、How(如何做)。具体表述如下：

1. What—做什么

"做什么"，指的是任职者所从事的工作活动。主要包括其内容、结果，以及衡量结果的标准。

2. Why—为什么

"为什么"，表示的是任职者的工作目的，换言之也就是该项工作对组织的作用。主要包括：工作目的、与其他工作的联系，以及对其他工作的影响。

3. Who—谁来做

"谁来做"，是指对任职者的要求。主要包括：身体素质、知识和技能、接受教育的背景、工作经验、个性特征，以及其他方面的要求。

4. When—何时做

"何时做"，是对工作活动的时间要求。主要包括：工作的起始时间、固定时间还是间隔时间，以及工作的时间间隔。

5. Where—在哪里做

"在哪里做",表示对工作活动的环境规定。包括工作的自然环境和社会环境两个方面。前者包括地点(室内还是户外)、温度、光线、噪声、安全条件等;后者主要包括工作所处的文化环境、工作群体、完成工作所需要的人际交往、环境的稳定性等。

6. For Whom—为谁做

"为谁做",是指工作中与哪些人发生关系,以及发生什么样的关系。主要包括:向谁请示报告、向谁提供工作信息和工作结果、可以对谁实施指挥和监控等。

7. How—如何做

"如何做",表示任职者应如何从事工作活动。主要包括:工作活动的程序或流程、使用的工具、操作的机器设备、涉及的文件和记录、重点的和关键的环节等。

第二节　旅游景区工作分析的程序

工作分析是对工作做一个全面的评价过程,它包括一系列的活动,主要可分为相互联系、相互影响的四个阶段:即准备阶段、调查阶段、分析阶段和完成阶段,如图 2-2 所示。

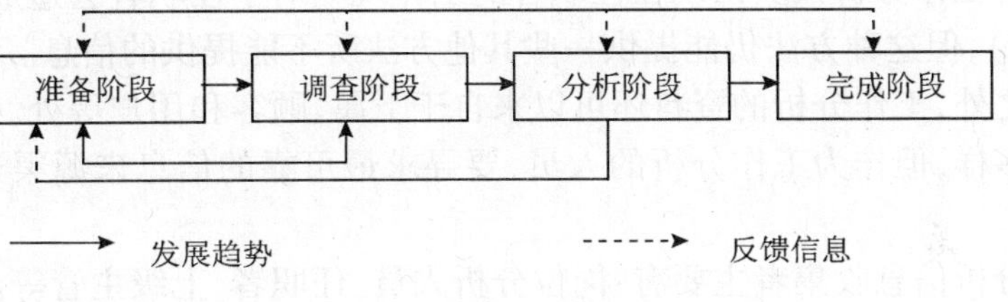

图 2-2　工作分析的程序

一、准备阶段

工作分析是一项技术性很强的工作,需要做周密的准备。

准备阶段是工作分析的第一阶段,主要任务是了解情况,建立联系,设计岗位调查的方案,规定调查的范围、对象和方法。

准备阶段的步骤如下:

(1)根据工作岗位分析的总目标、总任务,对景区中各类岗位的现状进行初步了解,掌握各种基本数据和资料。

基本数据和资料信息的来源:书面资料、任职者的报告、同事的报告、直接的观察等。

①书面资料。一些组织里都有关于现任职务的资料记录,这些资料对工作分析非常有用,例如组织中现有的职位说明或有关职位描述的信息。

对工作分析有参考价值的背景材料:

国家职业分类标准或国际职业分类标准;

有关整个组织的信息——组织机构图、工作流程图、部门职能说明等。

现有的职位说明或有关职位描述的信息。

②任职者的报告。通过访谈,要求任职者自述所做的主要工作以及是如何完成的。这些访谈对现任职务的分析非常重要。然而另一方面,很难保证所有的工作方面都在访谈中涉及,且任职者本人所提供的信息难免会有失客观和有所偏向(这或许是由子记忆失误所致)或者故意弄虚作假。另一种方式是要任职者写工作日志和记录。由于这是在工作中完成的,就可以避免主观性和由于记忆而造成的失误。当然这是一种很费时的方法。

③同事的报告。除了直接从任职者那里获得有关的资料外,也可以从任职者的上级、下属等处获得资料。同事的报告有助于提供一个对比,也有助于弥补仅从任职者处获得的资料的不足。对子结构性问卷,比如工作分析问卷,上级的评估还可检查结果是否有效。

④直接的观察。到任职者的现场进行直接观察也是一种获取有关工作信息的方法。尽管工作分析人员出现在任职者的工作现场对于任职者会造成一定的影响(霍桑效应),但这种方法仍能提供一些其他方法所不能提供的信息。

除此之外,工作分析的资料还可以来自于下属、顾客和用户等处。尽管信息的来源多种多样,但作为工作分析的人员,要寻求最可靠的信息来源渠道,以避免信息的失真。

工作分析信息收集者主要有:岗位分析人员、任职者、上级主管等。

(2)设计工作分析方案或岗位调查方案。

(3)为了搞好工作分析,还应做好员工的思想工作,说明该工作岗位分析的目的和意义,建立友好合作的关系,使有关员工对岗位分析有良好的心理准备。

(4)根据工作分析的任务、程序,分解成若干工作单元和环节,以便逐项完成。

(5)组织有关人员,学习并掌握调查的内容,熟悉具体的实施步骤和调查方法。必要时可先对若干个重点岗位进行初步调查分析,以便取得岗位调查的经验。

二、调查阶段

调查阶段是工作分析的第二阶段。主要工作是对整个工作过程、工作环境、工

作内容和工作人员等做一个全面的调查。这一阶段的主要任务是根据调查方案,对岗位进行认真、细致的调查研究。具体工作如下:

(1)编制各种调查问卷和提纲。

(2)在调查中,应灵活运用面谈法、档案记录法、观察法、参与法、调查研究法(现场观测、书面问卷调查)等不同的调查方法,广泛、深入地收集有关岗位的各种数据资料。例如岗位的识别信息、任务、责任、权限、劳动负荷、疲劳与紧张状况、员工任职资格条件、生理心理方面的、劳动条件与环境等。

(3)根据工作分析的目的,有针对性地搜集有关工作的特征及所需要的各种数据。

(4)要求被调查人员对各种工作特征和人员特征的问题发生频率与重要性做出等级评定。

(5)重点收集工作人员必要的特征信息。

三、分析阶段

分析阶段的主要任务是对有关工作特征和工作人员特征的调查结果进行深入、全面的总结分析,充分揭示岗位主要的任务结构和关键因素。

该阶段的具体步骤如下:

(一)仔细审核已收集到的各种信息

(二)创造性地分析、发现有关工作和工作人员的关键成分

对工作信息的分析主要包括工作名称分析、工作描述分析、工作环境分析、任职者条件分析。

1. 工作名称分析

工作名称分析是要使工作名称达到标准化,以便通过职务的名称就能使人了解工作的性质和内容。一般要求工作的名称应准确。

2. 工作描述分析

通过对工作描述的分析,可以全面地认识工作的整体。通常要求进行以下四个具体方面的分析。

(1)工作任务分析。明确规定工作的行为,如工作的核心任务、工作内容、工作方法和步骤等。

(2)工作责任分析。其主要目的是通过对工作在组织中相对重要性的了解来为工作配置相应的权限,以保证工作的责任与权力相互对应。

(3)工作关系分析。这类分析是了解、明确该项工作的协作关系,包括该工作在组织中制约哪些工作,并受哪些工作的制约,以及相关工作的协调、合作关系。

(4)劳动强度分析。这类分析是为了确定某项工作合理的标准活动量。劳动

强度可以用此项工作活动中劳动强度指数最高的几项操作来表示。如果劳动强度指数不易确定,可以使用标准工作量来表示。如劳动定额、产品合格率等。

3. 工作环境分析

这项分析是对工作所处的物理环境、社会环境所进行的分析。主要包括以下三个方面的内容。

(1)工作的物理环境。这类分析是对工作场所的温度、湿度、噪声、粉尘、照明度进行的分析。

(2)工作的安全环境。其包括该项工作的危险性、劳动安全卫生条件、从事该项活动易患的职业病,以及危害的程度等。

(3)工作的社会环境。这类分析包括工作所在地的生活方便程度、直接主管的领导风格、同事之间的人际关系等方面的内容。

4. 任职者条件分析

对工作人员必备条件进行分析的主要目的是确认工作的执行人员在有效地履行职责时应具备的最低资格条件。包括以下内容。

(1)必备知识分析。任职者必备知识一般包括任职者的学历最低要求,对生产技术、企业管理知识等有关理论的最低要求,对政策法规、工作准则,以及有关规定的了解的最低要求。

(2)必备经验分析。这类分析是指各项工作对工作人员为完成工作任务所必须具备的工作经验的分析。

(3)必备基本能力分析。通过典型的操作来规定从事该项工作所需的技术能力、决策能力、创造能力、组织能力、适应性、判断力、智力,以及操作熟练的程度等。

(4)必备心理素质分析。这类分析是根据工作的特点确定工作人员应具备的一些必要心理要求,包括主动性、责任感、情绪稳定性等气质倾向。

(三)归纳、总结出工作分析的必需材料和要素

四、完成阶段

这是工作分析的最后阶段。此阶段的主要任务是在深入分析和总结的基础上,编制工作说明书和岗位规范。为了更加直观地了解工作分析这一活动,我们用一个系统模型把它加以表示,如图 2-3 所示。

需要强调的是,作为旅游景区人力资源管理的一项活动,工作岗位研究(工作分析)是一个连续不断动态的过程。应当根据景区的发展变化随时做好这项工作,使工作说明书及时反映职位的变化情况。

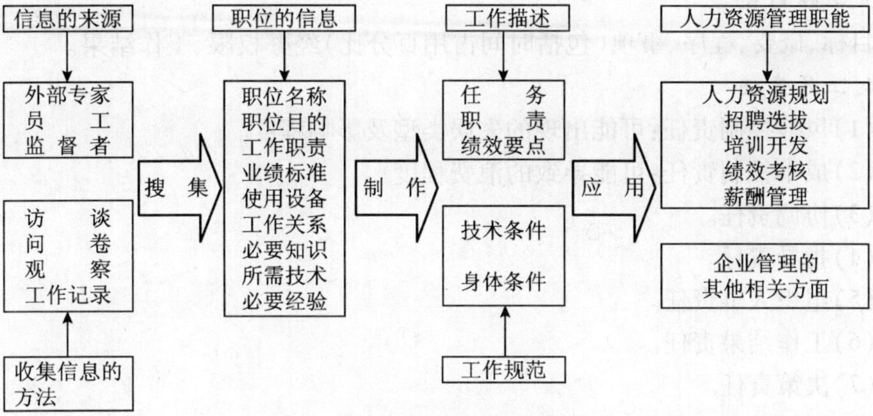

图 2-3 工作分析的系统模型

资料来源:夏兆敢.人力资源管理.上海:上海财经大学出版社,2006:76.

第三节 旅游景区工作分析的基本方法

工作分析的方法有许多种,如问卷法、访谈法、观察法、工作实践法、典型事例法、工作日志法等,但最常用的是问卷法和访谈法,且往往是各种方法综合运用,才能更好地收集岗位信息。

一、问卷调查法

当旅游景区工作分析牵涉到分布较广泛的大量员工时,问卷调查法是最有效率的方法。问卷调查法,是由景区人力资源部门设计或提供问卷,交由景区任职员工就有关工作内容、工作行为、工作特征和工作人员特征等方面的重要性与频次做出描述或打分,然后对结果进行统计与分析,找出共同的、有代表性的回答,并据此编写职务描述,再根据相应任职员工的意见进行补充和修改的过程。

国外常见的有职位分析问卷法(PAQ 法,Position Analysis Questionnaire)、管理岗位描述法(MPDQ 法,Management Position Description Questionnaire)、功能性工作分析问卷法(FJA 法,Functional Job Analysis)。

工作问卷调查应包含的基本项目可在设计时参照使用。

1. 基本资料

姓名(可匿名),性别,年龄,职称,部门,学历,现任工作,直接上司,薪酬等级和收入,任职时间。

2. 工作时间要求

正常工作时间、休息时间、加班情况、出差情况、工作时间的均衡性。

3. 工作内容

目标、概要、程序、事项(包括时间占用百分比)经办权限、工作结果。

4. 工作责任

(1)风险控制责任:可能出现的失误类型及影响程度。

(2)成本控制责任:可能导致的浪费程度。

(3)协调责任。

(4)指导责任。

(5)组织人事责任。

(6)工作结果责任。

(7)决策责任。

5. 问卷法的操作要点

(1)针对不同的组织应设计不同的问卷,切忌照搬某个所谓成功问卷;

(2)问卷语言的设计应以组织中最低阅读能力的人能够理解为限,以保证问卷可以被所有人理解;

(3)问卷中的问题应语义明确,不能产生歧义,不能有诱导倾向或不同的人有不同的理解;

(4)对于任职条件及沟通关系类的问题应尽量使用封闭式的提法,以便于对比统计;对于职责类的问题则可以使用开放式的提法,以避免有用信息的遗漏;

(5)问卷的填写者应要求独立完成。

6. 三种典型的国外问卷

目前流行的问卷有许多种,有引自国外的,也有在国内企业实践中发展出来的,但在使用问卷法时应注意本着与旅游景区实际情况相结合的原则,有针对性地进行特定问卷的设计,从而避免问卷与旅游景区实际脱节的局面。

(1)职位分析问卷(PAQ)。美国普度大学(Purdue University)的研究员曾经研究出一套数量化的工作说明法,这就是"职位分析调查问卷",虽然它的格式已定,但仍可用之分析许多不同类型的工作。职位分析调查问卷本身要交由熟悉待分析工作的工作分析员填写。它有 194 个问题,即分为六个部分:

① 资料投入(即指职工于进行工作时获取资料的来源及方法)。

② 用脑过程(即如何去推理,做出决策、计划及处理资料)。

③ 工作产出(即职工该完成哪些身体活动,及其使用的工具器材如何)。

④ 与他人的关系(与本身工作有关人员的关系如何)。

⑤ 工作范畴(包括实体工作与社交性工作)。

⑥ 其他工作特征(除上述外,其他有关职务的活动、条件与特征)。

然后从具有决策、沟通与社交能力,执行技术性工作的能耐,身体灵活度,操作设备与器具的技能,处理资料的能力等五个方面来衡量。不过要注意职位分析调查问卷并非岗位说明书的替代品,而是说前者有助于后者的编拟。职位分析调查问卷真正的优点有二:第一,由于大多数工作皆可用五个基本尺度加以描绘,因而可以用这一调查问卷将工作分为五类(如秘书二处、秘书三处等);第二,因为由它可得每一个(类)工作的数值与等级,因此这一调查问卷可用来建立每一个或每一类工作的薪资水准。

(2)管理岗位描述问卷(MPDQ)。该问卷是专门针对管理类型的岗位,这类岗位有两个特点:一是管理者经常试图让本职工作去适应自己的管理风格,而不是让自己去适应工作的需要,因此,易模糊真正的客观标准;二是管理类型的岗位工作具有非规范化和非程序性的特点,对于规律性工作内容的总结较困难。针对这两个特点,托纳(W. W. Tornow)和平托(P. R. Pinto)在1976年设计了管理岗位描述法问卷,包括208个问题,由管理人员自己填写,分六个标准评分,这些问题总体上可以被划分为战略规划、部门间协调、内部业务控制、产品和服务责任、公共与客户关系、高层次咨询指导、行动自主性、财务审批权、雇员服务、监督、复杂性和压力、重要财务责任、广泛的人事责任、组织图、评论和反应15个方面。

(3)功能性工作分析问卷(FJA)。该问卷是在美国劳工部工作分析技术的基础上发展出来的。美国劳工部的做法是,假设每种工作的功能都反映在它与资料、人和事三项要素的关系上,故可由此而对各项工作进行评估。在各项要素中,各类基本功能都有其重要性的等级,数值越小,代表的等级越高;数值越大,代表的等级越低。采用这种方法进行工作分析时,各项工作都会得出数值,据此可以决定薪酬和待遇标准。

功能性工作分析法对美国劳工部的做法进行了改进,主要区别在两个方面:①该分析法不仅仅是依据信息、人、物三个方面来对工作进行分类,它对工作的分类还考虑以下四个因素:在执行工作时需要得到多大程度的指导;执行工作时需要运用的推理和判断能力应达到什么程度;完成工作所要求具备的数学能力有多强;执行工作时所要求的口头及语言表达能力如何。②该分析法还确定工作的绩效标准,以及工作对任职者的培训要求。

7. 问卷法的优缺点

问卷法是进行岗位分析时所运用最广泛的一种方法,主要是基于以下优点:①收集信息量大且速度较快,可以实现在短时期获取大量岗位信息的目的;②标准统一,便于统计分析,问卷设计者可以根据分析的需要进行问卷题目的编排与设计,针对性强,易于发现普遍规律性问题。

当然,问卷也存在着一些不足之处:

(1)问卷的设计难度较大,要想全面了解企业岗位状况而又要面对不同的岗位特点与人员特点，对设计者的要求非常高；

(2)有些问卷对阅读能力要求较高，限制了问卷的使用范围，也影响了使用效果；

(3)没有互动反馈，是一种单向交流，对于开放性问题的反映并不好，不能够深入，且易遗漏信息。

二、访谈法

访谈法，是由旅游景区工作分析专家与被分析职务的任职者就该项工作进行面对面的谈话。是以个别谈话或小组访谈方式开展面谈，获取信息资料的一种工作分析方法。访谈前要准备好详细的结构化提纲，先由工作者本人对所从事工作的内容、目的、方法加以描述，然后再由其上级加以纠正和补充，整个面谈过程要做好详细记录。这里需要指出的是，事先要向面谈对象说明面谈的目的，争取他们的理解与支持。

访谈法的典型问题包括你做哪些工作？主要职责？如何完成？在哪些地点工作？工作需要怎样的学历背景、经验、技能条件或专业执照？工作的绩效标准有哪些？工作有哪些环境和条件？工作有哪些生理要求和情绪及感情上的要求？工作的安全和卫生状况？等等。

访谈法作为问卷法的必要补充，是进行岗位分析的重要手段，一般运用普遍问卷结合重点访谈的方法即可基本收集到所需要的信息。

访谈法有很明显的优点：(1)互动性强，由于是一种面对面的交流，增加了反馈，使被了解的问题能够更深入；(2)可以唤起工作者的职责意识，规范工作者的行为，从而有利于以后岗位描述的推行。

访谈法也存在一些缺点：(1)首先，由于方法本身操作上的需要，这种手段比较占用时间，因而效率不是很高，如果谈话对象很多就很难操作；(2)在工作分析者不熟悉描述岗位的情况下，可能被访谈对象误导，从而使收集到的信息出现偏差；(3)访谈法对操作者的要求较高，且结果不易统计和对比；(4)访谈法经常会影响被访者的正常工作。

访谈法与问卷法有很强的互补性，因而两种手段的综合运用一般都会收到较理想的效果。

为求资料的一致，旅游景区应找出多位从事相同工作的员工参与访谈，并有系统的进行。从访谈中，可以得到有关该职务的以下信息：旅游景区设置该项工作的理由、对该项工作的主要工作职责以及任职条件等。访谈需要专门技巧，工作分析专家一般要接受专门训练。工作分析者在访谈时应注意尊重被访谈人，态度要真诚、热情，语言恰当；要营造良好的访谈氛围，使被访谈人感到轻松愉快；要注意所提问题必须清晰、明确；所提问题和谈话内容不能引起被谈话人的不满，或涉及被谈话人的隐私；访谈前应预备好相关问题和访谈记录表。

拓展知识

访谈时关键问题参考

请问你的姓名、职位、工号是什么？

请问你在哪个部门工作？部门有多少人？经理是谁？你的直属主管是谁？

请问你主要做哪些工作？其中常规工作是什么？

请你详细描述你昨天一天的工作流程和内容。

请问你在人事和财务方面有哪些权力？哪些工作可以自己做主，而哪些工作必须请示？

请谈谈你在工作中需要用到哪些办公设备和用品？有没有必须而公司却没有配备的？

请问你现在从事的工作，至少需要什么样的教育背景、工作经验、心理素质？

你对目前的工作环境满意吗？如果不满意，请问你对于改善环境的建议是什么？

你的工作对体质有什么要求吗？工作对身体和健康的影响有哪些？

你的工作对个人的性格和能力有哪些方面的要求？

对于目前的这份工作，你认为怎样做才能将工作做到最好？

你还有什么要补充的吗？

你可以保证你回答的问题都是客观真实的吗？

三、观察法（直接观察法、现场观察法）

观察法，是运用感觉器官或其他工具观察景区员工的工作过程、行为、内容、特点、性质、环境等，并用文字或图表形式记录下来，然后进行分析与归纳总结。为了获取所需信息，这种观察应具有结构性，事先应做好充分准备，并取得工作者的支持与配合。

观察法的优点有：

(1)操作较灵活、简单易行；

(2)直观、真实，能给岗位分析人员直接的感受，因而所获得的信息资料也较准确；

(3)可以了解广泛的信息，如工作活动内容、工作中的正式行为和非正式行为、工作人员的士气等。

但观察法的运用受到很大的局限，主要缺点有：

（1）时间成本很高，效率低；

（2）观察周期不易确定，对于生产操作岗位较适合，对于管理型和技术型岗位就不适合了；

（3）由于专业所限，岗位分析人员不能准确地对所观察的信息做出正确的判断；

（4）关于任职人员的任职资格条件不能由观察得出；

（5）在观察中，被观察者的行为可能表现出与平时不一致的情况，从而影响观察结果的可信度。

观察法有其局限性：一方面，观察法只适用于一些变化少而程序性强的工作；另一方面，就是程序性强，通过观察也可能得不到关于工作的重要资料。因此，最好与面谈法结合使用。

四、工作实践法

工作实践法，是指工作分析人员亲自从事所需要研究的工作，由此掌握工作要求的第一手材料。这种方法的优点是可以准确地了解工作的实际任务和在体力、环境、社会方面的要求，适用于那些短期内可以掌握的工作；这种方法的缺点是不适用于需要进行大量训练和危险的工作。

五、典型事例法（关键事件法）

典型事例法，是指对实际工作中工作者特别有效或无效的行为进行简短描述，通过积累、汇总和分类，总结出该工作的关键特征和行为要求，得到实际工作对员工的要求。

六、工作日志法（纪实分析法）

由任职者本人记录每日工作的内容、程序、方法、权限、时间等，同时还记录相关的责任、权利、人际关系、工作负荷及感受等。工作日志一般有两种类型：对于生产型的岗位叫生产日志；对于管理和技术型的岗位叫工作日记。采用工作日志法，可在一定时间内获取第一手资料。

1. 工作日志法的操作要点

（1）工作日志的记录必须是在确定岗位分析目标前就已完成的，这样才能尽可能避免选择性信息的出现，保证其客观性；

（2）工作日志必须是有关岗位工作的一切信息，包括有利和不利的信息；

（3）为保证所取信息的可信度，要求工作日志的记录必须持续一段时间，以保证所取信息的完整与客观；

(4)工作日志表的填写应每日一份，以免雷同；同时，应根据各岗位实际情况规定填写的时间段，如规定10分钟填写一次或20分钟填写一次。

2. 工作日志法的优点与缺点

工作日志法是进行岗位分析所依据资料的重要来源，它具有以下优点：

(1)由于工作日志应是在工作不知觉状态下的忠实记录，因而资料来源比较可靠；

(2)工作记录本身非常翔实，提供的信息充分。

同样，此方法也有局限性：

(1)需要积累的周期较长，时间成本高；

(2)资料口径可能与岗位分析的要求有出入，因而整理的工作量较大；

(3)工作日志往往有夸大的倾向，不利于信息的收集。

一般来说，在用于工作分析时，工作日志法很少作为唯一的、主要的信息收集技术，常常要与其他方法相结合。实际工作中，工作分析人员通常会将已有的工作日志作为问卷设计、准备访谈或者对某一项工作做初步了解的文献资料使用。

第四节　旅游景区工作设计

一、旅游景区工作设计的含义

工作设计是指旅游景区为了提高工作效率，采取的修改工作描述和职位资格要求的行为。工作分析是一个连续的工作，当景区任何一个职位发生变化时，就要对此职位重新进行工作分析，调整该职位的工作描述和职位资格要求。否则，工作描述和职位资格要求就会成为一纸空文，发挥不了任何作用。工作设计的目的就是优化人力资源配置，为景区员工进一步发挥自身能力、提高工作效率提供有效的管理环境保障。

二、旅游景区工作设计的原则

工作设计的科学性直接决定着景区人力资源管理工作的有效性，进行工作设计应遵循以下原则：

1. 因事设岗原则

工作设计虽然需要考虑员工的需求，但它仍然是以组织利益为前提。组织的发展目标决定了一系列的工作任务和岗位，这就是因事设岗原则，而不能因人设岗。岗位和人是设置与配置的关系，二者不能颠倒。

2. 动静结合原则

工作设计的目的是兼顾组织与员工。而环境的变化迫使组织的目标、策略经常性变化，同时，员工的需求也在不时地变化。这就要求，工作设计必须动静结合，该动则动，宜静则静。

3. 工作满负荷原则

实行满负荷工作就是力求使员工的各项指标达到最佳状态，做到人尽其力、物尽其用、时尽其效。在组织中，每个职位的工作量都应当饱满，使有效劳动时间得到充分利用，这是改进工作设计的一项基本任务。

4. 员工能力开发原则

企业的发展越来越依赖于企业的员工，员工也越来越注重个人的发展和能力的提升。而员工能力的开发不仅仅通过培训完成，更多时候是来源于工作实践中的锻炼。这就要求在工作设计中，一方面权衡经济效率原则和员工生理和心理的需要，保证每个人满负荷工作；另一方面要让员工感觉到适度的压力和挑战，使得员工在挑战中不断提高自己的能力。

特别提示

守寡式职位

19 世纪末期，航海业蓬勃发展起来。西班牙有个叫大卫的船长，经营着一个巨大的航运集团，控制了通往世界各国的许多航线。在他的航运集团中，运量最大的船“莎丽”号是整个集团的王牌船舰，承担着整个集团最重要的航运任务。但令大卫苦恼的是，一直找不到一位合适的人担任“莎丽”号船长。

大卫也曾出重金从航运界中挖了几位经验丰富、有口皆碑的船长来主持“莎丽”号。奇怪的是，每一位船长最后都失败了，他们在其他船队中表现出的骄人能力在这里遇到了严峻挑战。虽然船长们使尽浑身解数，但“莎丽”号的经营业绩仍直线下降。大卫苦苦思索了许久，终于想通了一个事实：不是船长们的能力不行，而是职位设计本身存在缺陷。这个职位就像一个巨大的黑洞，任何一个踏上此职位的人都逃脱不了败局。

“莎丽”号的故事在职场中经常被引用，人们把像“莎丽”号船长这种无人可以胜任的职位称为“守寡式职位”。

“守寡式职位”在现今许多企业，包括一些著名的大公司，依然存在着。

在管理大师德鲁克看来，企业之所以会存在“守寡式职位”，原因在于职位的设计可能存在下列错误：

1. 职位设计时涵盖面太小,使优秀人才无以成长和发展

一项管理职位可能是一项所谓的"终点职位"——在职人员可以在此职位上经营一辈子。如果一项管理职位设计的涵盖面太小,当事人只需很短时间就能学会一切,不费力地完成职位目标,他们不免感到失望,继而怠倦。庸人会继续留在职位上逍遥过日,而优秀人才大多会选择离开。

2. 设计的一个职位称不上是一个职位,而只是一个"副手"的职位

职位必须有其特定的目标,必须有其特定的职能,职位的领导者必须拥有充分的权力可以在其职能范围决定一切,以达到目标。然而副手往往是上级命令的执行者,其本身职能何在,目的何在,通常很难界定。

3. 管理人在位却无专业之事可做

因为管理人本身工作太少,所以才做了许多本该部属做的工作。一个职位的设计如果令在职者无实际专业工作可做,是一件极为危险的事情。

4. 用职衔作为对人的奖励

某些不足百人的小公司,有"总监"、"总经理"、"总裁"等大职衔的多不胜数,"官"的人数比"兵"的人数多几倍。许多有大职衔的人其工作的实质未变,公司却以此作为对员工的一种奖赏——奖励他们一顶高帽子。一些20岁出头的年轻人,在公司不用两年,就纷纷给挂上大职衔。其实这样做的结果有点类似于"涸泽而渔"——职衔与薪酬一样,是激励员工上进的一种非常有效的手段。然而,员工太轻易就可以得到此职衔的奖励,一旦薪酬产生边际效益递减的效应,他们会觉得公司失去了吸引力。

三、旅游景区工作设计的时机

在出现以下几种情况时,人事管理部门可以考虑工作设计问题:

1. 职务设计不合理

职务设置并不是很合理,有些职位工作量大,经常无法按时完成工作;有些职位工作量小,上班有很多空闲时间。这种不合理,提高了人力资源成本,同时破坏了员工间的公平与不和谐,有些员工可能会产生抵触情绪,影响工作进展。

2. 景区计划进行管理改革

由于旅游景区的发展或市场的变化,景区计划对现有的经营模式和管理模式进行改革时,人力资源部门应配合企业的改革进行相应的工作再设计,使职位能够适应新形势的需要。

3. 员工职位效率下降

造成员工工作效率下降的原因很多。如果是由于员工已经对现有的职位没有兴趣而产生的效率下降,就应该考虑对这些职位进行重新设计。

四、旅游景区工作设计的形式

1. 工作扩大化

工作扩大化，是在横向水平上增加工作任务的数目或变化性，将原来狭窄的工作范围、频繁重复的情况加以改善，使工作多样化。通常这种新工作同员工原先所做的工作非常相似。这种工作设计促成高效率，是因为不必要把产品从一个人手中传给另一个人而节约时间。此外，由于完成的是整个一个产品，而不是在一个大件上单单从事某项工作，这样在心理上也可以得到安慰。该方法是通过增加某项工作的内容，使员工的工作内容增加，要求员工掌握更多的知识和技能，从而提高员工的工作兴趣。当员工对某项职务更加熟练时，提高他的工作量和待遇，会让员工感到更加充实。

2. 工作轮换

工作轮换是将员工轮换到另一个同样水平、技术要求相近的工作岗位上去工作的方法。在不同时间段，员工在不同的岗位上工作。这样做的好处是：

（1）能使员工比日复一日地重复同样的工作更能对工作保持兴趣；

（2）为员工提供了一个个人行为适应总体工作流的前景；

（3）个人增加了对自己的最终成果的认识；

（4）使员工从原先只能做一项工作的专业人员转变为能做许多工作的多面手。

这种方法并不改变工作设计本身，而只是使员工定期从一个工作转到另一个工作。这样，使员工具有更强的适应能力，因而具有更大的挑战性。员工得到一个新的工作，往往具有新鲜感，能激励员工做出更大的努力。

3. 工作丰富化

工作丰富化是以员工为中心的工作再设计，它是一个将景区企业的使命与员工对工作的满意程度联系起来的概念。它是指在工作内容和责任层次上的基本改变，并且使员工对计划、组织、控制及个体评价承担更多的责任。充实工作内容，主要是让员工更加完整、更加有责任心地去进行工作，使员工得到工作本身的激励和成就感。

拓展知识

工作丰富化的理论基础是双因素理论和工作特征模型理论。根据弗雷德里克·赫兹伯格(F. Herzberg)的双因素理论，促使员工在工作中产生满意或良好感觉的因素与产生不满或厌恶感觉的因素是不同的。前者往往和工作内容本身联系在一起，后者则和工作环境或条件相联系。他把前者称为激励因素，后者称为保健因素。赫兹伯格指出，激励因素的改善，或者说这类需要的满足，往往能给员工以很大程度的激励，有助于充分地、有效地、持久地调动他们的积极性；而保健因素的满足不能直接起激励作用，只能防止员工产生不满情绪。因此，对景区企业来说，应努力在满足激励因素方面下工夫。双因素理论的提出，推动了“工作再设计”运动，其中心思想是工作丰富化。而工作特征模型理论给我们提供了工作丰富化的内容和手段。

工作特征模型是一种个人工作设计方法，20 世纪 70 年代由美国的哈克曼(Hackman)和奥尔德姆(Oldham)提出，见图 2－4。他们认为，当员工在三种心理状态(感受到工作的意义、感受到对工作结果的责任、了解工作的结果)下工作时，将产生高度的内在工作积极性、高质量的工作绩效、对工作高度满意、辞职率和缺勤率较低。而这三种心态又是由工作的五个核心维度形成的，分别是：

(1)技能多样性(Skill variety)，指完成一项工作任务需要员工具备的各种技能和能力的范围与程度；

(2)任务完整性(Task identity)，指在多大程度上工作需要作为一个整体来完成并能明确看到工作结果；

(3)任务重要性(Task significance)，指一项任务对其他人的工作和生活具有实质性影响的程度；

(4)自主性(Autonomy)，指一项职务给予任职者在安排工作进度和决定从事工作所适用的方法方面提供的实质性自由、自主的程度；

(5)反馈(Feedback)，指个人为从事职务所要求的工作活动所需获得的有关其绩效信息的直接和清晰程度。

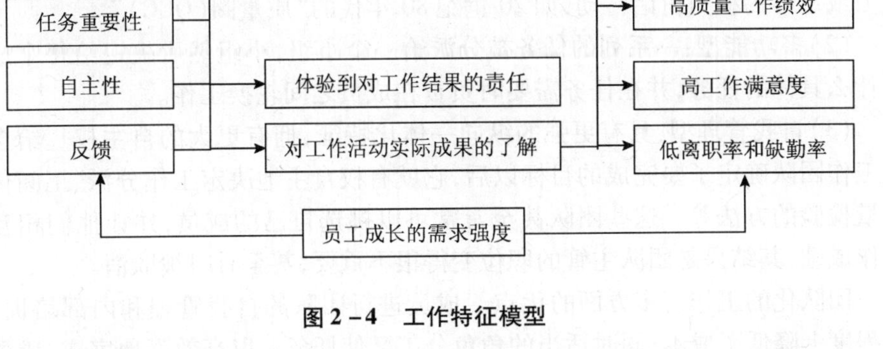

图 2－4　工作特征模型

前三个维度共同创造出有意义的工作。拥有自主性的工作会给任职者带来一种对工作结果的个人责任感,如果职位能提供反馈,则员工就会知道自己所进行的工作效果如何。从激励的角度,工作特征模型指出,要是一个人知道(对结果的了解)他个人(责任感的体验)在其关注(有意义的体验)的任务上完成得很好,那么,他会获得一种内在的激励。工作愈是具备这三个条件,员工的动机、绩效和满意感就会愈强,而旷工和辞职的可能性会越小。

工作特征模型为工作设计提供了具体的指导,可以从该模型推导出工作丰富化的策略:

(1)合并任务。应将现有的过细分割的任务组合起来,形成一项新的、内容广泛的工作,这将使技能多样性和任务同一性得到提高;

(2)形成自然的工作单位。应将任务设计成一种完整、具有同一性、有意义的工作。这可使员工产生这项工作归属于我的感觉;

(3)建立客户联系。要是可能,管理者应建立起员工与他们的客户之间的直接联系。这可增加员工的技能多样性、自主性和绩效反馈;

(4)纵向扩展职务。这样做,可使员工产生责任感,并掌握以往保留在管理者手中的控制权。它将使一项职务的"作业"与"控制"两方面间的分离得以部分地结合,从而增大员工的自主性;

(5)开通反馈渠道。通过增进反馈,员工不仅能了解他们所从事的工作做得如何,还能知道他们的绩效如何。

4. 工作团队化

当工作是围绕小组而不是个人来进行设计时,就形成了工作团队。工作团队大体上有三种类型:

(1)问题解决型:一般由同一部门的员工组成,围绕工作中的某个问题,每星期花一定的时间聚集在一起,对问题进行调查、分析,并提出意见和建议,一般没有权力或足够的权力付诸行动,如20世纪80年代的"质量圈(QCC)"。

(2)多功能型:一系列的任务被分派给一个小组,小组然后决定给每个成员分派什么具体的任务,并在任务需要时负责在成员之间轮换工作。

(3)自我管理型:具有更强的纵向一体化特征,拥有更大的自主权。给自我管理工作团队确定了要完成的目标以后,它就有权自主地决定工作分派、工间休息和质量检验的方法等。这些团队甚至常常可以挑选自己的成员,并让他们相互评价工作成绩,其结果是团队主管的职位变得很不重要,甚至有时被取消。

团队化的工作有多方面的优点。成员进行团队的自我管理和内部培训,在一定程度上降低了成本;同时适当的角色分工又使任务可以高效率地完成;成员高度的参与和相互反馈，极大地提高了工作满意度。这些都使团队式工作设计成为目前工作设计的重要手段。

5. 以员工为中心的工作再设计

它是将组织的战略、使命与景区员工对工作的满意度相结合。在工作再设计中，充分采纳景区员工对某些问题的改进建议，但是必须要求他们说明这些改变对实现组织的整体目标有哪些益处，是如何实现的。这样的工作再设计，可以使景区员工体验到工作的重要性和自己所负的责任，及时了解工作的结果，从中产生高度的内在激励作用，形成高质量的工作绩效及对工作高度的满足感。

案例分享

案例一　猴子取食的启示

美国加利福尼亚大学的学者做了这样一个实验：把6只猴子分别关在3间空房子里，每间2只，房子里分别放着一定数量的食物，但放的位置高度不同。第一间房子的食物就放在地上；第二间房子的食物分别从易到难悬挂在不同高度的适当位置上；第三间房子的食物悬挂在房顶。数日后，他们发现第一间房子的猴子一死一伤，伤的缺了耳朵断了腿，奄奄一息。第三间房子的猴子也死了。只有第二间房子的猴子活得好好的。

究其原因，第一间房子的两只猴子一进房间就看到了地上的食物，于是，为了争夺唾手可得的食物而大动干戈，结果伤的伤，死的死。第三间房子的猴子虽做了努力，但因食物太高，难度过大，够不着，被活活饿死了。只有第二间房子的两只猴子先是各自凭着自己的本能蹦跳取食，最后，随着悬挂食物高度的增加，难度增大，两只猴子只有协作才能取得食物，于是，一只猴子托起另一只猴子跳起取食。这样，每天都能取得够吃的食物，很好地活了下来。

思考题：

1. 从案例中你获得哪些启示？
2. 从案例看，工作分析应注意什么？

案例二　能干的小狗

曾经有一户农家，全家人都非常懒惰。爸爸叫妈妈做家务，妈妈不想做就推给女儿做，女儿不想做就使唤小狗做。正好有一天，家里来了一个客人，发现小狗在做家务。客人很是惊讶，就问小狗：“原来你会做家务呀？”小狗回答道：“他们都不愿意做，就叫我做了！”客人越发惊讶了：“想不到你还会说话呀？”

小狗赶紧说:"嘘,小声点儿!千万别让他们知道我会说话,否则又该让我去接电话了!"

思考题:

1. 这个故事告诉了我们什么?
2. 工作分析中应该注意哪些问题?

思考与练习

1. 工作分析有哪些方法?有何特点?
2. 在景区人力资源管理中,工作分析有哪些作用?
3. 简述工作分析的步骤。
4. 工作设计有哪些形式?

第三章 旅游景区员工的招聘与甄选

引　言

中国有句古语,“得人者昌,失人者亡”。在现代竞争环境下,真正有才华的管理和创新人才变得越来越重要,旅游景区企业要发展就必须不断地吸纳人才。旅游景区的员工数量是个动态的指标,这是景区的旅游者流量、景区娱乐项目等变动因素共同决定的。作为旅游景区企业甄选、录用所需人才的重要过程,招聘在现代企业人力资源管理中的作用也愈加凸显。如何按照企业的经营目标和战略要求,把企业需要的人才在适当的时候放在适当的岗位上,已成为企业成败的关键因素之一。

学习目标

1. 了解招聘的含义、内容、作用及原则;
2. 掌握员工招聘的渠道和方法;
3. 掌握员工招聘的流程;
4. 熟悉员工录用与调配的内容、要求、程序。

第一节　旅游景区员工招聘概述

员工招聘是旅游企业人力资源管理中的一个非常重要的环节,它与旅游企业的其他人力资源活动有密切联系。人力资源管理体系作用于员工受雇于企业的整个过程,从对员工的招聘甄选,到建立劳动关系,继而到员工关系的管理(奖励、绩效考核、劳动关系等),最后到终止劳动关系(退休、辞职、裁员或解雇)。员工招聘作为企业获取人力资源的重要手段,其本身就是一个独立的系统,建立在岗位分析和企业人力资源规划基础上的一项科学的工作。

一、员工招聘的概念

（一）员工招聘的含义

招聘，是指实现企业目标和完成用工任务，由人力资源管理部门和其他用人部门按照科学的方法，运用先进的手段，选拔岗位所需要的人力资源的过程。员工招聘是个系统的过程，从表面上看，它是企业主动选择应聘者的过程，实质上是让潜在的合格人员对本企业的相关职位产生兴趣，并前来应聘的双向选择和匹配的动态过程。企业在选择应聘者，应聘者也在选择企业，企业和应聘者都应该扮演积极的角色。

招聘工作的目标就是成功地选拔和录用企业所需的人才，实现所招人员与待聘岗位的有效匹配。这种匹配有狭义和广义两个不同层面的意思：狭义的人职匹配，是指岗位要求与员工个人素质的匹配，属于表面性的匹配，是一般企业通过招聘都能达到的；而广义的人职匹配，是指工作报酬与员工个人需求的匹配，属于深层次的匹配，是企业采用相应技术与方法进行深入研究后才可以得出的结论。这种匹配要求将个人特征与工作岗位的特征有机地结合起来，从而获得理想的人力资源管理结果。

（二）员工招聘的原则

员工招聘最直接的目的是获得企业所需要的人，降低招聘成本，规范招聘行为，确保人员质量等。因此，无论准备招聘的人员数量是多少，无论招聘工作是由企业内部的人力资源部门完成，还是外包给专属机构完成，都必须遵守一定的原则，才能确保整个员工招聘工作的有效性。

1. 合法性原则

我国的《宪法》、《劳动法》以及相关的政策、法规都在保障劳动者就业方面做出了相应的规定。企业在员工招聘过程中，必须严格遵守国家法律、法规。

2. 全面原则

全面原则，是指企业要尽可能地采用全方位、多角度的评价方法来评定申请者的优劣，而不是靠招聘人员个人的直觉、印象，甚至是与自己的亲密程度来选人，这样做有利于提高选拔和录用人员的科学性。

3. 公开、公平原则

公开原则即把招聘单位、职位名称、拟招人数、入职资格、招聘方式与流程、内容与时间等信息向全社会进行公布。公平原则即一视同仁，不会人为地制造各种不平等的限制条件或各种不平等的优先优惠政策。

4. 考核择优原则

一般来说，选聘人员时应尽量选择素质高、质量好的人才，但也不能一味强调高水平,应坚持能级相配和全体相容的原则。简言之,就是要根据企业机构中各个职务岗位的性质选聘相关人员,而且要求工作群体内部保持较高的相容度,形成群体成员之间心理素质差异的互补,使得整个企业的人员结构合理。

5. 效率优先原则

效率优先原则,是指今年可能用最少的成本录用到最合适的员工,选择最合适的招聘渠道和科学合理的考核方法,在保证所招人员质量的基础上节约招聘费用,避免长期职位空缺造成的损失。换言之,就是招聘的经济投入与实际收益之间的关系最优化,既不能为招募到合适的人才而不计成本或增加不必要的经费,也不能为了节约成本而招聘不合适的人。

6. 能级对应原则

人的能力有大小,技能有高低,招聘时应量才录用,做到人尽其才,用其所长,这样才能持久、高效地发挥人力资源的作用。能力要和职位相匹配,把合适的人放在适当的岗位上,这是人事匹配的基本要求。这一原则要求企业招聘管理者应根据企业战略和人力资源规划的要求为依据,因事择人,以工作岗位的空缺和实际工作的需要为出发点,以岗位对人的实际要求为标准,以达到因职选能、因能量级、人岗匹配的目的。如果未按因岗配人的原则招聘,可能会导致招聘的人员过多、人浮于事,从而给企业带来不良影响、人力成本扩大、工作效率低下等负面作用,并使企业整体效率低下。

7. 竞争择优原则

竞争择优原则,是指通过考试竞争和考核鉴别确定人员的优劣和人员的取舍。为了达到竞争的目的,一要动员、吸引较多的人员报考;二要严格考核程序和手段,科学地录用人选,通过激烈而公平的竞争,选择优秀人才。

二、人员招聘的基础理论

个体差异是普遍存在的,每个个体都有自己的个性特征,而每一种职业由于其工作性质、环境、条件、方式的不同,对工作者的能力、知识、技能、性格、气质、心理素质等都有不同的要求。进行招聘甄选时就要根据一个人的个性特征来选择与其相对应的职业种类,即人职匹配。如匹配得好,则个人的特征与职业环境协调一致,工作效率和职业成功的可能性就大为提高。反之,就会大为降低。因此对于组织和个体而言,进行恰当的人职匹配具有非常重要的意义。为此,首先要做的就是确认员工胜任能力,以下就是基于胜任力的人员招聘甄选的两大理论基础。

(一)特性·因素论

特性·因素论可以追溯到18世纪的心理学研究,直接建立在弗兰克·帕森斯关于职业指导三要素思想之上,由美国职业心理学家戴·威廉斯发展而形成。

特性·因素论认为，个别差异现象普遍地存在于个人心理与行为中，每个人都具有自己独特的能力模式和人格特质，而某种能力模式及人格模式又与某些特定的职业相关。每种人格模式的个人都有其相适应的职业，人人都有选择职业的机会，人的特性又是可以客观测量的，帕森斯提出职业指导由三步组成。

第一步是评价求职者的生理和心理特点。通过心理测试及其他测评手段，获得有关求职者的身体状况、能力倾向、兴趣爱好、气质与性格等方面的个人资料，并通过会谈、调查等方法获得有关求职者的家庭背景、学业成绩、工作经历等情况，并对这些资料进行评价。

第二步是分析各种职业对人的要求，并向求职者提供相关的信息，包括：①职业性质、工资待遇、工作条件及晋升的可能性；②求职的最低条件，诸如学历要求、所需专业训练、身体要求、年龄、各种能力及其他心理特点的要求；③为准确就业而设置的教育课程计划，以及提供这种训练的教育机构、学习年限、入学资格和费用等；④就业机会。

第三步是人职匹配。指导人员在了解求职者的特性和职业的各项指标基础上，帮助求职者进行比较分析，以便选择一种适合其个人特点又有可能得到并能取得成功的职业。

特性·因素论强调个人所具有的特性与职业所需素质与技能之间的协调和匹配。为了对个体的特性进行深入、详细的了解和掌握，特性·因素论十分重视人才测评的作用，可以说特性·因素论进行职业指导是以对人的特性测评为基本前提。它首先提出了在职业决策中进行人职匹配的思想。故这一理论奠定了人才测评理论的基础，进而推动了人才测评在职业选拔与指导中的运用和发展。

（二）人格类型理论

美国职业心理学家霍兰德提出的人格类型理论对人才测评的发展产生了重要影响。

在人格和职业的关系方面，霍兰德提出了一系列假设：①在现实的文化中，可以将人格分为六种类型：实际型、研究型、艺术型、社会型、企业型与传统型（每一特定类型人格的人，便会对相应职业类型中的工作或学习感兴趣）；②环境也可以分为上述六种类型；③人们寻求能充分施展其能力与价值观的职业环境；④个人的行为取决于个体的人格和所处的环境特征之间的相互作用。

在上述理论假设的基础上，霍兰德提出了人格类型与职业类型模式。不同类型人格的人需要不同的生活或工作环境，例如“实际型”的人需要实际型的环境或职业，因为这种环境或职业才能给予此类型的人所需要的机会和奖励。类型与环境不和谐，则该环境或职业无法提供给个人的能力或兴趣所需的机会与奖励。六种类型之间具有一定的内在联系，它们按照彼此间相似程度定位，相邻两个维度在各种特征上最相近，相关程度最高。根据霍兰德的人格类型理论，在职业决策中最理想的是个体能够找到与其人格类型重合的职业环境。

三、招聘渠道的选择

作为服务行业来讲，旅游景区类企业的招聘工作具有其独有的特点，同时也存在着与其他行业的许多共性。企业会吸引什么样的求职者来申请该企业的空缺职位，在很大程度上取决于企业以何种方式将关于这些空缺职位的信息传递出去。选择正确的招聘渠道在此时就显得非常重要。

（一）内部选拔

1. 内部选拔的途径或方式

内部选拔的途径主要有内部提升、内部调动、工作轮岗及返聘四种。

（1）内部提升。即让企业内部符合条件的员工从一个级别的岗位晋升到一个较高级别的岗位过程。

（2）内部调动。需要招聘的岗位与员工原来的岗位层次相同或略有下降时，把员工调到同层级或下一级岗位上工作的过程成为内部调动。内部调动可以向员工提供全面了解企业中不同机构、不同职位的机会，为将来的提升作准备或为不适合现有职位的员工寻找更适合的岗位。

（3）工作轮岗。这是暂时的工作岗位变动，以实习或培训的方式使管理职位的受训者更广泛、更深入地了解企业的工作流程和各部门的工作特点等情况，使他们在工作变换中得到全面的锻炼。

（4）返聘。企业将解雇、提前退休、已退休或下岗待业的员工再招回来重新工作，这些人都熟悉企业情况，能很快适应工作。

上述内部招聘的途径中，内部提升是下级职位上的人员通过晋升方式来填补空缺职位；内部调动、工作轮岗、返聘则是同级职位上的人员填补空缺职位。

2. 内部选拔的优点与缺点

内部选拔对于企业管理职位来说是非常重要的来源。20世纪50年代，美国有50%的管理岗位是由公司内部人员提拔的，目前这一比率已经上升到90%左右，因为内部选拔有很多优点。

（1）激励性强。内部选拔对现有人员来说是一种重要晋升渠道，得到升迁的员工被公司认可了自己的才干。因此，他们的积极性和绩效都会很高。

（2）适应性快。由于现有员工对公司内部情况比较了解，更有效忠的意愿，因此，人员流失可能性大大降低。

（3）影响力大。提拔内部员工可以提高所有员工对企业的忠诚度，使他们在制定自己职业发展规划时作出比较长远的考虑。

(4)费用较低。内部选拔对于企业来说,不仅可以节约大量广告费和筛选录用的费用,还可以节约部分培训费用。

(5)有利于内部稳定性。新员工与老员工、新员工和企业碰撞最多的是企业文化中的企业核心价值观,当然也有一些非主流方面的碰撞。无论是何种碰撞,都有两个方面的作用:一是促进企业的思考和发展。二是扰乱企业的日常秩序和正常运作,可能出现不稳定。而内部选拔是企业在补充优质人力资源到合适岗位时能极大程度减少不稳定因素的出现,保持了内部的稳定性。

(6)准确性高。减少识人用人的失误。

作为选择范围相对狭小的招聘方式,内部选拔也有许多不足之处:

(1)被拒绝的申请者会感到失望、不被认可,影响工作的积极性和创造性。万一处理不公,方法不当或员工个人原因,会在公司内部引发矛盾。

(2)在员工群体中会引起妒忌、攀比的心理,引发拉帮结派的现象。

(3)易造成"近亲繁殖"。长期内部选拔,企业的整个管理队伍都会找同样的方式进行组建,拥有同样的风格,势必会在管理决策上缺乏差异性、创新性。

(4)引发高层领导的不团结。用人方面的分歧历来是管理者工作决策中最易引起断裂的分歧。但用人出现分歧时,可能引发企业高层领导原本存在的不团结走入深层。

(5)缺乏创新、影响新思想进入企业,影响企业的活力和竞争力。得到内部晋升的人和企业原本是和谐的,观念、文化、价值观彼此认同。因此,企业不会因为内部人事变动产生思想碰撞,也不会产生由于这种碰撞出现的不平衡,企业在这一过程中明显缺少活力。

(6)如果企业已经有了内部选拔的惯例,当企业出现创新需要而急需从企业外部招聘人才时,就可能会遇到现有的员工的抵制,打消员工的积极性。

特别提示

如何平衡内部选拔的优点和缺点,扬长避短,是一项非常具有挑战性的工作。其缺点可以通过细致的工作来弥补或消除。一般而言,内部选拔的员工要比外部招聘的员工更能长期地服务于企业。当内部补充机制不能满足企业对人才的需求时,就需要考虑在外部市场进行员工招聘。

(二)外部招聘

外部招聘的方法主要取决于周围的雇用环境和情境,特别是要将亟待填补的职位类型、工作接替要求的速度、招聘的地理区域、实施招聘方法的成本,以及可能吸引到的求职者组合的合理化程度这五种因素结合起来考虑。

1. **外部招聘的优势**

(1)有利于平息和缓和内部竞争者之间的紧张关系。每个内部竞争者都希望得到晋升的机会,但空缺职位却总是有限。当员工发现自己的同事,特别是原来与自己处于同一层次、具有同等学历和能力的同事提升而自己竞争失败时,就会产生不满情绪、懈怠工作、不服管理,甚至拆台。而进行外部招聘就可能使这些竞争者得到某种心理上的平衡,从而有利于缓和他们之间的紧张关系。

(2)带来新思想、新方法,能够为企业注入新的活力。来自外部的应聘者可以为企业带来新的管理方法和经验,而且不会受太多程序的束缚,能够给企业带来较多的创新机会。

(3)树立形象的作用。可以通过外部招聘为企业树立良好的形象。

(4)可以规避从"涟漪效应"中产生的各种不良反应。当企业由于工作需要增设一个领导岗位,或者因为退休、离职、调动、流动、生病等各种原因产生人才需求时,内部晋升的涟漪效应会使企业被迫接受许多不应接受的岗位和人员变动,外部招聘则完全规避了涟漪效应。

(5)有利于招到一流人才。

2. **外部招聘的劣势**

(1)筛选难度大,时间长。

(2)外聘人员不熟悉企业的情况和企业运作的流程,进入角色慢,同时也缺乏一定的人事基础,因此,需要一段时间的适应才能进行有效的工作。文化和价值观的融合需要时间,与周边工作关系的密切配合也需要时间,这种时间成本的投入也是必须考虑的不利因素。

(3)企业对应聘者的情况缺乏深入了解,决策风险大。虽然在对外聘人员进行选拔可以借助一些测评和评估的方法,但一个人的能力很难通过几次短暂的面试和几次书面测试就能够得到全面、正确的反映。被聘者的实际工作能力与选聘时的能力评估可能存在很大的差距,这对企业来说是一种招聘风险。

(4)对内部员工的积极性造成打击,影响内部员工的积极性。如果企业经常从外部招聘人员,而且形成制度和惯例,则会减少内部员工的晋升机会,从而挫伤员工工作的积极性。

(5)招聘成本大。无论是招聘高层次人才,还是中、基层人才,均需支付相当高的招聘费用,这包括招聘人员的费用、广告费、测试费和专家顾问的费用等。

四、员工招聘的方法

(一)内部招聘的方法

在进行内部选拔时,一般是先列出各职位所需要的技能,接着在企业内部公布现有的职位空缺，然后再由愿意填补空缺职位的内部人员通过公开竞标的方式来进行。

1. 职位公告

职位公告是企业向员工通报企业内部现有职位空缺的一种方式。企业通过布告栏、内部电视台、内部报刊和内部网站等多种方式发布职位空缺的信息。职位公告通常会显示工作名称、工作职责、资格要求、工作日程、薪资待遇和申请程序等内部信息。职位公告有利于发挥企业中现有人员的工作积极性，激励士气，鼓励员工在机构中建功立业。因此，它是刺激员工职业发展的一种好方法，同时，它也是一个比较经济的内部招聘方法。

2. 利用技术档案的信息

内部招聘的另一种方法是利用现有人员技术档案中的信息。这些信息可以帮助招聘人员确定目前现有的工作人员是否拥有填补空缺职位的任职资格，然后，招聘人员可以与他们接触，以了解他们是否想提出申请。这种方法可以和布告招标共同使用，以确保岗位空缺引起所有资格申请人的注意。

利用技术档案的优点是可以在整个企业内发掘合适的候选人，同时技术档案可以作为人力资源信息系统的一部分。如果经过适当的准备，并且技术档案包含的信息比较全面，采用这种方法比较便宜和省时。

3. 职位竞标

职位竞标，是一种允许那些自认为已具备职位要求的员工申请公告中工作的自荐方法。内部人员求职申请表是企业专门用于职位竞标的一种文件，它能使企业员工针对本企业当前存在的职位空缺来阐述自己的背景和特点。企业利用它对内部申请者进行初步筛选，并最终形成一份可能值得为这一职位进行面试的候选人名单。内部人员求职申请表应该尽可能短小而简要。在各个栏目中填写的内容应足够广泛而细致，使人力资源部门能够把申请者的情况与工作说明书和需求人员详细情况记录单的内容进行比较，并进而确定出一份面试人员名单。

（二）外部招聘方法

外部招聘，是指在企业外部吸收申请人，可以采用多种形式。外部招聘的方法主要有广告招聘、员工推荐、校园招聘、职业中介机构招聘、委托猎头公司、人才招聘会、网络招聘、安置退役军人等。

1. 广告招聘

广告，是指通过广播、报纸、电视和行业出版物等媒介向公众传送企业的招聘信息。广告招聘是应用很广泛的一种方法，它可以比较容易地从劳动力市场中招聘到所需的人才。其传播媒体可以是大学校园里的布告栏、专业技术杂志、报纸和电视等。广告的作用一方面是可将有关工作的性质、要求，员工应该具备的资格等信息提供给潜在的申请人；另一个作用是向申请人“兜售”公司或企业的优势。广告的内容应该真实，虚假广告会引起被雇用者的不满和日后的跳槽。

广告招聘适用于各类企业、各类人才。优点是：传播范围大，挑选余地大；招聘广告留存时间较大；可附带作企业形象、产品宣传。缺点是：初选双方不直接见面，信息失真；广告费用支出较大；录取成功率低。

2. 员工推荐

当工作岗位出现空缺时，可由员工向企业推荐其亲戚、朋友、熟人、同乡、校友等，经过竞争和测试合格后录用。员工推荐主要适用于招聘初级员工与核心人员。一些企业提供少量报酬以激励员工推荐合适的申请人，尤其是在劳动力短缺条件下，往往采用这种方法。员工推荐有三个优点：招募成本比较低、缩短招聘时间、员工一般不会推荐不合适或不可靠的求职者。所以在很多企业获得广泛的应用。研究表明，通过这种方法招聘的人员比用其他方法招聘的人员跳槽率更低。

员工推荐存在的主要问题是：易在企业内形成小团体和裙带关系、易受主管喜好程度的影响、较难做到客观评价和择优录用、选用人员的面较窄、会在一定程度上妨碍平等就业。因此，需要认真加以鉴别，并经过严格的选择。

3. 校园招聘

大学校园是高素质人员相对比较集中的地方，大学生是大多数专业管理人员和工程技术人员的主要来源。企业能够利用校园招聘招到大量具有较高素质的合格申请者，招聘录用的手续也相对简便。而且年轻的毕业生充满活力，富有工作热情，可塑性强，对自己第一份工作具有较强的敬业精神。校园招聘的一种方法是管理人员或者其他代表访问学校并发表演讲；另一种方法是与学生签约并参观校园，同时与签约及其他有兴趣的学生面谈。一些大公司可以雇用专职招聘人员去校园招聘。

选择学校要考虑以下几个因素：其中第一个因素是要明确补充人员岗位的类型。如果一个企业需要控制水污染专家，那么招聘人员必须去那些设有环境研究专业的学校。企业的规模是选择学校的另一个因素，大的公司可能到全国各地的大学招聘，而小的企业则主要在本地的大学招聘。影响学校选择的第三个因素与过去招聘的经历和结果有关。

校园招聘也有明显的不足之处，诸如许多毕业生在校园招聘中常常有多手准备、对工作和职位容易产生一种不现实的期望、在工作配合和制度理解执行等方面会有欠缺、流动率较高、成本高、时间长。

4. 职业中介机构招聘

职业中介机构的作用是帮助雇主选拔人才，节省雇主的时间，特别是在企业没有设立人事部门或需要立即填补空缺时可以借助中介机构。优点是:介绍速度较快,费用较低。缺点是:中介服务普遍质量不高。

5. 委托猎头公司

猎头公司本质上是一种职业中介组织,但由于它特殊的运作方式和服务对象,因而经常被看做一种独立的招聘渠道。猎头公司是一种专门为雇主搜寻与推荐高级主管人员和高级技术人员的公司。他们可以出色地采用多渠道挖掘那些被他们老板看中但尚未有流动意向的顶尖级人才,并可以对这些人进行全面的调查,确保人才的质量。

委托猎头公司主要适用于物色高级人才。优点是:能找到满意人才,比企业自己招聘质量好,招聘过程隐秘、不声张。缺点是:招聘过程较长,各方反复接洽谈判;招聘费用昂贵,需按年薪的一定比例支付猎头费用,一般为所推荐人才的年薪的1/4~1/3。

6. 人才招聘会

参加定期或不定期举办的人才交流会、人才市场、人才集市。它主要适用于初、中级人才或急需用工。优点是:双方直接见面,可信度较高,当时可确定初选意向,费用低廉。缺点是:应聘者众多,洽谈环境差,挑选面受限。

7. 网络招聘

网络招聘,也称在线招聘或电子招聘,它是指利用互联网络技术进行的招聘活动,包括信息的发布、简历的收集整理、电子面试,以及在线测评等。它不仅是将传统的招聘业务搬到网上,而是互动的、无地域限制的和具备远程服务功能的一种全新的招聘方式。网络招聘实施的步骤如下:

首先,发布招聘信息。发布招聘信息的渠道一般有注册为人才网站的会员,或在自己公司的主页或网站上发布招聘信息;在某些专业的电子网站上发布招聘信息;利用搜索引擎搜索相关专业网站,从而发现潜在人才。

其次,收集、整理信息,从应聘者中挑选出符合条件的求职者安排面试。

最后,进行电子面试。主要形式有:利用电子邮件、视频面试、在线测评。

8. 安置退役军人

按政府法令接受退伍军人到企业工作,有的是指令性,也可以是双方选择,主要发挥其专业优势和军队优秀传统。

五、招聘的程序

员工招聘是一个复杂的、系统而又程序化的操作过程,同时涉及企业内部各个用人部门。所以,招聘工作中各部门、各管理者的协调就显得十分重要。为了使员工招聘工作固定化、规范化,就应严格按照一定的程序进行运作。

（一）制订招聘计划

1. 招聘计划的内容

招聘计划一般包括以下内容：

（1）人员需求清单，包括招聘的职务名称、人数、任职资格要求等内容；

（2）招聘信息发布的时间和渠道；

（3）招聘小组人选，包括小组人员的姓名、职务、各自的职责；

（4）应聘者的考核方案，包括考核的场所、大体时间、题目设计者姓名等；

（5）招聘的截止时间；

（6）新员工的上岗时间；

（7）费用招聘预算，包括资料费、广告费、人才交流会费用等；

（8）招聘工作时间表，尽可能详细，以便于他人配合；

（9）招聘广告样稿。

2. 招聘计划的编写步骤

（1）获取人员需求信息；人员需求一般发生在以下几种情况：人力资源计划中明确规定的人员需求信息；由于在职人员离职产生的空缺；部门经理递交的招聘申请，并经相关领导批准。

（2）选择招聘信息的发布时间和发布渠道；

（3）初步确定招聘小组；

（4）初步确定选择考核方案；

（5）明确招聘预算；

（6）编写招聘工作时间表；

（7）草拟招聘广告样稿。

（二）招聘策略的制定

招聘策略是招聘计划的具体体现，是为实现招聘计划而采取的具体策略。

1. 地点策略

选择在哪个地方进行招聘，一般要考虑潜在应聘者寻找工作的行为；企业的位置；劳动力市场状况等因素。客观上，为了节省开支，企业通常在既有条件又有招聘经历的地方招聘，倾向于在所在地的市场招聘办事员，在跨地区的市场上招聘专业技术人员，而在全国范围内甚至国际上招聘高级管理人才。

2. 招聘途径

采用哪一种途径或方式招聘人员，应根据供求双方不同情况而定。例如，是采用简单的方式，还是繁复的方式；是采用主动的，还是等人上门；是大张旗鼓，还是悄悄地进行等。

无论如何，做好招聘工作，都需要和学校、职业介绍机构、有关团体、培训机构等保持密切联系。一般来说,企业可在大学毕业生中招聘专业技术人员和中层管理人员;借助职业介绍所招聘办事员;通过广告招聘销售人员、专家等。为了节省开支和时间,还可采用员工引荐的方式。

3. 聘用策略

采用外部招聘,还是企业内部招聘,取决于企业的聘用策略。聘用策略主要有传统的甄选模式、人力资源管理模式和"非我族类"模式。

(1) 传统的甄选模式,即"以人就事",以工作为主,机构的需要优先。

(2) 人力资源模式,即"以事就人","以人为主",旨在人尽其才。

(3) "非我族类"模式,即筛除与自己理想、经验、教育、背景不同的人。

4. 时间策略

有效的招聘策略不仅要明确招聘地点和方法,还要确定恰当的招聘时间。招聘时间一般要比有关职位空缺可能出现的时间早一些。

可以用一个例子来说明招聘时间的选择。

某旅游企业即将开业,欲招聘 30 名服务人员。根据预测,招聘中每个阶段的时间占用分别为:征集个人简历需要 10 天,邮寄面谈邀请信需要 4 天,做面谈准备安排需 7 天,企业聘用与否决定需 4 天,接到聘用通知的候选人在 10 天内做出接受与否的决定,受聘者 21 天后到企业参加工作,前后需 56 天的时间。那么招聘广告必须在活动前 2 个月登出,即如果招聘 30 名服务人员的活动是某年的 6 月 1 日,则招聘广告必须在 4 月 1 日左右登出。

拓展知识

招聘时应该注意的问题

为了获取优秀的人力资源,不少公司已经有专职的招聘人员,负责公司的常年招聘。常年招聘只是一种形式,能否招到优秀的员工取决于很多方面的因素,招聘工作本身的质量也是一个重要因素。下面就是招聘工作中应注意的七个问题。

1. 简历并不能代表本人

最通俗的一个说法是:简历的精美程度与应聘者个人能力无关。招聘专员可以通过简历大致地了解应聘者的情况,初步地判断出是否需要安排面试。但招聘专员应该尽量避免通过简历对应聘者做深入的评价,也不应该因为简历对面试产生影响。虽然我们不能说应聘者的简历一定有虚假的成分,但每个人都有装扮自己的愿望,谁都希望将自己的全部优点(甚至夸大)写到简历中,同时将自己的缺点深深隐藏起来。

2. 工作经历比学历重要

对于有工作经验的人而言，工作经历远远比他的学历重要。他以前所处的工作环境和他以前所从事的工作最能反映他的需求特征和能力特征。特别是一些从事高新技术的研发人员，如果在两三年里没有在这个领域做过工作，很难说他能掌握这方面的先进技术。另外，从应聘者的工作经历中还可以反映出他的价值观和价值取向，这些东西远远比他的学历所显示的信息更加重要。

3. 不要忽视求职者的个性特征

对岗位技能合格的应聘者，我们要注意考察他的个性特征。首先要考察他的性格特征在这个岗位上是否有发展潜力，有些应聘者可能在知识层面上适合该岗位的要求，但个性特征却会限制他在该岗位上的发展。比如一个应聘技术攻关的应聘者，他可能掌握了相关的知识，但缺乏学习能力，且没有钻研精神，显然他不适合这个岗位。

另外，由于许多工作并非一个人能够完成，需要团队合作。所以，团队合作精神已经越来越为公司所看重。如果应聘者是一个非常固执或者偏激的人，在招聘时应该慎重。

4. 让应聘者更多地了解公司

招聘和求职是双向选择，招聘专员除了要更多地了解应聘者的情况外，还要让应聘者能够更充分地对公司进行了解。应注意的是，当应聘者与公司进行初步接触时，因为公司的宣传材料或者是专员的宣传，应聘者一般都会对公司有过高的估计，这种估计会形成一个应聘者与公司的“精神契约”。招聘专员让应聘者更多地了解公司的目的之一就是打破这种“精神契约”（而不是加强）。

应聘者对公司不切实际的期望越高，在他进入公司后，他的失望也就会越大。这种状况可能会导致员工对公司的不满，甚至离职。所以，让应聘者在应聘时更多地了解公司是非常重要的。

5. 给应聘者更多的表现机会

招聘人员不能仅根据面试中标准的问答来确定对应聘者的认识。招聘人员应该尽可能为应聘者提供更多的表现机会。比如，在应聘者递交应聘材料时，可让应聘者提供更详尽的能证明自己工作能力的材料。另外，在面试时，招聘人员可以提一些能够让应聘者充分发挥自己才能的问题。如：“如果让你做这件事，你将怎么办?”“在以前工作中，你最满意的是哪一项工作?”等等。

6. 面试安排要周到

为了保证面试工作的顺利进行，面试安排非常重要。首先是时间安排，面试时间既要保证应聘者有时间前来，又要保证公司相关领导能够到场；其次是面试内容的设计，比如面试时需要提哪些问题，需要考察应聘者哪些方面的素质，等等，都需要提前做好准备。最后是要做好接待工作,要有应聘者等待面试的场所,最好备一些公司的宣传资料,以备应聘者等待时翻阅。面试的过程是一个双向交流的过程,面试安排得是否周到体现了一个公司的管理素质和企业形象。

7. 注意自身面试时的形象

关于应聘者在面试时应该如何注意自己的形象这个话题已经谈了很多。实际上,面试时招聘人员也应该注意自身的形象。前面已经讲过,面试的过程是一个双向交流的过程,它不仅是公司在选择应聘者,也是应聘者在选择公司。特别是那些高级人才更是如此。

招聘人员首先应注意的是自己的仪表和举止,另外要注意自己的谈吐。在向应聘者提问时,应该显示出自己的能力和素养。因为招聘人员代表着公司的形象,所以面试不应该过于随便,更不能谈论一些有损公司形象的内容。

第二节 旅游景区员工的甄选

甄选的原意是指在审查的基础上进行选择。主要是表明在进行选择时是有根据的,是通过了各种条件的审核后才得出的结论,而不是随意的选择。在人力资源管理中,甄选一词的含义基本等同于“筛选”。只有从众多的求职者中选出合适的,才能下聘书录用。“让最合适的人在最恰当的时间位于最合适的位置,为组织做出最大的贡献。”

一、甄选的原则

1. 员工配备应该做到使企业和个人的需求相匹配

员工配备是一个相互选择的过程:企业寻找那些能帮助他们赢利,促进企业发展的人;个人也寻找那些能帮助他们实现自己目标,并得到满意报酬的企业。

企业与个人之间的匹配表现在两个方面:个人的技能、素质与工作的需求相匹配;企业给予的工作报酬与对个人的激励相匹配。可能出现以下几种匹配情形:

(1)个人的技能、素质与工作需求匹配,企业的报酬与个人的激励也匹配。例如,一家五星级酒店想招聘一名总经理,给他提供高于市场平均水平、有竞争力的薪水,并根据酒店的业绩提供奖金。一个有丰富酒店管理经验的人来应聘,他希望酒店能按照工作成绩而不单是员工资历来提供报酬。这时,企业和个人对对方的需求都达到了匹配,双方都受益。

(2)个人的技能、素质与工作需求匹配,但企业的报酬与个人的激励不相匹配。例如,另一个同样有丰富酒店管理经验的人来应聘,他更希望酒店能按照员工资历而不是工作成绩来提供报酬，如果被雇用，企业能从这次招聘中获益，因为招来的人符合它的要求，而应聘者却不能得到其想要的激励。

(3)企业的报酬与个人的激励匹配，但个人的技能、素质与工作需求不相匹配。例如，一个没有酒店管理经验的人来应聘，他同样希望酒店能按照工作成绩而不是员工资历来提供报酬。虽然企业的薪酬机制能有效地激励他，但是他的个人技能却与工作需求不相匹配。此时，双方都不能从这场招聘中获益，企业达不到既定的经营目标，个人也因此拿不到想要的奖金。

企业与个人之间的匹配对企业和个人都有益处，它能使企业与个人建立长期的关系，从而使双方的获益最大化。反之，任何一方的不匹配都将使企业或个人或双方难以得到理想的结果。

2. 个人与工作匹配和个人与企业匹配

(1)个人—工作匹配。个人与工作之间的匹配包括两方面的内容。其一是应聘者的能力与工作要求一致；其二是工作附带的各种利益能满足应聘者的个人需求。

如果个人与工作之间能"紧凑"匹配，也就是说上述两个方面都非常一致，这就意味着企业在对应聘者投入中，能通过最少的培训得到最好的回报，应聘者能顺畅地为企业带来利润贡献。如果个人能力达不到职位的要求，或者个人的能力超出工作的要求，个人与工作之间的关系就会比较"松散"。对于前者，企业就应该培训那些"不称职"的员工，如果培训也不能使员工达到要求，那么企业可能就要考虑解雇不合适的员工了；至于后者，如果员工能力比较强，而当前工作岗位又不能满足他们的需求，那么企业就应该考虑通过晋升或者轮岗的方式，让员工进一步发挥自己的才能。如果处理不当，这类员工可能会跳槽，造成人才流失。

旅游企业如果在招聘时就重视个人与职位的匹配，那么获取人才后的开发、保留工作就会顺利很多。相比之下，与空缺工作职位相匹配的合适人选进入企业后，其工作绩效和工作满意感会更高，而他们的缺勤率和流失率则会相对较低。

但完全按照这种个人—工作匹配标准来招聘和甄选，也会给企业带来一些问题。主要表现为：

① 由于员工是严格按照某一特定工作岗位的要求，而不是按综合素质招聘来的，招聘进来的人员不免缺乏灵活性。②员工的技术和能力难以适应快速变化与技术进步的环境。③企业的人力资源管理多停留在对求职者工作方面的资格审查，而忽视个人与团队、个人与组织之间的互动，也没有意识到看似与职位不太相干的个性心理因素。然而，这些非智力性因素却直接影响着个人对组织的认可和接受程度，以及对工作的满意度。

特别提示

在以下五种情况中，强调个人—工作的精确匹配非常合适：第一，新员工基本不涉及解决问题的工作；第二，新员工在企业或主管的紧密监督下工作；第三，新员工为企业带来的新技术和能力比他(她)可能在工作中学到的技能更重要。第四，新员工有充足的时间来学习，或能适应较小的变化；第五，新员工具备的核心技术、能力显然优于其他人。

可以看出，这五种情形在现代人力资源管理中出现的可能性越来越小。个人与工作之间的匹配，给企业带来的多为短期利益。面对不断变化的内外部环境，旅游企业更应该从长远来看，招聘那些与企业相匹配且一专多能的复合型人才。

(2)个人—企业匹配。个人与企业相匹配是指个人的性格、目标、价值观和人际交往技能与企业的文化、氛围之间的一致。

这种招聘甄选原则的优势主要体现在：①个人—企业相匹配的情况下，员工能有更好的工作态度(例如更强的工作满意感、企业的忠诚感和团队合作精神)；②可能有更令人满意的工作结果(例如更高的工作绩效、低的缺勤率)；③能加强和改善企业的组织设计(例如员工能为工作设计、企业文化等提供支持)。

当然强调个人—企业相匹配也有一些潜在的弊端。包括：①招聘过程中投入的资源更多；②甄选的技术相对还不成熟；③招聘过程给员工带来的压力较大。④缺乏组织适应性。因此，在强调个人—企业相匹配的同时，我们也要注重招聘那些有综合素质和技能，或者通过培训能从事不同工作的员工。如果一名员工很适合企业的文化，但不具备有效完成一项或多项工作任务的技能，那他充其量只能算是一名好的“拉拉队队长”，而非称职的“队员”。

二、甄选的方法

通过各种途径吸引了足够的应聘者之后，企业要考虑选择合适的方法来甄选最合适的候选人。下面我们介绍几种企业常用的甄选方法。

(一)认知能力测试

由于个人—企业匹配要求个人具备多方面的技能和较强的学习能力，认知能力、测试能力为挑选提供重要的依据。认知能力测试是根据个人的脑力特征而不是身体能力来对人进行区分的。认知能力主要包括三个方面：

①语言理解能力，指一个人理解并使用书面或口头语言的能力；②数量能力，指一个人解决各种与数字有关问题时的速度与准确性；③推理能力，指一个人找到解决各种各样问题的方法的能力。

能够测量出这些认知能力的商业性测试很多，例如许多外资企业和国内知名企业都采用SHL公司的测试题，只有通过这种笔试的应聘者才有机会进入他们的面试。这些测试通过设计不同的试题，涵盖了语言理解能力、数量能力和推理能力的测试，它们通常能够很好地预测出求职者的未来工作绩效。然而，这些测试的效度与工作的复杂性有关，它们对于复杂性较高的工作比对于较为简单的工作更有效。

（二）人格测试

个人智力和身体能力往往不足以解释足够的工作绩效，相反，其他诸如个性、性格等因素也很重要。人格测试可以测量候选人个性、性格的基本方面，例如内向性、稳定性等。下面简单介绍两种国际上常用的人格测试。

1.“大五人格”

“大五人格”理论把个体的人格归纳分为五个方面来描述，这五种人格特质是：外向型、调整型、愉悦型、责任心型、好问型。

2.艾森克人格问卷

艾森克（Eysenck）人格问卷（Eysenck Personality Questionnaire，EPQ）是根据艾森克人格理论编写的测量人格的工具。艾森克提出的人格结构理论包括N（神经质）、E（外向性）和P（精神质）三个因素，艾森克人格问卷包括P（精神质）、E（外向性）、N（神经质）和L（社会赞许性）四个维度。

然而西方心理测验的文化背景难以完全适合中国人。因此，一些中国学者也纷纷在西方的量表基础上进行修改，按照中国人的特点设计更有效的问卷。例如，目前，艾森克人格问卷成人式的中文版已有陈仲庚、龚耀先、刘协和等的版本，这些量表被认为信度基本可靠，适合于中国人，在国内得到了非常广泛的应用。

（三）面试

面试，是企业在甄选候选人时应用最广泛的一种方法。甄选面试可以被定义为“由一个或多个人发起的以搜集信息和评价求职者是否具备被雇用资格为目的的一个对话过程”。

1.面试的类型

（1）非结构化面试。这类面试允许应聘者在最大自由度上决定讨论的方向，而面试官则尽量避免使用影响应聘者的评语。面试者可以问一些诸如“请谈谈你在上次工作中的经历”之类范围之广、开放式问题，并允许应聘者自由发表意见而尽量不打断。通常，在非结构化面试中，面试官听得很仔细，而且不争论、不打断或突然改变话题。面试官也用继续提问的方法让应聘者仔细思考，做出简明的答案，并允许谈话中出现停顿。

非结构化面试给予应聘者更大的自由，将应聘者的信息、态度或感情摆在面试官前有特别的意义,而这些却常常被更结构化的提问所掩盖,但是,对于面试的整个过程由应聘者所决定,不遵循特定的程序,从应聘者中得到的能让面试官做横向比较的信息就非常少。因此,非结构化面试的可靠性和有效性被认为是很小的。这种方法主要被用于面试那些申请高职位的应聘者。

(2)结构化面试。也称标准化面试,是根据所制定的评价指标,运用特定的问题、评价方法和评价标准,严格遵循特定程序,通过测评人员与应聘者面对面的语言交流,对应聘者进行评价的标准化过程。其显著特征诸如:第一,根据工作分析结构设计面试问题。这种面试方法需要进行深入的工作分析,以明确该岗位所需的知识、技术、能力和素质等,在此基础上建立面试的题库,这样能够保证筛选的成功率。第二,向所有应聘者提出同一类型的问题。问题的内容及其顺序都是事先确定的。结构化面试中常见的两类有效问题为:以经历为基础的问题,与工作要求有关,且求职者所经历过的工作或生活中的行为;以情景为基础的问题,在假设的情况下,与工作有关的求职者的行为表现。提问的秩序结构通常有两种:第一,由简易到复杂的提问,逐渐加深问题的难度,使候选人在心理上逐步适应面试环境,以充分地展现自己。第二,由一般到专业内部的提问。第三,采用系统化的评分程序。每个问题都事先制定出标准答案和评分标准,针对每个问题的评分标准,建立系统化的评分程序,保证评分一致性,提高面试的有效性。

结构化面试不同于传统的面试,它更加注重根据工作分析得出的与工作相关的特征,面试人员知道应该提出哪些问题和为什么要提出这些问题,避免了犯主观上的归因错误,每个应聘者都得到更客观的评价,降低了出现偏见和不公平的可能性。

(3)情景面试。在这类面试中,面试官给应聘者一个假定的情况,请他/她做出相应的回答,对应聘者的反应按事先建立好的评分标准进行衡量。现在许多企业用这种方法来筛选刚毕业的大学毕业生。例如,"当你与老板的意见不一致,而且老板明显是错误的时候,你会怎么办?"

(4)行为描述面试。与情景面试相似,行为描述面试也是要求应聘者描述就既定情况做出的反应,不过这种方法考察的是应聘者以往的真实经历。例如,考察一个经理人开拓市场的能力时,面试官可能会问:"说说你上次怎么把自己所有酒店的客房出租率提高到20%的。"或者:"请举以往的经历告诉我,在没有充分信息的情况下,你必须做出一项重要的决策,你是怎么做的?"这种基于对重要事件分析的面试方法认为,过去的表现会是将来表现最好的预告。

2. *面试的方法*

①一对一面试。在一般的面试中,应聘者一对一地会见面试官,由于面试对于求职者来说可能是一个非常情绪化的场合,所以单独面试给应聘者的压力通常较

小,能有效地得到关于应聘者各方面的信息。②小组面试。与一对一的面试不同,在小组面试中,几位应聘者在一个或几个公司代表面前会相互影响。这种方法虽与其他类型的面试并不彼此排斥,但是它有助于了解应聘者在参加小组讨论时的人际关系能力。该方法的另一优点是,可能为繁忙的专业技术和管理人员节省时间。③多对一面试。在这种面试中,由若干企业代表会见应聘者。在一些企业,应聘者需要由其所申请职位的同级别人员、下属和上级进行面试。例如,酒店在招聘一位餐饮部主管时,可能由人力资源部、餐饮部各派一个代表,另外加上一名部门总监一起来面试。使用多重面试可以有效地降低雇用决策的偏见性,同时应聘者在面试过程中能对公司的团队文化、人员和工作有很大程度的了解。

3. 提高面试的信度和效度

不同的面试方法有不同的优势和劣势,然而,对于面试所做的很多研究表明,面试的信度和效度很低。要增强人员甄选面试的效用,人力资源管理者要注意以下几点:

(1)应该使面试结构化、标准化,且不要使面试的目标过于分散。也就是说,人力资源管理事先应该制订出计划,在面试过程中根据少量的可观察维度(比如人际关系风格以及自我表达能力)来对应聘者进行量化的等级评价,同时尽量避免对那些最好通过测试手段来进行评价的能力(比如智力、打字速度等)通过面试来评价。

(2)面试过程中尽量通过情景面试和行为描述面试,问一些与实际工作相关或者与在实际工作中可能出现的特定情况相关的问题,因为这两种类型的问题可以比较有效地反映或预测出应聘者处理问题的能力。

对参加面试的面试官进行培训也十分重要。通过这种培训,企业要让面试官知道怎样才能避免对应聘者进行评价时可能出现的许多主观性偏差。也就是说,面试官需要意识到他们个人在面试过程中,可能会出现哪些方面的偏差、持有哪些偏见,以及自己的哪些个人特征有可能会影响到对应聘者的客观评价。

第三节　旅游企业员工的使用和调配

一、员工的使用

员工的使用,是指企业人力资源管理部门按照工作岗位的任职要求,将员工安排到具体的工作岗位上,并给予不同的职位,赋予相应的职权,以使该员工开始相应的具体工作,广义的员工使用,包括干部的选拔任用、岗位配置、人事调整等。从本质上看,员工使用过程是企业对员工所提供的人力资源的消费过程。

（一）员工使用的内容

员工使用是人力资源管理的核心环节，它具体包括以下内容：

1. 新员工的安置

企业将新招聘的员工分配到相应的具体岗位上，使新员工开始为企业工作。

2. 干部选拔、任用

提拔能力卓著、绩效突出的员工担任企业一些部门的领导职务，组织员工完成系统任务，实现企业目标。

3. 劳动组合

将员工组合成班组等小团体，使员工形成协作关系。好的劳动组合将减少企业内耗，提高整体效率。

4. 员工调配

根据实际需要，改变员工的岗位职务、工作单位或隶属关系的人事变动，以保证将员工使用在企业最需要的地方。同时，合理的员工调配还能减轻由于专业化程度过高而产生的工作枯燥感，防止员工工作效率下降。

5. 职务升降

通过绩效评价，对工作绩效优异者给予晋升职务，以便更好地发挥他(她)的潜能；对能力不足、无法胜任工作岗位要求者则降职使用，以免妨碍企业任务的完成。

6. 员工的退休、辞退管理

这是员工使用的终止、员工退出企业的过程。

（二）员工使用的程序

1. 任职资格确认

员工被使用前，首先应当分析员工的任职资格，对员工的能力进行评价、确认，了解培训工作是否达到履行岗位职责的要求。如果员工已具备入职条件，则由人力资源部门安排该员工上岗。如不合格者或经再培训不合格者，则予以辞退。

2. 员工赋职

通过任职资格确认的员工，由人力资源部按该员工的能力与招聘培训的目的进行工作分配，并向该员工颁发聘书或其他任用文件，注明职务名称、工作内容、职责、权利、任职时间等。员工按相关要求，在规定的时间到指定的岗位上工作。

3. 考核评价

人力资源部和业务部门需对员工的工作情况进行全程监督与考察，所获得的信息作为对员工绩效考核的依据。

4. 人事调整

对员工能力的考察和认识需要一个过程，因此，在实际工作中经常会出现员工能力与所在岗位不相适应的情况。再者,在同一岗位上长期工作的员工会产生职业倦怠感。因此,适时地对部分员工的工作岗位进行调整,有利于激励员工的工作热情和恢复士气。常用的人事调整措施有三种,即升职、降职、平级调动。

二、员工的调配

(一)员工调配的要求

1. 建立、健全员工调配的规章制度

员工调配工作需要建立和健全相关的规章制度,使其制度化、规范化和可操作化。员工调配制度包括员工调配的依据、员工调配的审核权限、员工调配的程序、相关的移交手续和规定、员工调配的方法等。

2. 拥有健全的员工调配资料

员工调配的资料主要指各类申请表、通知单、信息卡、登记表等。健全的员工调配资料有助于对员工调配管理的规范和信息的规范。

3. 员工调配后的结果评价工作

进行员工调配后,要及时了解员工在新的工作岗位上的工作态度和工作表现,检查员工调配工作是否按规范化程序来运作。

(二)员工调配的内容

1. 平级调动

平级调动,是指员工在企业中的横向流动,包括企业内部的不同单位之间,以及单位内部不同职位或职务之间的变更。平级调动与员工的职业生涯发展密切相关,它可能是为了使员工对不同工作岗位有更广泛的了解,也可能是员工为获得晋升所必需的经验而做的安排,还可能是对员工的一种变相的降职处理。

特别提示

企业在进行平级调配管理工作时,要注意以下几点:

(1)用人所长。一般而言,员工最大的愿望就是发挥自己的业务专长。

(2)因事设人。这是根据企业职位或职务对人员素质、能力的需要,挑选合适的人去担当。

(3)协商一致。在人事调配过程中,应该做好细致入微的思想工作,做好各方意见的沟通工作,否则,将影响部门与部门,人与人之间的正常关系。

(4)照顾差异。人际间在生理、心理、能力等方面千差万别,只有适当考虑和细心照顾这些差异,做到因材施用,才能搞好人员调配工作。

(5)对调配工作要有明确的管理规定。

2. 升迁

升迁,是指企业员工从原来的岗位提升到另一个更高的岗位。对员工来说,升迁会使自己具有更高的地位并承担更重要的责任,同时也为自己带来更高的薪资福利;对企业来说,升迁是企业管理中常常利用的一种重要的激励方式和手段。企业中常见的升迁有四种:职务升迁,职等不变;职务不变;职务、职等同时升迁;资格升迁。

升迁的程序一般是先由部门主管提出升迁申请,经人力资源管理部门审核,再提交岗位空缺报告,最后选择合适的升迁对象。升迁的方法有主管评定法、配对比较法、升等考试法、评价中心法、综合法等。

3. 降职

降职,就是指从原来的职位降到更低的职位。降职的同时意味着削减被降职员工的工资、地位、权力和机会。发生下列情形时,可对员工进行降职处理:(1)由于企业机构调整而精减人员。(2)不能胜任本职工作。(3)按照惩罚条例,对员工进行降职。

4. 身体健康原因

降职的基本程序一般是先由用人部门提出申请,报送人力资源管理部门;再由人力资源管理部门根据企业政策和各部门主管提出的降职申请,进行员工调整;最后主管人事的上级核定。凡核定降职人员,人力资源管理部门都要发布员工变更通知,并以书面形式告知本人。

三、降低员工流失率的措施

员工流失,是指企业不愿意而员工个人却愿意的自愿流出。这种流出方式对企业来讲是被动的,企业不希望出现的员工流出往往给企业带来特殊损失,因而又称为员工流失。员工辞职是员工的权利,但由于对企业有害,企业一般要设法控制和挽留,至少要避免这种现象经常发生。

(一)降低员工流失率的物质激励措施

1. 支付高工资

高工资是稳定人才的重要措施。高工资才能保证员工的生活得到改善,物质需求得到满足。薪酬是一种非常有效的激励工具。一个有效的薪酬体系,应该对外具有竞争力,对内具有公正性,对员工具有激励性,做到公开、公正、公平,能充分调动员工的工作意愿,使员工的努力方向符合企业的发展方向,实现员工与企业的共同成长。如果一个企业不重视自身的薪酬体系,不能提高员工的薪酬满意度,那么一定程度上将导致人员的流失,影响企业的发展。

2. 改善福利措施

在一定时期内改善福利措施,也是企业吸引人才、稳定人才的重要条件。许多企业只关注提供给员工的薪酬，即便提供了高工资，但仍然有不少人才流走，很多企业管理者理解不了为什么仍旧会有很高的流动率。其实原因很简单，企业忽视给员工提供完善的福利。一个福利不完善的企业，即使员工工资水平相对很高，仍旧不能算是一个理想的企业。A 公司虽然提供给员工的工资政策不完善，但是给员工提供的福利项目还是比较多样化的。例如：员工每年享有 15 天的年休假，每年 4 月公司会组织员工旅游。员工正式被公司录用后，公司会给员工买人身保险，每年会安排员工体检。每年过年、过节，公司会给员工发放礼品。员工遇到生病、生育、结婚、丧事等大事，工会会委派代表看望员工，并给予一定的慰问金。现在房价相当昂贵，大多数员工要靠那微薄的工资去购买住房是件相当困难的事，针对现实情况，2003 年年底公司发布了一条政策：对于在 A 公司工作三年以上的员工一次性获得公司所发放的将近本人年收入总额的住房货币补贴。虽然补贴不多，但多少给予那些打算买房的员工少许的安慰。虽然 A 公司提供的工资不具有竞争力，但是该公司所提供的福利措施的确留住了不少员工，许多只求稳定的员工或的确受到过公司关心的员工能够安心在 A 公司工作，为 A 公司服务。

（二）企业应该制订利润分享计划

为了最大限度地调动员工特别是中高层领导干部的工作主动性与积极性，企业应该制订利润分享计划。利润分享计划也是企业长期有效且具有吸引力的一项举措。利润分享计划是用代表企业绩效的某种指标（通常指利润指标）进行衡量，并以衡量的结果为依据对员工支付薪酬。利润分享使员工有更多机会分享到企业的利益，能最大限度地调动员工的工作积极性与主动性。

拓展知识

利润分享计划一般有三种形式：一是现金现付法。例如：A 公司鼓励员工每月写一份提案，其主要目的就是让员工提出一些对公司的意见、建议、改进方法、改进效果、实施时间、对部门工作以及员工工作提出看法等。如果员工提出的建议被公司采纳、执行，而且获得了有效的成果或利润的增长，那么员工将获得 20 元～2000 元不等的现金奖励，即使提案没有被公司接受，但是公司为了鼓励员工继续参与，且能够提出更有效的意见，仍旧会象征性地奖励现金 20 元。二是递延滚存式，它是指事实上应发给员工的部分并不立即发放，而是转入员工的账户，留待将来支付。三是混合制，就是前两种形式的结合，给予员工更多机会参与利益分配，让员工成为企业的“主人”，增加员工的敬业心和忠诚度。

（三）降低员工流失率的精神激励措施

1. 满足员工对事业发展的需要

企业应为员工制订个人发展计划，协助员工学习各种知识和技能，特别是专业性的知识和技术。通过个人职业发展计划，每位员工可以对自己目前所拥有的技能进行评估，并考虑企业发展的需要，使自己的特长及发展方向符合企业的需求。给员工接受教育和培训的机会，鼓励员工发挥个人主观能动性，给那些爱岗敬业、力求上进的员工提供晋升的机会，最终增强员工的归属感和忠诚度，降低员工的流动率。

2. 直接沟通、鼓励社交、强化情感投入，使工作变成乐趣

必须注重感情投入，创造和谐气氛，使工作成为乐趣，最大限度地激发员工的潜能，将员工的希望、梦想和企业的目标联系在一起，使员工真心实意地为自己、同事和企业的成功而喜悦，在给员工带来欢乐的同时，为企业创造财富。

3. 实施人本管理，充分尊重员工，以诚留人

人本管理要求企业把员工视为企业最宝贵的财富和最重要的资源，人本管理的中心思想是充分尊重每名员工。企业需要把员工当做渴望得到关怀、理解和尊重的人来看待，充分尊重他们的劳动，维护他们的权益，为他们创造良好的工作氛围。这既能增强他们的自信心，激发他们的工作热情，又能提高他们对企业的满意度和忠诚度，从而降低员工的流动率。

特别提示

在这里需要说明的一点是，并不是企业的流动率越低越好，流动率太低也会使一个企业知识结构守旧，没有创新意识。在企业的人力资源管理过程中，因为员工离职的影响既可能是积极的，也可能是消极的。但是一个企业如果员工流动率高，特别是人才流失大，那么对企业的发展肯定是有很大弊端的。所以，企业要采取措施把员工流动率控制在合理范围内，才能使企业更好地发展。

（四）时时关心员工，解决员工的实际困难

公司领导应时时关心员工，帮助员工解决实际困难。领导可以通过工作中的行为来了解员工的近况，掌握动态，随时给予支持与帮助，并采取必要的应对措施。员工确实碰到困难后，领导本人或者鼓励其他员工一起伸出援手帮助员工渡过难关，给予员工心灵和精神的安慰。员工在遇到困难时获得了领导和同事的关心与帮助，会铭记于心，会更加感激领导和同事，而且会把这份感激转化为工作动力，他们会以加倍的热情和忠诚来对待工作。关心员工是一种付出，但更可以称得上是一种投资。

案例分享

案例一　宋城股份的人员招聘

杭州宋城旅游发展股份有限公司，是中国文化企业30强之一，以“主题公园+旅游文化演艺”为主营模式，成功打造了“宋城”品牌。公司下辖宋城旅游管理分公司、杭州乐园有限公司、宋城艺术团有限公司、杭州宋城产业营销有限公司等子公司。以良好的品牌实力和创造力为依托，即将在全国一线旅游目的地城市打造系列主题公园和精品旅游文化演艺项目，使公司成为中国最具竞争力和成长性的旅游文化企业。因此，需要储备大量人才，为企业不断发展壮大奠定基础。

目前，招聘人才主要有一线服务人员、基层管理人员、中层领导力量等。结合公司经营特点，宋城股份招聘从以下几方面展开。(1)日常经营员工招聘，这一方面主要通过网络招聘、现场招聘会、人才市场、中介服务机构、猎头公司等展开。做好完备的招聘准备后，通过以上几种方式向社会招募人才。但是宋城股份自成立以来，大部分基层及中层的管理干部，除少数技术岗位以外，均是公司自己培养和提拔。(2)临时用工招聘。这方面的招聘用工时间通常比较短，最长不超过两个月。主要是通过网络中介等机构招聘小时工，这种短期经营招聘主要来自于景区所在地周边的高等院校。(3)同时宋城股份为了不断地储备各类人才，面向全国，在辽宁、宁波、金华等地，联系各大高校，发展校企合作关系，建立宋城班，与院校共同合作培养企业发展所需要的大量人才。

思考题：

1. 宋城股份的人员招聘优势、劣势分别在哪里？
2. 结合宋城股份的未来发展趋势，请说说你对宋城股份招聘工作前景的看法。

案例二　宋城股份旗下所属景区的招聘计划

宋城股份旗下所属景区，经过长期经营总结得出，接待部作为游客服务的第一窗口，需增加客服经理一名，该岗位性质与酒店的大堂副理一职的功能相似，第一时间帮助游客解决问题，受理游客投诉，监督检查一线服务漏洞，并跟踪后续服务到位情况。要求熟悉景区行业，有亲和力，沟通能力，语言表达能力优秀，最好有一定的景区游客投诉处理经验。

人力资源部针对这一岗位的特征，做出以下两方面的招聘计划。一方面通过内部招聘，在内部的骨干员工或基层管理人员中挑选经验丰富、形象亲和的员工；另一方面通过网络、人才市场、中介公司等外部渠道发布招聘信息，希望有符合该岗位的应聘者。经过多方挑选讨论，人力资源部发现在职总经办文员张某相对比较符合该岗位招聘条件，但是行政专员岗位本身也是比较重要的岗位。同时在外部招聘收到的简历中有个别应聘者比较优秀，虽说在服务行业的工作经验丰富，但是缺乏景区现场工作经验。经过多方协调，张某调动升迁至接待部客服经理，从公司在职实习生中，挑选一名文笔优秀、沟通能力较强、性格开朗外向的实习生调至总经办做文员。

思考题：

上述案例中使用了哪些招聘方法，其有何优势或者劣势？

思考与练习

1. 招聘渠道有哪些？各有何优势和劣势？

2. 请简述企业招聘的过程。

3. 企业招聘甄选过程中，面试有哪些类型？企业具体可以采用哪几种面试方法？

4. 假如你是一家游乐型主题公园的人力资源部经理，接待部主管突然跳槽了，你会怎么做？

5. 企业降低员工流失率的方法措施有哪些？

第四章

旅游景区员工的培训与开发

引　言

员工培训是旅游景区企业人力资源管理中的一项重要内容,企业要想优于竞争对手,重视培训、重视员工素质的全面提升是一项有效的措施。当今世界,市场竞争不断升级,企业环境日新月异,企业要想跟上时代前进的步伐,必须不断更新自己的知识、战略目标。通过培训,可以适应市场竞争的变化,可以提高旅游景区企业的核心竞争力。

学习目标

1. 了解培训在企业中的重要角色;
2. 熟悉培训与开发的基础知识;
3. 掌握人员培训与开发的流程及方式、方法

第一节　我国旅游景区培训市场发展新趋势

随着景区企业的发展,培训在旅游景区人力资源的角色中占据越来越重要的地位,公司领导层对培训的关注度也越来越高。旅游景区企业如何做好人才的储备,为景区企业提供源源不断的生产力,关键在于对景区员工的培训与开发。

一、与培训机构的合作趋向紧密

尽管培训的效果真正运用于实践不超过15%,许多旅游企业在培训管理中存在不少问题,但同时它们的成熟度正在逐渐提高,越来越多地与企业战略或发展目标联系起来。景区企业在采购外部培训产品或服务时,也越来越理性化,课程内容

与景区企业实际需求的吻合度、培训讲师的专业度和价格成为企业最关注的三大因素。

（一）个性化服务培训成为主流

培训机构的培训服务越来越个性化，除了公开课、培训光盘、MBA 工商管理硕士/EMBA 高级管理人员、EDP（高级经理人发展课程）研修等较固定模式外，还可以根据企业的行业特点和发展需求，为企业量身定制。所以把培训师请进景区企业，按需授课的内训课程成为近年来企业需求量最大的培训服务。

另外，E－Learning［网络（化）学习，Electronic Learning］和拓展培训也非常流行。前者方式非常灵活，节省很多人力和物力，只要学员有空就可以学。而拓展训练自 1995 开始进入中国，并从 2000 年左右持续火爆至今，很多企业都将拓展训练作为开发心理潜能和培训团队意识的主要手段。

（二）培训对象和培训内容相对集中

多数旅游企业的培训预算会向中层管理人员倾斜，他们是旅游景区企业管理体系中的关键一环，起到承上启下的作用。而作为人才梯队建设中的当成管理接班人培养的一批综合能力较强的骨干人员，也是企业培训计划中的重点关注对象。

旅游企业在对外的培训采购课程也相对集中，主要在管理技能、职业素养、人力资源、生产管理和市场营销等方面。

二、校企合作趋向成熟

由于旅游行业的行业特点，一般与旅游相关的专业相对有较多的实习机会，这为校企合作提供了比较便利的条件。校企合作的方式比较灵活和多样，而且有利于企业、学校和学生的共同发展。

（一）企业与院校建立长期合作关系

这是所有旅游景区都有的一种合作方式，也是最常见的。它主要是旅游企业为各类院校中与旅游相关专业的学生提供实习岗位，院校为旅游企业提供所需时间段内的人才需求。这种合作方式一般由旅游企业与院校、学生签订三方实习协议，实习时间在 6～12 个月不等。这种合作关系使旅游企业、院校、学生成为利益共同体，旅游企业缓解了旺季的用工难，院校有了固定的实习基地，学生的能力得到了提升。

（二）定向培养方式

这种培养方式，即通过初步面试选人环节，将符合旅游企业要求的学生重新组建一个班级或一个集体，进行定向培养，确定实习单位的一种合作方式。初步面试选人环节可以在大一或大二情况下进行，也可以直接在新生报到后未安排班级前直接进行。在旅游企业进行定向培养时，将企业文化、企业产品知识、旅游景区岗位技能、职业素养等各类在到岗后需培训的课程内容提前进入课堂，由企业内训师给授课，这样使学生在学习学校规定的专业知识的同时又能比一般学生提前了解社会、了解企业，使学生在实习前期的磨合期大大缩短，对旅游企业的认同感和凝聚力得到增强。目前像欢乐谷、宋城、开元等很多大型旅游企业已经采用这种方式作为人才储备和开发的手段之一。

（三）学院制方式

这是在定向培养的基础上作更深层次的合作和探索，学院以企业的名称进行命名，以虚拟的方式存在，当有合作项目（如一些调研、在职培训等）时，项目组成人员由校企双方指定人员组成。这种方式是借用院校的师资力量和调研等能力，解决企业的某种人力资源需求。

特别提示

正确对待实习，端正心态

1. 实习前调整好心态，参与实习辅导；
2. 了解旅游景区的实习岗位情况和实习环境，做好适当的准备；
3. 做好实习计划，针对自己的不足，预备通过实习学到或提高哪方面的能力；
4. 正确看待企业用实习生现象：

第一，这是旅游企业淡季与旺季明显情况下的特殊用工；第二，实习生由于在学习阶段并非真正的劳动者，实习费比正式用工低的正常现象；第三，企业通过实习期间的考核，留用符合企业标准的人才，节省了招聘、培训等资源，同时为学生提供好的平台和机会。通过不同形式的校企合作，不仅可以减少学生从校园走向企业的不适应且减少学生从课本走向实践的生疏，还可以通过企业从校园里就参与旅游人才的实战培养，强化学生的实战经验。

三、企业内部培训趋向完善

旅游企业为了将成功的内部管理经验及专业技能进行总结提炼，形成自己的知识技能传播点，有效地传递给员工，营造学习组织氛围，便开始进行内部讲师队伍的建设和培养。企业内部培养是解决旅游景区人才稀缺的最佳途径。

（一）内部培训是旅游景区不可或缺的人才培养方式

第一，节省旅游企业在培训方面的支出；第二，实践性更强，更有利于培训结果的转化；第三，旅游企业内部人才的培养和开发，为员工提供更好的职业发展平台，同时也加强旅游企业的凝聚力。

(二)内训师制度

1. 内训师评审流程

旅游景区企业内训师的评审一般经过以下几个流程:通知、宣传、报名、提交课程大纲、评审前培训(PPT 制作培训)、TTT 培训(TTT,英文短语 Training the Trainer to Train 的缩写,意为培训培训师。一般情况下,它是通用企业管理培训领域的职业培训师、企业内训师的职业技能和职业素质训练课程,有时特指在某个专业领域内的专业技能培训师的培训技能训练课程)、评委会组织、初审、复审、颁发证书。其中报名前的宣传、TTT 两个环节非常关键,决定评审的规模和质量。

作为内训师,企业对于参选人员有一定的要求,比如至少是公司基层管理人员或各职能部门的业务、技术骨干,或是有一年以上专业或相关领域工作经验,业绩表现良好等。

在评选内训师时的评定标准一般从个人形象、授课水平、课程设计三方面着手,其中授课水平占的比重最大。个人形象评定内容主要为形象、礼仪、举止方面;授课水平评定内容主要为表达能力、时间管理、感染力、现场控制能力等方面;课程设计评定内容主要为培训内容的有效性、课程教材的实用性和美观度、培训辅助手段的运用等方面。

2. 内训范围

企业纳入内训范围的课程一般为技术类、管理类、职业素养类、岗位技能类等,比如:员工入职培训、服务礼仪培训、微笑培训、有效沟通培训、投诉处理技巧培训、管理实战培训等。

3. 内训师管理

被评选上企业内训师后,必须承担内训师的职责,所以企业应该建立内训师的管理制度,明确内训师的职责、奖罚制度,使企业的内训机制有效运转。

第二节　旅游景区人员培训需求与分析

在实际进行培训需求分析的时候,会遇到很多问题,比如,人员重视程度不够,方法的选择不恰当,高层的支持力度不够,仅仅是人力资源部门唱独角戏,其他部门敷衍了事等,会出现很多上述问题。这在很大程度上是因为培训管理者忽略了培训体系建立首要解决的一个重要问题——寻求对该系统的支持。事实上,无论是培训、绩效还是薪酬等人力资源各个模块体系的建立,首先第一步不是想什么表格、制度,最重要的是寻求对该系统的支持。在前所述及的培训需求分析的手段中,个人建议可以多多运用核心小组的方法。为什么?因为有企业高层在,各部门才有约束力。

一、培训需求概念及产生的原因

每个企业的价值观、企业文化、人员素质、管理风格等都不尽相同,在进行培训的时候,就要考虑到企业的实际情况,针对企业的具体情况,具体问题具体分析去开发培训课程、选择受训对象、选定培训讲师,这样的培训才能保证跟企业的实际相结合、跟学员的思想相结合,培训课程才能做好。最重要的是使培训具有针对性,很多时候我们都出现过这样的情况,公司花了一大笔钱来进行培训,为什么学员的热情总是不高呢?就是培训需求没有做好。

培训是一项系统化的工程,必须从企业目标和所需提供的功能出发,因此,必须在培训计划实施之前,进行培训需求的分析。培训需求分析是指通过周密调查,确定员工现有的知识、能力之间差距状况的一项活动,从而诊断并发现培训需求,即企业在经营管理、服务质量、人员素质等方面存在什么问题,从而有针对性地加以解决。确定培训需求既是整个培训工作的开始,又是衡量培训工作效果的主要依据,即培训是否满足了需要。

促使培训需求产生的原因主要有三个方面:

第一,由于企业经营环境的变化,导致员工缺乏应具备的技能而产生培训的需求。

第二,由于企业各部门工作上产生问题,从而产生培训的需求。

第三,由于企业员工的流动而产生培训的需求。

二、培训需求分析

(一)培训需求分析的作用和目的

培训需求分析的作用在于它是坚持按需培训的基础,且是加强培训管理的关键,同时是提高培训效果的重要措施。

培训需求分析的目的:通过对培训需求的分析,正确制订培训战略与计划,恰当确定培训的内容及方式;提高企业领导者对培训部门的信任和支持,使组织内形成一种有助于培训及有利于巩固培训成果的良好气氛;与受训员工之间建立起一种相互了解、彼此信任的紧密关系;获得培训所需的实例材料。

(二)培训需求分析的内容

1. 内部需求分析

分析目前员工的工作状况,并与员工所应达到的工作标准相对照,如果发现存在差距,那就需要进行培训。具体包括:

受训员工的基本情况分析。多少员工需要接受培训,需要参加何种类型的培训学习;他们在工作中有过哪些成功与失败;他们彼此了解程度如何;他们的基本情况如何。

受训员工的知识、技能和素质分析。受训员工对培训教师要讲授的内容了解、熟悉程度如何;他们以前所学知识、技能究竟有多少应用于实践;他们对培训的看法、期望及态度是什么;他们有什么特殊的学习需求应在培训中予以满足。

比较典型的就是新员工上岗前的培训、工作岗位变动后的培训、工作标准变化后的培训和新设备技术使用前的培训及外语培训。

2. 外部需求分析

根据游客投诉、员工抱怨和检查发现的问题进行针对性培训。

3. 培训的环境因素

领导是否支持相关人员参加培训;他们对参加培训有何顾虑;受训员工是自愿来参加学习的,还是为了完成某种学习任务;受训员工所在部门对这次培训的期望是什么。

(三)培训需求分析的模式

1. 组织分析

组织层面的分析,其目的是决定组织中哪里需要培训,着重分析组织的战略、目标、资源、环境,以及培训在组织中成功的可能性,从而确认组织的培训需求。组织战略包括公司在未来五年内是否决定上市、重组、裁员、收购、扩张等信息,以及组织长期目标、中期目标、短期目标,以及经营计划来判定知识和技术的需求,了解这些,才能够给工作层面以及员工层面的需求分析提供指导方向。作为人力资源部具体可以通过参加公司的会议,或者是与高层直接对话,又或者是研究会议记录等,都可以了解企业信息。

2. 任务分析

任务层面培训需求分析的目的是决定需要培训什么。在这个层次,一线的部门主管发挥着非常重要的作用,通过有效的、及时的沟通,让部门主管提出本部门人员的培训需求。部门主管可以根据某一岗位的职务说明书,分析个人业绩的评价标准,要完成任务所需的知识、技术、行为和态度,其实通俗点讲就是要先知道我用的人要具备什么样的知识、技能与能力。在这一层面,人力资源部可以和各部门的主管进行直接面谈,也可以采取问卷调查、绩效考评等方法。

3. 人员分析

人员分析的目的是决定谁需要培训,以及他们需要什么样的培训。着重分析受训员工个人是否了解工作内容及绩效标准,是否能够胜任工作、是否愿意从事这项工作。组织理想的工作绩效与受训员工的工作绩效之间有无距离,有多大的距离。从而确认受训员工个人对培训的需求。具体措施可以通过员工的业绩评估,分析造成差异的原因；也可以收集和分析关键事件；可以采用问卷调查、小组访谈或工作跟踪的方式进行。

任务层面的分析和人员层面的分析连起来就是：岗位职责（他该干什么）——所需能力（他该会什么）——能力排序（最该会什么）——目前能力评估（现在会什么）——确定培训需求（现在最该学什么），通过组织层面、任务层面、个人层面的培训需求分析，全公司的培训需求就会较为清晰地展现出来。

由以上培训需求模式，可制定出以下员工培训需求分析模型图：

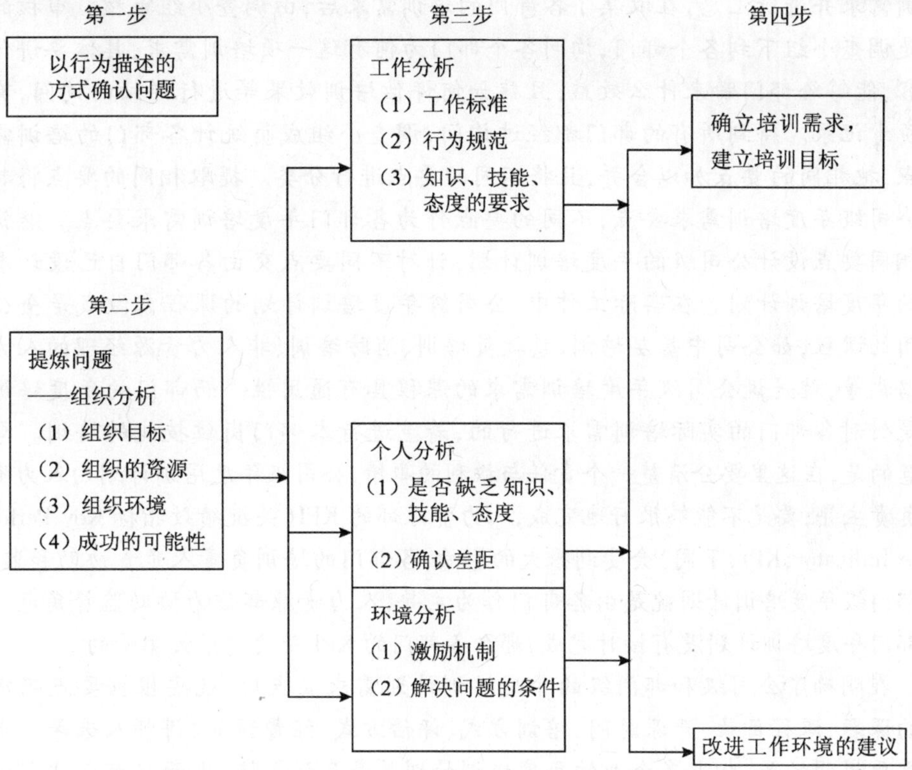

图 4－1　员工培训需求分析模型

拓展知识

年度培训计划包括：公司级年度培训计划；部门级年度培训计划。在实际工作中，公司级年度培训计划一般由人力资源部作为主要负责人。在年初制订年度培训计划的时候，首先是运用各种形式，尽全力去宣传培训需求调查的重要意义，然后成立年度培训需求调查小组，该小组中必须有一个是副总级别以上人员，由培训主管牵头，其他的人由HR经理、培训主管、各部门经理组成，成立调查小组后，会对其成员进行相应的培训需求分析知识的培训。

年度培训需求调查小组在制订培训需求计划的一个月内，制订优秀的年度培训计划表就是该调查小组的主要工作，这一点我们会向企业的最高领导寻求支持。如果企业的领导层重视培训工作，一般都会答应的。然后，年度培训需求调查小组会先将培训需求调查问卷发放到各个部门，限定其在规定的时间内收集本部门的培训需求并进行汇总，在收集了各部门的培训需求后，由调查小组审核。审核的方式是调查小组下到各个部门，询问各个部门为何有这一项培训需求，具体要讲什么内容，能够给部门带来什么效益，且就如何评估培训效果等进行详细的询问，有专人负责记录。待到所有的部门都经过询问，调查小组成员统计各部门的培训需求要点，把相同的要点加以合并，且将不同的要点进行分类。提取相同的要点将其作为公司级年度培训需求要点，不同的要点作为各部门年度培训需求要点。继就针对相同要点设计公司级的年度培训计划，针对不同要点交由各部门自己设计本部门的年度培训计划。在实际工作中，公司级年度培训计划的课程需做成是全公司通用的课程，如公司中基层培训、急救员培训、消防培训、非人力资源经理的人力资源培训等，就是说公司级年度培训需求的课程具有通用性。而部门的年度培训需求是针对各部门的实际培训需求进行的，着重进行本部门岗位技能的培训。需要注意的是，在这里要分清楚一个责任与权利的事情，公司级年度培训计划由人力资源部负责主导，要是不能够很好地完成，人力资源部的KPI（关键绩效指标Key Performance Indicator，KPI，下同）会受到很大的影响，各部门的培训负责人负责协助和监督。而部门级年度培训计划就是由各部门作为主导，人力资源部作为协助监督角色。要是部门年度培训计划没有按时完成，那么各部门的KPI是要受很大影响的。

在明确了公司级和部门级的年度培训计划需求要点后，就要根据要点确定培训的课题、课程目录、开课时间、培训方式、评估方式、经费预算、讲师人选等。在这里需要说明的是，相当多企业的年度培训计划就是几张表格，上面只有一些大概的项目，如培训课题、培训时间、培训地点、讲师选择等，没有相应的培训目的、培训目录、培训的评估方式等，如果只是几张表格，就会出现培训时讲师没有空、培训评估方式不清晰、培训课程内容不适合等问题。同时，一个好的年度培训计划绝对不是一些课程的自由组合，而是居于实际的培训需求的，是看得到企业本年度培训重心所在的，比如公司级培训本年度主要进行中层管理的培训，各部门的培训主要强调本部门岗位技能的培训等。

如上所述，从开始制订年度培训计划到最后此计划定稿，一般要经过宣传造势——调查小组成立——培训小组人员——向各部门发放调查问卷——回收问卷并总结需求要点——将需求要点进行分类(公司级、部门级)——制订公司级年度培训计划和部门级年度培训计划——交高层审核——定稿——全公司高调发放的步骤。

(四)培训需求分析的方法

1. 座谈

一是培训部门与集团或酒店决策层沟通;二是与部门管理者座谈,还可以与员工座谈,倾听其对培训的需求。

2. 问卷调查

专门设计培训需求分析的问卷,然后对问卷进行分析、归纳。

3. 观察

对受训员工的工作情况进行观察,了解他们的工作态度、工作技能、工作规范等情况,从中发现共性问题。

4. 测试

在培训前后,对受训员工进行口试或笔试,发现差距和了解他们对学习内容的掌握情况,以便更有针对性地进行教学。

5. 检查

通过工作检查、服务质量检查,发现员工在知识、外语、技能、工作态度、沟通、协调等方面存在的问题。

6. 客人投诉

通过对客人的投诉进行分析、归类,可以真实地反映集团和酒店存在的问题,从中找出客人反映强烈的问题,以便改进培训。

此外,还有会议、工作活动分析、业务情况报告、测评中心、职业生涯规划图、核心小组、个人发展计划等方法,在对培训需求进行分析过程中,最好是几种方法同时并用。

特别提示

培训的效果在很大程度上取决于培训方法的选择,采用适当的训练方法,可以提高受训员工的兴趣和注意力,从而取得最佳培训效果。但不管采用哪种培训方法,在旅游企业中视需要及条件可选用一种或者挑选若干种交替采用,使培训效果更加符合实际要求,切勿过于单一。以下为七种常见的培训方法:

1. 讲授法

讲授法,是传统模式的培训方法,也称为课堂演讲法。经常开设的专题讲座形式即属此类，它适用于向大群受训员工介绍或传授某一课题内容。采用这种方法，特别要考虑如何使员工自始至终保持学习兴趣、专心一意。这种方法的重要技巧在于要保留适当时间，使培训员工与受训员工之间能够沟通，通过问答形式获取受训员工对讲授内容的反馈。其次，授课者表达能力的发挥、视听设备的适用也是其有效的辅助手段。

2. 讨论法

讨论法，是对某一专题进行深入探讨的培训方法，其目的是为了解决一些复杂的问题，或者通过讨论的形式使众多受训员工就某个主题进行沟通，谋求观念、看法的一致。

讨论法培训，适用于以研究问题为主的内容，对培训教师的技巧要求很高，适用于管理层次员工的训练或解决某些有一定难度的管理问题。

3. 案例研讨法

案例研讨法，也是一种运用集体讨论方式进行培训的方法，与讨论法的区别在于：研讨不仅为了解决问题，更侧重于培养受训员工对问题的分析判断能力和解决能力。

案例研讨法适应的对象是集团的中层以上管理人员，目的是训练他们良好的决策能力，帮助他们学习如何在紧急情况下处理事件。

4. 职位扮演法

职位扮演法，又称角色扮演法，是一种模拟训练方法。其适用对象层次为实际操作或管理人员，由受训员工扮演某种训练任务的角色，使他们真正体验到所扮演角色的感受和行为，以发现并改进自己原先职位上的工作态度和行为表现。这种培训方法多用于改善人际关系的训练中。采用职位扮演法进行培训时，扮演角色的受训员工人数有限，其他受训员工则要求在一边仔细观察，对角色扮演者的表现以“观察记录表”的方式，对其姿势、手势、表情、语言表达等项目进行评估，从而达到参与培训的效果。观察者与扮演者轮换，使受训人员都有机会参加模拟训练。

5. 操作示范法

操作示范法培训是企业在职前实务训练中广泛采用的一种方法，适用于较具机械性或标准化明显的岗位，比如景点景区的游乐设备的操作、洗手间的卫生清理流程等。这是培训部门专业技能训练的通用方法，通常由部门经理或管理人员主持，由技术能手担任培训教师，在现场向受训员工简要地讲授操作理论和技术规范，然后进行标准化的操作示范表演，受训员工反复模仿实习，经过一段时间的训练，使操作逐渐熟练，直至符合规范程序和要求，达到运用自如的程度。这种方法有时显得单调、枯燥，培训教师可以结合其他培训方法与之交替进行，来增强培训效果。

6. 管理游戏法

采用管理游戏法进行培训,对象是企业较高层次的管理人员,是当前从国外引入的一种先进的高级训练法。与案例研讨法相比,管理游戏法更加生动而具体。案例研讨的结果,受训员工会在人为设计的理论化条件下,轻松地完成决策;而管理游戏法则由于游戏的设计使受训员工在决策过程中会面临更多切合实际的管理矛盾,决策成功或者失败的可能性都同时存在,需要受训员工积极地参与训练,运用有关的管理理论和原则、决策力和判断力对游戏中所设置的各种遭遇进行分析研究,采取必要的有效办法解决问题,争取游戏的胜利。

7. 视听法

视听法培训是指使用电视机、录像机、幻灯机、投影仪、收录机、电影放映机等视听教学设备为主要手段进行训练的方法。随着声像资料的普及和广泛采用,外语培训已普遍采用电化教学手段。除了外语培训,在有条件的情况下,企业可以运用摄像机自行摄制培训录像带,选择课题将集团中各种实务操作规范程序、礼貌礼节要求、服务要领等内容自编成音像教材用于培训中。

第三节　旅游景区员工培训与管理人员的开发

一、在职培训

旅游企业员工培训对象是两种人:其一是新录用的员工;另一种是企业的在职员工。对在职员工的培训是企业培训体系的主体,应贯穿于员工的整个发展过程。这类培训通常大致有以下六个方面:

(一)不脱产的一般文化教育

一般文化教育是以业余的形式,根据每个人的具体情况,在夜校、业余自修学校或通过电视大学、函授大学等形式,继续完成学历教育,使职工的文化素质提高一个层次。由于旅游行业从业人员低学历的特点,这种培训的方式显得比较重要。

(二)岗位培训

岗位培训不仅对新员工非常有必要,对老员工也是必要的,企业员工不可能在上岗前都掌握了工作所需的全部知识、技能和经验。大量的理论知识、专业知识、实践知识还须在工作岗位上通过自己的摸索、同事与上级的言传身教,以及进一步的集中培训来获得。岗位培训的形式多种多样,如师傅带徒弟、企业自己集中办班、委托专业的培训机构等。

(三)专题培训

当企业制订新的发展规划,或者企业准备采用新的管理方法,都必须举办短训班，对有关人员进行专题培训，以保证新制度、新工作、新技术设备的正常运行。例如，旅游景点二期开发成功正式营业前，就要对导游岗位的员工进行导游词的更新讲解培训等。

（四）转岗培训

当对一部分干部、员工进行内部调动时，通常应进行转岗培训，要针对新岗位的要求补充必要的新知识、新技术、新能力。

（五）个人自选培训

除了内容统一的集体性的培训外，企业有必要鼓励员工个人根据自身情况选择培训项目，并给员工提供方便。这种项目可以是企业提供的，也可以是社会机构提供的。为鼓励员工利用业余时间多参加培训，提高自身能力，有些企业规定凡参加与工作有直接关系的培训并达到培训要求的，企业可以报销全部或部分培训费。

（六）脱产进修

这种培训方式主要用于培养企业紧缺人员，或为企业未来培养高层次技术人才、管理人才，或为了引进新设备，由企业挑选员工脱产去进修。

拓展知识

目前，中国旅游业正进入发展的黄金期，战略有了新定位；需求进入新阶段；环境有了新支撑；发展有了新要求。但人才成为实现目标定位的最大瓶颈。旅游人才的发展有鲜明的行业特征：一是“大”，即规模大、潜力大、涉及面大和影响大；二是“快”，即速度快、人员流动快、岗位需求变化快；三是“多”，即类型多、层次多、渠道多、方式多；四是“低”，即年龄低、学历普遍低、资格证书和职称拥有率低、学旅游专业而从事旅游业工作的人员数量低、收入声望和行业吸引力低、熟练使用外语的人员比例低等。而同时，根据国务院关于加快发展旅游行业的意见提出的发展目标，到2015年，我国旅游市场规模将达到35亿人次。由此预测，到2015年，我国旅游直接就业人数将达到700万人，这些都加大了企业在人才培训和开发上的难度与迫切性。

二、新员工入职培训

（一）新员工培训目的

新员工培训的目的在于帮助新员工尽快熟悉工作环境，了解企业文化，从而打消疑虑，适应工作，帮助员工提高个人素质，培养职业道德、敬业精神和团队意识，使员工由社会人成为企业人，培养员工的归属感，增强职员的认同感、优越感。同时，对于公司内部兼职讲师队伍的建立也是有很大帮助的。

（二）新员工培训

一项完整的员工培训工作应包括四个方面的内容：工作岗位所需要的职业知识、职业技能、职业态度、职业习惯。从具体培训实施过程分解，根据旅游景区人员流动性大且无法安排统一入职的特点，可分为入职报到培训、岗前技能培训、入职“回炉”培训。

1. 入职报到培训

这部分内容的培训主要是由景区人力资源部负责，以景区应知应会、工作和生活必须了解的信息、企业的共性知识等为主要内容，一般具体体现为：

(1)景区企业发展历史简介、企业架构、企业高层领导的介绍。

(2)景区企业文化、企业产品简介。

(3)《员工手册》的解读。

(4)景区企业制度简介，让员工了解与工作相关的流程和规章制度。

(5)安全与保卫，尤其是消防安全知识。

(6)礼仪培训。

(7)报到须知：周边生活环境、食堂就餐、考虑打卡等。

(8)景区企业参观。

报到培训一般在1~3小时之间，目的是让员工了解最基础的知识和必需的知识，便于工作的开展。由于景区人员流动性大，报到的新员工的时间很难统一，所以在后期固定时间段对新员工进行“回炉”培训。

2. 岗前技能培训

员工上岗前的短期培训，是具体部门工作和服务程序、规范的培训，以实用为主。这部分内容由部门管理人员负责。

(1)各个部门介绍，部门的作用、部门组织机构图、岗位及工作职责、本部门政策、程序、劳动纪律。

(2)工作职责介绍，本部门参观、岗位工作技能学习、设备的正确使用与日常保养、节能与成本控制意识、处理客人投诉的基本技巧、安全出口及紧急情况的应对措施。

(3)质量要求，本岗位活动中实际或潜在的重大环境影响、可能产生的质量事故、按程序文件操作的重要性、个人工作质量改进与企业效益的关系。

(4)针对薄弱环节的强化培训，总结培训中的困难与问题、对新员工进行培训期间的工作评估、对薄弱环节的加强培训。

3. 入职“回炉”培训

一般在新员工入职2~3个月左右进行“回炉”培训，主要是由人力资源部负责。这层培训起到关键作用：一是考察员工入职这段时间的成长适应情况，为员工的转正考核提供依据和有力帮助；二是在报到培训的基础上提高培训的深度和广度，让员工对企业的了解和认知再上一个层次；三是进一步通过培训强化员工对企业的认同感。培训内容如下：

（1）景区企业的历史与现状，即企业的发展过程、企业及下属公司、企业高层领导的介绍。

（2）企业文化的介绍，企业的远景目标、使命和经营哲学、企业宗旨和精神等，从而明确企业提倡什么，反对什么，应以什么样的精神面貌投入工作。

（3）企业战略介绍。

（4）公司组织结构的介绍。

（5）企业产品介绍。

（6）企业制度培训。《员工手册》的解读、各类人力资源制度、财务报销制度、在景区内应知应会、出入景区制度等，让员工了解他们最关心的，以及不了解就难以开始工作的制度。

（7）安全与保卫，尤其是消防安全知识。

（8）礼仪培训。商务礼仪、个人仪表与卫生等。

（9）服务意识培训。

（10）职业技能类培训，如时间管理、有效沟通等。

（11）团队精神培训，基本以拓展形式为主。

（12）测验与考核。

在整个"三级"培训过程中，人力资源部的培训负责人应与各部门进行良好的沟通，也要监控上述培训流程的进行，这就是所谓的新员工培训效果评估。当然，对不同类型的新员工也要采用不同的培训方式，例如，销售类新入职员工可以进行高强度的集中培训，以及实际销售模拟等，这是由职业本身的特点所决定的。

特别提示

据调查统计，员工的离职率比较高的是三个时期：一是入职两周；二是入职三个月；三是入职两年。为什么员工在入职两周后选择离职的概率这么大？原因可能如下：一是本身招聘存在的风险因素；二是企业在员工入职后的培训和引导是否是全面的、积极向上的？虽然对新员工入职培训的内容都是非常基本和平常的，但作为培训师，则一定要郑重对待，不能掉以轻心。对新员工培训的目的之一是打消他们的疑虑，新员工是怀着各种各样的想法进入企业，有期待、有不安、有疑虑，如果通过培训，他们没有看到企业好的一面，反而了解的都是企业负面的信息，那么，这对他们的打击是非常沉重的。所以在新员工培训、刚到岗期间，不管是人力资源部的培训师,还是部门领导,甚至是部门同事,都应该关心、关怀新入职员工,积极引导,让他们毫无疑虑地融入企业,并产生归属感。

三、管理人员的开发

(一)管理人员开发概述

管理人员开发,是指一切通过传授知识、转变观念或提高技能来改善当前或未来管理工作绩效的活动。从培训调研情况不难发现,内部提升已成为管理人才的主要来源,一项对 84 家公司的调查表明,约有 90% 的主管人员、73% 的中层管理人员、51% 的高层管理人员是从内部提升的。反过来说,事实上,这些管理人员都需要经过某种开发活动,以具备承担新工作或未来可能工作的能力。

管理人员开发的重要性,无论怎样强调都不过分,然而,企业却常常因为这样那样的原因而忽视。企业经常把精通技术的专家选拔到管理岗位上,可是做出这种选择所依据的技能,对管理人员而言,只具有部分的价值。要使其胜任管理工作,必须开发出其他能力,如决策能力、组织协调能力、人事能力等。

在对企业的管理中,如果把管理人员的层级用人体来比喻,高层领导相当于头部,基础管理者相当于四肢,而中层管理者则相当于人体的躯干和腰部,他们是企业的脊梁,在组织运作中,中层扮演着重要的执行角色,如果这个层级的员工素质和能力不足,就不可能带领团队完成部门的工作任务,最终会影响企业经营目标的实现。在很多的企业中,很多的中层管理人员都是从技术岗位走向管理岗位的,他们的业务能力都很强,但管理能力相对不足,在管理中就出现了“瘸腿”的现象。企业要有效地执行公司的战略,完成企业的目标,务必要通过各种手段和方法,提高和培养中层管理者的综合能力,让他们能够“双腿”走路,这个“双腿”,一是指业务能力,二是指管理能力。

特别提示

在执行中层培训过程中应注意的事项

(1)选择外面的讲师时,关键不是看培训公司,而是看培训公司请的老师是谁。因为目前培训机构较正规,只要是正规的培训公司,都是大同小异,关键是看能不能请到一个优秀的讲师。

(2)跟外训公司沟通时要注意,价格不是越便宜越好,最重要的是讲求讲师的性价比。要对选出来的讲师进行背景考察,可以通过搜索资料、查看讲师以前的授课视频,询问讲师服务过的客户等来进行。

(3)在确定课程目录前,一定要在公司内充分地进行培训需求调查,将要注意的事项、存在的现状、要解决的问题等确定下来,发给外训公司,外训公司会反馈给老师,老师再根据需求制作相应的课程。千万不要用讲师通用的课程,不然,只要通过网络搜索即可,课程一定要针对本公司实际。

(4)在讲师到来后做好后勤保障工作,向学员安排好授课时间等。

(5)正式授课时要注意监控培训过程,很多时候学员都会有迟到现象,所以,最好要求公司高层领导出席培训,这样可以对迟到的人员起到威慑作用。

(6)在培训结束后要让学员制订行动计划,过了一个月、三个月、六个月后分别进行评估,看看学员行动计划的执行情况,并将情况反映给外训讲师,听取其意见,如有必要,可以再请老师分别在上述时间段来讲授相关内容,并进行指导。

(二)管理人员开发计划

中层管理者要具备良好的管理能力,首先要让他们明确中层的角色和职责,然后才是具体管理技能的有效运用。具体从以下五个层次进行提高:

1. 中层管理者的自我角色认知

中层管理者通常称为执行层,他们既要做正确的事,又要教导下属把事情做正确;既要承上启下,又要独当一面。公司的发展战略、目标、计划等,能否很好地落实下去,这个层级的作用非常关键。中层是企业名副其实的“中间”力量和“中坚”力量。

2. 中层管理者如何进行事务管理

管理的五大基本职能是计划、组织、领导(指挥)、控制、协调。许多中层管理者缺乏工作计划,组织工作不当、指挥能力欠缺、控制和协调能力不足,导致工作“忙、茫、盲”的情况,如果在工作中再不懂得授权的技巧和方法,这种状况就会加剧。所以,在对中层管理者的培训中必须加强对事务的管理能力、合理授权的培训,这样才能带给团队、下属和自己更大的益处。

3. 中层管理者如何管人

(1)让中层管理者懂得如何培养下属;

(2)让中层管理者懂得如何有效地在岗位上指导下属的技能;

(3)让中层管理者懂得如何有效地激励下属的积极性;

(4)让中层管理者懂得如何改进下属不良的工作习惯;

(5)让中层管理者懂得如何处理人际关系和冲突;

(6)让中层管理者懂得如何建立高绩效的团队。

管人是所有管理者的一个难题,但如果通过以上六个方面的培训,掌握了技巧和方法,并懂得去应用、总结和改善,相信问题一定能得到解决。

4.中层管理者的自我管理

对于管理者来说,领导者的人格魅力远远超过职务的威慑力,管理者连自己都管理不好,就不能奢望去管理好团队和下属。在进行自我管理的培训时,要求:首先要调整好自己的心态,其次还要养成良好的职业习惯。作为企业的中层管理者,哪些习惯是务必养成的,哪些因素影响习惯的培养,如何排除这些干扰因素等都要进行思考。

5.中层管理者的职业素养

除了上面的三"管",即管人、管事、管自己以外,主持会议、自我展示或演讲、沟通或面谈、时间管理等技巧都是中层管理者必须要掌握的技巧,中层管理者应在实际工作中不断提高自己各方面的能力,塑造自己的职业风采,才能更好地影响和管理下属。

从以上五个层次的分析可以得出,作为中层管理者,应该具备的素质和能力包括四个方面:

(1)知识。作为管理者,必须知道如何处理问题和履行职责,必须熟悉所管理的业务领域如生产、销售、财务、会计、技术等。管理者必须具有管理方面的知识,如怎样进行计划、组织、控制、指挥、激励和协调。还必须具备关于经营环境的知识,如社会、文化、政治、伦理等。

(2)技能。管理者须具有解决问题和决策的技能,要能够处理各种突发事件,能与各种不同的人沟通,能在纷繁复杂的形势中抓住问题的本质和要害,能运筹帷幄、当机立断,这些都要求管理者具有良好的沟通能力、书面表达能力、创造能力、敏感性,以及综合运用各种方法的技能。

(3)态度。管理者如何看待自己的职务?如何看待自己的上级和下级?如何看待自己、自己与他人的关系、自己未来的希望和抱负?如何看待挑战、变化和责任?这些,管理者都需要有正确的态度。

(4)行为方式。管理者的衣着、仪表、风度、讲演的方式、工作作风,管理者使用概略的习惯、感情流露的方式、感情的色彩等,这些都应符合职位的要求。

(三)管理人员开发类型

1.在职开发

在职体验是管理开发中使用最为普遍的方式。优点:一是不会使替补训练的人员产生不切实际的奢望;二是不会打击那些未被推荐晋升者的积极性。缺点:一是训练和开发不系统、不全面,也不严格;二是这种非正式的在职训练代价昂贵、费时、效率不高,往往以工作中的损失为代价。

2.替补训练

把一些工作较为突出的管理人员指定为替补训练者,除原有责任外,要求他们熟悉本部门的上级的职责。一旦上级离任，替补训练者即可按预先准备接替工作。优点：由于是为晋升作准备，训练积极主动；在替补发生后，受训者可较快适应新工作。缺点：一是渴望晋升但又未被选为替补训练者的人积极性下降；二是当替补一直未发生时，替补训练者的积极性下降；三是有些上级唯恐被取而代之，不传授他们的所有知识和技能。

3. 短期学习

这是比较流行的一种方式，即把管理者集中数天或更长，按照明确规定的科目训练。优点：管理人员能全力以赴地进行学习，学习有针对性、有深度、效果较好。缺点：脱离岗位会对工作带来一些影响。

4. 轮流任职计划

利用工作轮换方法，可以让管理者去各个部门学习，以扩大他们对整个企业各项工作的了解，即安排主要部门的和有培养前途的管理人员轮流任职，达到以下目的：(1)管理人员将逐渐学会按照管理的原则从全局而不是某一职务方面来思考问题；(2)帮助管理人员确定其愿意进行管理的职务范围，同时也便于上级确认这些得到帮助的管理人员适合工作的岗位；(3)公司的高级职务可以由对不同部门的问题有广泛了解的更有资格的人担任。

为提高轮换计划的成功率，可以做以下努力：应当根据每个受训人需求和能力特制工作，而不是让所有受训人员遵循统一标准的步骤和程序；应当将企业的需求与受训人的兴趣、能力倾向和职业爱好结合起来考虑；受训者从事一项工作的时间长短，应依其学习进度的快慢而定。此外，为受训人安排任务的管理人员应经过专门训练，能够热情而有效地提供反馈、控制工作绩效。

5. 基层主管开发计划

(1)班组长开发计划。一般让受训练的班组长在专人指导下，根据培训计划，促使其掌握相关岗位的技能、各直线部门与职能部门的关系、各项管理原则，并随后应用于实际。

(2)改善上下级关系计划。安排一组人数不多的基层主管人员开会、听课，并同高级管理人员座谈，畅所欲言地讨论公司在管理上存在的问题，并共同制定对策。以此建立起高层领导者与基层主管者之间的友好合作关系。

6. 决策训练

决策训练亦称为“解决和处理问题方法训练”。在训练中让管理人员正确地掌握决策步骤，如明确问题、提出假设、收集数据、分析方案、选择方案和测定结果。

7. 角色扮演

“角色扮演”也是一种管理人员开发的常用方法，即把一组主管人员集中在一起，设定某种带有普遍性的、非常棘手的情况，让数人分别扮演其中的角色，把事件的过程表演出来。优点：真实性强，表演者可在模拟实践中加深对管理原理的认知和对管理技巧的把握，对提高管理者的讲演能力和表达能力有一定价值。缺点是费时较多。

8. 敏感性训练

这种方法是直接训练管理人员对其他人的敏感性。众所周知，管理人员必须通过别人去完成任务，要想在工作上取得最大的成功，必须意识到自己的上级、下级、同事的情感、态度和需要，即提高对人的敏感性。

（四）管理人员开发计划步骤

（1）制作一个组织设计图，在这里，你要根据业务扩展或缩减等因素来设计你部门的管理人员需求；

（2）由人事管理部门盘点本企业管理人才库，以确定当前聘用的管理人才状况。这种人才库的内容包括教育和工作经历、职业爱好、工作绩效评价等方面的资料；

（3）画出管理人员安置图。用其概括每个管理职位可能的候选人，以及每个人的开发需求。

第四节　旅游景区培训的管理

企业在培训管理过程中，面临的困难和挑战主要集中在五个方面：培训后的效果评估、内部培训师的培养与管理、培训需求的准确调研、培训后的持续学习、培训规划与企业战略的匹配。而要解决这些问题，企业在培训的管理体系上需要下很大的工夫。

一、培训的工作流程

培训工作流程主要包括四个阶段：培训需求分析、培训计划制订、培训组织实施、培训评估反馈。如图4－2所示：

培训需求分析关系到培训的方向，对培训的质量起着决定性的作用。培训需求确定后，就应根据这些需求确定培训目标，它可以指导培训内容、培训方法和评价方法的开发。对培训目标的陈述方式主要有三种：

（1）知识目标：培训后受训者将知道什么；

（2）行为目标：他们将在工作中做什么；

（3）结果目标：通过培训组织要获得什么最终结果。

培训计划的制订主要是完成培训内容和培训方法的制订，这两方面相辅相成。培训目标确定后，具体的培训内容也可以随之确定，然后培训的方式也相应地可以

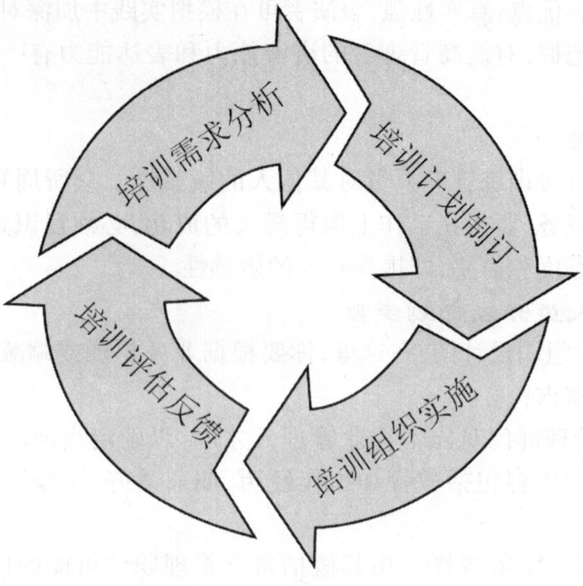

图4-2　培训开发流程图

确定下来。在旅游景区的一些岗位技能类培训中，采用“学徒制”即师傅带徒弟的方法还是很普遍的，比如景区导游岗位、售票类等岗位，这种方法节省成本，但同时对师傅的要求非常高。

二、建立员工培训体系

（一）员工培训体系概述

员工的培训与开发是旅游企业经营管理系统的重要组成部分，员工培训工作成为企业管理的重要内容。但随着社会经济的迅速发展，游客对旅游目的地的要求和需求也越来越高，非正式的培训程序已难以确保培训开发的效率和质量。企业越来越重视员工的技能培训与开发规划的制定与实施，并通过精心的系统设计，把企业的员工培训需求转变为常态的运行机制。

设计企业培训开发系统是一项系统性的技术，可以保证员工个人与企业获得履行岗位职责所必需的知识、技能和劳动态度。有效的现代企业培训开发系统，就是指企业从自身的生产发展需要出发，积极通过学习训练等手段提高员工的工作能力、知识水平及潜力，最大限度地使员工的个人素质与工作需求相匹配，促进员工现在和未来工作绩效的提高，最终能够有效地改善企业的经营业绩这样一个系统化的行为改变过程。

（二）员工培训体系建立的流程

在员工培训体系建立之前，首先需确定培训职能在企业中的定位；其次才是建立培训体系；然后制定培训规划，包括长期规划、中期规划和短期规划。在制定培训规划时，必须结合企业的战略、组织的实际；根据培训规划进行各种组织管理工作，比如培训的实施、培训合同与档案管理等；培训后的效果评估工作；整个培训经验分享，以及如何进行误区的避免等。

（三）员工培训体系的内容

(1) 内容体系：组织学习体系、人力资源发展与职业生涯规划体系；

(2) 方法体系：培训需求调查体系、培训课程设计与开发体系、培训效果评估与跟踪辅导体系、机构与讲师筛选和内部培训师培养体系；

(3) 制度体系：培训资格审查与管理体系、培训行政支持体系、培训预算控制体系。

其中培训需求调查体系分为公司层面、主管层面和学员层面，不同的对象，需求调查的形式也有所区别：公司层面以参加公司会议、与高层经理直接面谈、研究会议纪要和通讯的形式为主；主管层面以直接面谈、调查问卷、绩效考评的形式为主；学员层面以调查问卷、小组访谈、工作跟踪形式为主。培训需求调查技术则主要为：观察法、问卷调查法、访谈法、重大事件分析法、绩效考核分析法（差距分析法）。

培训制度体系，按照通俗的说法就是要运用各种有效的规章制度来保证培训工作的正常、有效运行，比如《培训管理规定》、《培训纪律管理规定》、《兼职讲师管理规定》、《培训室使用制度》等。实际上，制度并不是越多越好，而是能少就少，就培训制度体系而言，重要的不是制度，而是制度能不能有效地执行。作为培训制度体系，以下制度是必须有效执行的，比如《培训管理规定》、《内部讲师管理规定》、《培训纪律管理规定》。《培训管理规定》说明相关人员相应的权利和业务，以及指明培训工作的大体内容；《内部讲师管理规定》说明内部讲师的一系列问题，比如招聘、选拔、激励等问题；《培训纪律管理规定》说明的是培训中应注意的一些问题，以及违反培训纪律的惩罚措施。

特别提示

针对不同的培训对象，培训需求调查的形式不同，培训内容和方式更是有很大区别，关键在于企业对他们的培训的定位是不一样的，培养的目标和重点也是不一样的：

1. 企业高层管理者

定位——通才，目的在于选拔“一专多能的高级人才”，在于让他们能够：描绘愿景与建立共识,制定战略与规划,组织汇集与分配,组织资源,形成企业独特的文化,整合与协调组织力量。

2. 企业中层管理者

定位——专才,目的在于打造一支"本职能的专家队伍",在于他们能够:创建与领导团队,制定标准与程序,激奋与培育部属,建立系统化管理团队,动作自主化。

3. 企业基层员工

定位——干才,在于培养"熟练的专业人才",在于让他们能够:工作勤勉忠诚,善于沟通协调,便于监督指挥,无须系统概念。

三、培训方式

由于培训的内容、地点、对象等不同,培训的方式、方法也相应改变。适宜知识类培训的直接传授培训方式有:讲授法、专题讲座法、研讨法;以掌握技能为目的的实践性培训方式有:工作轮换、工作指导法、个别指导法、特别任务法;适宜综合能力提高和开发的参与式培训有:案例教学法、头脑风暴法、敏感性训练法、自学法、管理者培训、模拟训练法;适宜行为调整和心理训练的培训方法有:角色扮演法、行为模仿法、拓展训练;科技时代的培训方式有:网上培训、虚拟培训。

(一)讲授法

讲授法也就是所谓的老师讲、学员听的一种授课方式,是一种单向式、填鸭式的授课方法。此种方法通常用于纯粹知识性的培训,如规章制度、产品知识的传授。运用此种方法时,学员只是一个被动的接受者,此时,授课老师的授课水平,在很大程度上影响学员的学习效果。此种方法一般在培训室进行。

(二)案例教学法

顾名思义,案例教学就是在教学的过程中,引用案例来说明培训内容的方法,案例教学法能够使学员置于真实的案例场景中,高度集中注意力,如果案例真实有趣,又可以跟学员平时的工作结合起来,这种教学方法是非常实用的。案例教学法比较适用于一些枯燥无味的知识点的讲解,如上劳动法的课程等,这种方法一般不会单独使用,一般会与课堂讲授法结合。需要注意的是,案例的选取最好是本企业的实际案例,能够跟学员的实际工作结合起来,才能使学员产生共鸣。案例教学法比较适合在中高层培训的使用,要求培训讲师有比较强的总结与分析能力。

(三)头脑风暴法

头脑风暴法,说得通俗一些就是一堆人坐在一起,对问题发表自己的看法。大家各抒己见,培训讲师的角色是总结及维持秩序。运用这种方法最主要的是各抒己见,但是不能离题万里,培训学员可以就自己的看法尽量表达出来,无所谓好与不好之分。头脑风暴法也比较适合运用于中高层的培训。

拓展知识

头脑风暴法(Brain Storming,缩写 BS),又称智力激励法、自由思考法,是由美国创造学家 A. F·奥斯本于1939 年首次提出、1953 年正式发表的一种激发性思维的方法。

此法经各国创造学研究者的实践和发展,至今已经形成一个发明技法群,深受众多企业和组织的青睐。

头脑风暴法应遵守下列原则:①庭外判决原则。对各种意见、方案的评判必须放到最后阶段,此前不能对别人的意见提出批评和评价。认真对待任何一种设想,而不管其是否适当和可行。②欢迎各抒己见,自由鸣放。创造一种自由的气氛,激发参加者提出各种荒诞的想法。③追求数量。意见越多,产生好意见的可能性越大。④探索取长补短和改进办法。除提出自己的意见外,鼓励参加者对他人所提出的设想进行补充、改进和综合。

头脑风暴法的所有参加者,都应具备较高的联想思维能力。在进行“头脑风暴”(即思维共振)时,应尽可能提供一个有助于把注意力高度集中于所讨论问题的环境。有时某个人提出的设想,可能正是其他准备发言的人已经思维过的设想。其中一些最有价值的设想,往往是在已提出设想的基础上,经过“思维共振”的“头脑风暴”迅速发展起来的设想,以及对两个或多个设想的综合设想。因此,头脑风暴法产生的结果,应当认为是专家成员集体创造的成果,是专家组这个宏观智能结构互相感染的总体效应。

实践经验表明,头脑风暴法可以排除折中方案,对所讨论问题通过客观、连续的分析,找到一组切实可行的方案,因而头脑风暴法在军事决策和民用决策中得到了较广泛的应用。例如,在美国国防部制定长远科技规划中,曾邀请50 名专家采取头脑风暴法开了两周会议。参加者的任务是对事先提出的长远规划提出异议。通过讨论,得到一个使原规划文件变为协调一致的报告,在原规划文件中,只有25% ~30% 的意见得到保留。由此可见头脑风暴法的价值。当然,头脑风暴法实施的成本(时间、费用等)是很高的。另外,头脑风暴法要求参加者有较高的素质。这些因素是否满足会影响头脑风暴法实施的效果。

(四)角色扮演法

一般情况下是在讲师讲授了课程后,各个学员在现场模拟一个真实的情形,讲师从中担任一定的角色并在结束后点评学员的表现，比如在投诉处理技巧的培训中，模拟一个真实的投诉场景。这种方法可以使学员充分参与到课程中来，是一种双向式的培训方法，建议多使用，但是，这种培训方法对于培训讲师的要求比较高。

（五）研讨法

这种方法一定要在培训前三天，就将培训要注意的事项通知出去，提醒各参训人员准备要谈论的问题，以免到时出现冷场的情况。还要注意的是，在这些学员中，我们可以先跟几个比较积极的学员沟通，让他们在会上先发言，从而带动其他人的参与。建议在开小班的时候经常使用这种方法，它容易操作，效果又比较好。

（六）户外拓展

这种培训方法是把学员安排在拓展基地（一般是专业拓展公司的拓展基地），使参训者通过一系列的游戏项目，从中得到感悟。这种培训的效果基本上取决于带团教练，所以对教练的挑选非常重要，事先一定要沟通了解。

（七）E－learning［网络（化）学习，Electronic Learning］

按通俗的说法，即网上学习。这种方法比较适合于那种信息化程度比较高的公司，一般不是很适合于旅游企业。

需注意的是，各种培训方式不是独立的，我们在实践中必须根据培训课程、培训学员、培训讲师，以及培训硬件等实际情况，选择适合的培训方式和培训地点，可以采取各种方法相结合，才能达到理想的效果。

四、企业培训工作的日常管理

（一）建立、健全培训的档案管理工作

1. 培训台账的建立完善

（1）培训课程实施明细台账。即根据培训计划、临时培训方案等实际发生的培训课程实行情况的记录，它包括：企业与培训机构合作的培训项目、企业内部培训项目等各类培训形式。内容包括：课程名称、讲师、培训对象与人数、培训时间与地点、培训方法、培训形式、培训满意度调查结果、培训跟踪情况等方面。建立这类台账有利于培训人员做培训汇总和汇报，同时为制订今后的培训计划提供信息与参考。

（2）内训师培训明细台账。这类台账主要是根据企业内训师管理制度，对企业内训师实施内训课程情况的记录。内容包括：内训师等级、姓名、相关个人信息（如所属部门、职务、入公司时间等）、已培训课程信息（课程名称、培训对象与人数、培训时间与地点、培训方法、培训满意度调查结果、本次积分）等方面。内训师的培训明细主要是为对企业内训师的管理提供关键依据。

(3)员工个人培训明细。这类台账主要是针对员工本人参与培训记录汇总。内容包括:员工姓名、参与每次培训课程的信息(培训主题、时间地点、培训形式等)、培训成绩、培训协议签订情况等。这类台账内容比较简单,但因为涵盖面非常广,所以工作难度较大,需要日积月累,非常耐心地落实。但这类台账对于企业内部在对管理干部的提升、培养等方面提供非常大的作用。

以上三类培训台账主要是为企业在培训与人才培养开发方面提供关键数据,考虑其信息量较大,且是系统性工作,建议以电子信息方式保存即可。

2. 培训课程的资料归档

这主要是指每次培训结束后对培训涉及的各类资料的归档,包括培训通知、培训方案、课件或大纲、培训签到、培训结果、培训现场记录(照片、摄像等)、培训总结等,资料归档形式可以多样。这类归档一是为企业实施培训提供实践经验和信息收集;二是为旅游景区参与评选 AAA、AAAA、AAAAA 级景区、国际 ISO(国际标准化组织,International Organization for Standardization)质量体系认证等方面提供企业规范管理的素材。

3. 培训协议的管理

培训协议主要分为企业与培训机构、企业与员工两种形式。前者的协议形式较多,如根据培训需求从培训机构单个"请进来"的培训形式,与培训机构建立长期合作关系、参与其当年度公开的形式等,不同的形式协议,其内容也完全不一样。后者签的协议版本相对固定,主要是根据企业培训制度规定,根据员工享受到企业提供的多少金额的培训,要求员工在企业继续服务相对应的时间,以及违约规定等。

(二)强化培训工作流程的执行力度

任何制度、规范、方案如果得不到落实执行,即使再完美也都是一句空话。所以除了完善、健全的培训制度和管理规定外,更关键的是培训制度的落实与实施。而一个企业的培训工作执行到什么深度与广度,一个主要的因素来源于企业领导层对培训工作的重视程度。在很多企业,培训工作仍处于"说起来很重要、做起来变次要、忙起来就不要"的尴尬位置,没有真正被认识到在企业的长远发展过程中的重要作用,这是培训工作正常开展的主要障碍。当然,对负责培训人员工作质量的评估与监督,也是非常重要的,企业应该有针对这方面的考核。

(三)做好各次培训课程的开展落实

根据培训计划与培训需求,企业组织开展培训工作,流程主要包括:前期准备工作、培训通知、培训实施、培训跟踪。而在整个培训课程的开展落实过程中,培训前期的准备工作是非常重要的。不管是培训机构还是企业内训,确定培训需求后、实施培训前的沟通很有必要,主要是:培训时间、培训地点、培训师的培训风格、培训方法、培训师的接送及用餐等安排、培训现场的要求(设备、氛围布置、桌椅的摆放方式等)、培训对象的信息(员工层级、主要岗位、年龄、学历等)、课件大纲确认、培训对象的出车及用餐等安排、参与培训的公司领导等,这些方面的沟通都是围绕着成功、有效实施培训的目的进行。根据沟通的内容再进行培训的准备工作、下发培训通知,就变得井然有序了。

在实施培训的过程中,培训的组织者经常兼职主持的工作,这要求培训的组织者除了保证整个培训有序进行外,还需灵活应变,比如培训的内容是企业制度类,那么在培训前、培训中的氛围活跃就是必需的,否则,培训的效果就会打折扣。

不同形式和内容的培训,培训的跟踪方式也是有区别的。一般旅游景区,以内训课程为主,主要有企业制度、企业文化系列、景区服务手册系列、公共服务系列、岗位技能系列、管理提升系列等。

主要的跟踪方式如下:

(1)外派培训机构类:

心得报告、电话访谈为主,"531"行动计划为辅;

(2)企业制度培训类:

现场提问、考试为主,并结合训后访谈;

(3)公共服务培训类:

质检为主,360 环评为辅;

(4)岗位技能培训类:

"531"行动计划、现场质检、训后访谈;

(5)岗位技能培训类:

"531"行动计划、满意度调查为主,心得报告为辅。

案例分享

案例一　某景区管理人员培训方案的实施

某旅游景区在 2011 年年初的年度培训需求分析会上,确定了本年度培训的重心是加强中层管理技能,所以在培训资源的分配上将绝大部分资源(比如培训费用)也分配给了本系列培训。该公司中层管理人员的现状:(1)中层管理者中 80% 的人员是由于在本公司做得久,是技术能手,然后被提升到管理职位的。很大部分的主管均没有转变自己的角色,有的甚至认为他们只管生产,只要涉及人员管理的事情,就是人力资源部的事情。(2)中层绝大部分管理人员都是内部晋升,而且做得较久,学历不高(以高中为主、大专以上为辅),比如做五年以上的竟占整个中层队伍的 60%,导致中层管理人员的创新性较差,而且下面优秀的人才没有机会,因而离职的很多。(3)基本的管理技能比较欠缺，解决管理问题的能力较差，不会对部门进行细致的工作分析，出了问题不能很好地解决。部门内部的沟通、部门与部门之间的沟通不顺畅，上下级的沟通也不顺畅。

在上述培训需求的指导下，该公司确定了本次培训需要解决的问题：一是加强中层管理人员的管理基础知识；二是加强现场管理、人员管理方面的能力；三是强化团队合作意识及沟通能力；四是强调中层管理人员是部门的人力资源管理专家。

针对上述现状，由于该公司培训基础比较薄弱，培训需求调查小组在充分沟通后，确定了课程组合：《中层管理者的角色认知》、《中层管理者的工作管理》、《中层管理者的人员管理》、《中层管理者的自我管理》、《中层管理者的职业风采》。上述五节课，在充分沟通的基础上，人力资源部邀请了行政总裁、综合部高级经理、人力资源部经理担任讲师。由于课程是第一次讲授，有数人未曾担任过培训讲师，培训组织者便发一些课程目录给各讲师参考，然后讲师各自准备要讲课程的内容，并保持与各授课讲师的沟通，及时跟进课程的开发，课程开发完成后必须进行试讲，试讲过关后才能够正式讲授。

在如何评估培训效果的方式上，该公司采取了如下方式：(1)采用前测试+后测试的方法，评估学员对一些基础理论知识的接收程度。(2)培训结束后让学员制订行动计划，确定在培训后6个月内本部门要改善的一些情况，培训需求调查小组成员会分别在1个月、3个月、6个月对学员的行动计划进行评估。(3)每月召开一次研讨会，让各主管人员讨论培训知识在实际运用中的情况，此时邀请企业最高层管理人员参加。(4)3个月后，召开主管层级人员的辩论大赛，通过辩论赛加强学员对培训知识的理解程度，6个月后写培训心得，在公司内部大力宣传。

思考题：

1. 在课程设计过程中是否增加团队管理类的拓展培训？是否增加除授课法外的其他培训方式？

2. 本方案中采用企业内训的形式进行，在企业培训实力薄弱、内训师没经过系统培训的情况下，这种形式是否有效？还有其他培训形式吗？该如何实施？

案例二　迪士尼的员工培训

世界上有6个很大的迪士尼乐园，在美国的佛罗里达州和加利福尼亚州，迪士尼营业都有一段历史了，并创造了很好的业绩。不过，全世界迪士尼乐园经营得最成功的、生意最好的，却是日本东京迪士尼。美国加州迪士尼营业了25年，有2亿人参观；东京迪士尼，最高纪录一年可达1700万人参观。

研究这个案例，看看东京迪士尼是如何吸引回头客的。

到东京迪士尼去游玩,人们不大可能碰到迪士尼的经理,门口卖票和剪票的也许只会碰到一次,碰到最多的还是扫地的清洁工。所以东京迪士尼对清洁员工非常重视,将更多的训练和教育大多集中在他们身上。

1. 从扫地的员工培训起

东京迪士尼有些扫地的员工是暑假工作的学生,虽然他们只扫两个月时间,但是培训他们扫地要花3天时间。

(1)学扫地。第一天上午要培训如何扫地。扫地有三种扫把:一种是用来扒树叶的;一种是用来刮纸屑的;一种是用来掸灰尘的,这三种扫把的形状各异。怎样扫树叶,才不会让树叶飞起来?怎样刮纸屑,才能把纸屑刮得很好?怎样掸灰,才不会让灰尘飘起来?这些看似简单的动作却都应严格培训。而且扫地时还另有规定:开门时、关门时、中午吃饭时、距离客人15米以内等情况下都不能扫。这些规范都要认真培训,严格遵守。

(2)学照相。第一天下午学照相。十几台世界最先进的数码相机摆在一起,各种不同的品牌相机,每台都要学,因为客人会叫员工帮忙照相,可能会带世界上最新款的照相机来这里度蜜月、旅行。如果员工不会照相,不知道这是什么东西,就不能照顾好顾客,所以学照相要学一个下午。

(3)学包尿布。第二天上午学怎么给小孩子包尿布。孩子的妈妈可能会叫员工帮忙抱一下小孩儿,但如果员工不会抱小孩儿,动作不规范,不但不能给顾客帮忙,反而增添顾客的麻烦。抱小孩儿的正确动作是:右手要扶住臀部,左手要托住背,左手食指要顶住颈椎,以防闪了小孩儿的腰,或弄伤颈椎。不但要会抱小孩儿,还要会给小孩儿换尿布。给小孩儿换尿布时要注意方向和姿势,应该把手摆在底下,尿布折成十字形,最后在尿布上面别上别针,这些地方都要认真培训,严格规范。

(4)学辨识方向。第二天下午学辨识方向。有人要上洗手间,“右前方,约50米,第三号景点东,那个红色的房子”;有人要喝可乐,“左前方,约150米,第七号景点东,那个灰色的房子”;有人要买邮票,“前面约20米,第十一号景点,那个蓝条相间的房子”……顾客会问各种各样的问题,所以每一名员工要把整个迪士尼的地图都熟记在脑子里,对迪士尼的每个方向和位置都要非常明了。

训练3天后,发给员工3把扫把,开始扫地。如果在迪士尼里面,碰到这种员工,人们会觉得很舒服,下次会再来迪士尼,也就是所谓的引客回头,这就是所谓的员工面对顾客。

2. 会计人员也要直接面对顾客

有一种员工是不太接触客户的,就是会计人员。迪士尼规定:会计人员在前两三个月中,每天早上上班时,要站在大门口,对所有进来的客人鞠躬、道谢。因为顾客是员工的"衣食父母",员工的薪水是顾客掏出来的。感受到什么是客户后,再回到会计室中去做会计工作。迪士尼这样做,就是为了让会计人员充分了解客户。

其他重视顾客、重视员工的规定:

(1)怎样与小孩儿讲话。游迪士尼有很多小孩儿,这些小孩儿要跟大人讲话。迪士尼的员工碰到小孩儿在问话,统统都要蹲下,蹲下后员工的眼睛跟小孩儿的眼睛要保持一个高度,不要让小孩儿抬着头去跟员工讲话。因为那个是未来的顾客,将来都会再回来的,所以要特别重视。

(2)怎样送货。迪士尼乐园内有喝不完的可乐,吃不完的汉堡,享受不完的三明治,买不完的糖果,但从来看不到送货的。因为迪士尼规定在客人游玩的地区里是不准送货的,送货统统在围墙外面。迪士尼的地下像一个隧道网,一切食物、饮料统统在围墙的外面下地道,在地道中搬运,然后再从地道里面用电梯送上来,所以客人永远有吃不完的东西。这样可以看出,迪士尼多么重视客户,所以客人就不断去迪士尼。去迪士尼玩几十次,大概也看不到一次经理,但是只要去一次就看得见他的员工在做什么。这就是前已述及的,顾客站在最上面,员工去面对客户,经理人站在员工的底下来支持员工,员工比经理重要,客户比员工又更重要,这个观念人们应该树立起来。

思考题:

1. 请总结迪士尼的培训特点。
2. 是不是所有企业都可借鉴迪士尼的培训经验?为什么?

思考与练习

1. 员工培训的常用方法有哪些?
2. 旅游景区的培训市场发展有哪些新趋势?
3. 新员工入职培训包括哪些内容?
4. 景区企业为什么要进行培训需求分析?

第五章

旅游景区员工的绩效管理

引 言

绩效管理是企业人力资源管理的核心职能之一，科学、公正、务实的绩效管理是提高员工积极性和公司生产效率的有效手段。它是实现部门目标及公司发展战略的基础管理保障，而不是简单的打分评级；它是促进达到业务目标的必要手段，而不是工作负担；它是所有管理者的基本职责之一，而不仅仅是人力资源部的工作；管理者与下属持续的沟通是达成绩效管理效果的核心。旅游景区作为一个特殊的企业，在绩效管理方面具备一定的特殊性。

学习目标

1. 理解绩效、绩效管理的含义，掌握绩效管理的常用方法；
2. 了解绩效考核的含义，掌握绩效考核的实施过程；
3. 熟悉常用的绩效管理模式。

第一节 绩效管理概述

一、绩效的含义与特点

1. 绩效的含义

绩效，是指员工在一定时间、空间等条件下完成某一任务所表现出的工作行为和所取得的工作结果。工作业绩指工作的结果；工作能力和工作态度则指工作的行为。

绩效，从管理学的角度看，是组织期望的结果，也是组织为实现其目标而展现在不同层面上的有效输出，它包括组织绩效和员工绩效两个方面。用在人力资源管理方面,是指主体行为或者结果中的投入产出比。组织绩效,是指组织在某一时期内组织完成任务的数量、质量、效率及赢利情况。员工绩效,是指员工的工作效果、业绩与贡献,或员工在工作岗位上的工作行为表现与工作结果,体现员工对于组织的贡献大小和价值大小,包括员工的工作业绩、工作能力和工作态度。

就景区而言,组织绩效一般以“年”为时间单位,组织绩效的优劣主要看本年度景区接待的游客数量(其中又分为政府接待、社会接待、旅行社接待和散客接待)、景区年度各项活动的完成质量、景区年度总赢利。员工绩效则要具体到每个部门,不同部门有不同的考评方法。

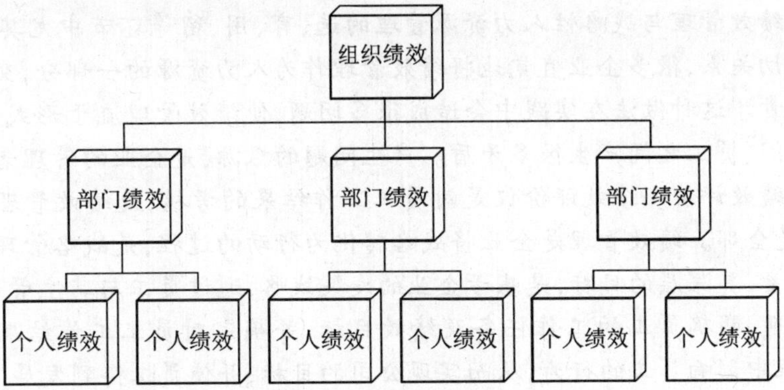

表 5-1　组织绩效结构图

2. 绩效的特点

员工的绩效是企业绩效考评人员对受考评员工工作成绩的客观考评,是客观事实的直接反映,同时也是激励员工的动力所在。绩效是员工素质与工作对象、工作条件等相关因素相互作用的结果,绩效随着时间、空间工作任务及工作环境等相关因素的变化而不同,因此,企业对员工的考核必须多角度、多方位、多层次、多时空地进行。

(1)多因性。员工工作绩效的优劣取决于多个因素的影响,包括外部环境、机遇、个人智商、情商与员工所拥有的技能和知识结构,以及企业的激励因素。在影响因素中,环境和机会是客观的,但是可以创造和改善;技能和激励取决于主观因素,与企业密切相关,企业应当用科学、有效的方法调动员工的积极性,以获得最大的绩效。

(2)多维性。工作绩效尽管是工作结果的总称,但它是表现在多种维度上的,因此,需从多种维度、多个方面去分析和评估,才能取得比较合理的、客观的、易接受的结果。绩效考核时,通常要考虑员工的工作能力、工作态度和工作业绩三个方面。

(3)动态性。员工的工作绩效会随着时间的推移发生变化,并不是固定不变的,而是处于动态的变化中。因此,要用发展眼光看待员工,从激发员工的积极性入手,进行绩效考评工作,切忌凭印象,以僵化的观点看待员工的绩效。

拓展知识

人力资源管理部门在绩效管理中的作用

由于绩效管理与战略性人力资源管理的选、育、用、留等环节中尤其是"用"的环节有密切关系,很多企业直觉地将绩效管理作为人力资源的一部分,交由人力资源部门负责。这种做法在实践中会造成很多问题,使绩效管理流于形式,还可能会在部门之间、员工之间产生很多矛盾。产生问题的根源,是企业的管理者将绩效管理等同于绩效评价。绩效评价仅是对员工工作结果的考核,是绩效管理的一个部分,而不是全部。绩效管理是企业将战略转化为行动的过程,是战略管理的一个重要构成要素,其深层的目标,是基于企业的发展战略,通过员工与其主管进行持续、动态的沟通,明确员工的工作任务及绩效目标,并确定对员工工作结果的衡量办法,在过程中影响员工的行为,从而实现公司的目标,并使员工得到发展。

从严格意义上讲,企业的人力资源管理部门和其他职能部门一样,是为业务部门提高运营效率而提供支持和服务的,是企业人力资源管理政策的管理者。显然,绩效管理的功能超出了人力资源管理部门的职能范围,其真正的责任人,应当是企业的CEO(首席执行官)及各级管理人员。人力资源管理部门在绩效管理过程中的角色,是在具体的操作中,承担横向的组织和协调工作。

3. **影响绩效的主要因素**

(1)技能。即员工的工作技巧与能力水平。比如景区讲解员,其讲解技能由个人综合素质所决定,个人讲解技能的优劣直接影响其个人绩效。

(2)激励。即员工的工作积极性(工作态度)。就景区策划部门人员而言,工作的积极性直接影响景区活动的质量,进而影响绩效。

(3)机会。机会是偶然的,是完全不可控的。对于景区工作人员来说,不是每一次都能获得展现才能的机会,也不是每一次都能抓住机会,都能表现好。

二、绩效管理

1. **绩效管理的含义**

绩效管理,是指景区各级管理者和员工为达到组织目标共同参与的绩效计划制订、绩效辅导沟通、绩效考核评价、绩效结果应用、绩效目标提升的持续循环过程,绩效管理的目的是持续提升个人、部门和组织的绩效。也就是说绩效管理是从绩效计划到考评标准的制定、实施以至信息反馈、总结和改进工作等全部活动过程实施计划、组织、协调、控制等管理的活动。具体而言,它包括以下三层含义。

(1)绩效管理是建立共识的过程;

(2)绩效管理是一个持续的管理过程;

(3)绩效管理的最终目的是最大可能地取得个人和企业的成功。

2. 绩效管理的过程

从绩效管理的概念看:它是一个管理者和员工保持双向沟通的过程,在过程之初,管理者和员工通过认真平等的沟通,对未来一段时间(一般是一年)的工作目标和任务达成认知上的一致,确立员工未来一年的工作目标。再在保持不断沟通的过程中,一步步向目标接近、一步步完成任务,最后以达成目标为基本目的。

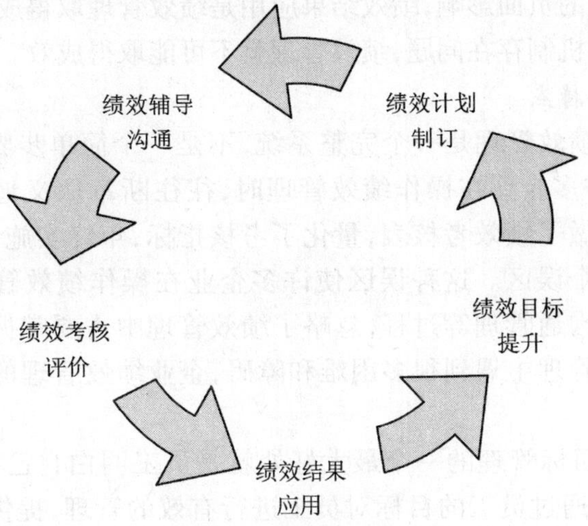

图 5-2　绩效管理的过程

(1)绩效计划制订。在下一年度绩效周期开始前,景区各级管理者和员工就员工在新的一年里需要做什么、要做到什么程度、为什么做、何时应该完成等问题进行讨论,在相互理解的基础上,以达到景区利益最大化为目标,制订新一年度的绩效计划。

(2)绩效辅导沟通。景区管理者和员工之间的沟通应该是贯穿整个绩效周期的,由绩效的动态性可以看出不同的时间段,员工需要的辅导也是不一样的。景区管理者应抓住每个绩效变化点,运用不同的方式,着重于辅导沟通,以随时调节好员工去应对绩效变化。

（3）绩效考核评价。景区按照设定的考核评价制度方法，在一段时间（一般是一个月）内，根据每位员工的具体表现（业绩方面和行为方面）进行考核评价。考核评价的结果直接关系到员工的工资。

（4）绩效结果应用。我们通常称之为绩效反馈，它贯穿于整个绩效管理的周期，在绩效考评结束后，景区管理者就员工在绩效考评中反映出的问题进行总结，使员工充分了解和接受考评结果，并由景区管理者指导员工改进绩效。在整个绩效周期结束时进行的绩效反馈是一个正式的绩效沟通过程。不同的绩效考评结果要进行不同的应用，具体的绩效结果应用方法主要有：晋升、培训、奖金、加薪等。

绩效计划的制订是绩效管理的基础环节，不能制订合理的绩效计划就谈不上绩效管理；绩效辅导沟通是绩效管理的重要环节，此环节工作不到位，绩效管理将不能落到实处；绩效考核评价是绩效管理的核心环节，此环节工作出现问题，会给绩效管理带来严重的负面影响；绩效结果应用是绩效管理取得成效的关键，如果对员工的激励与约束机制存在问题，绩效管理就不可能取得成效。

3. 绩效管理的特点

（1）系统性。绩效管理是一个完整系统，不是一个简单步骤。绩效管理不等同于绩效考核。许多企业在操作绩效管理时，往往断章取义地认为绩效管理就是绩效考核，企业做了绩效考核表，量化了考核指标，年终实施了考核，就是做了绩效管理，这是一个误区。这种误区使许多企业在操作绩效管理时省略了极为重要的目标制定、沟通管理等过程，忽略了绩效管理中需要掌握和使用的技巧与技能，在实施绩效管理中遇到很多困难和障碍，企业绩效管理的水平也在低层次徘徊。

（2）目标性。目标管理的一个最大好处就是员工明白自己努力的方向，管理者明确如何更好地通过员工的目标对员工进行有效的管理，提供支持与帮助。同样，绩效管理也强调目标管理，“目标＋沟通”的绩效管理模式被广泛提倡和应用。只有绩效管理的目标明确了，管理者和员工才会有努力奋斗的方向，才会致力于绩效目标责任制的实现，共同提高绩效能力，更好地服务于企业战略规划和远景目标。

（3）沟通性。沟通在绩效管理中起着决定性作用。制定绩效要沟通，帮助员工实现目标要沟通，年终评估要沟通，分析原因、寻求进步要沟通。总之，绩效管理就是管理者与员工持续不断沟通的过程。许多管理活动失败的原因都是因为沟通出现了问题，绩效管理就是致力于管理沟通的改善，全面提高管理者的沟通意识，提高管理者的沟通技巧，进而改善企业的管理水平和管理者的管理素质。

特别提示

实施绩效管理应坚持的理念

只有在绩效管理的实施过程中融入正确的理念，建立对绩效管理的正确认识，才能有助于避免绩效管理步入困境或带来不良效果。一般来讲，绩效管理的实施应遵循以下理念：

1. 绩效管理是整个人力资源管理的关键，绩效管理实施的效果将直接影响到企业人力资源管理工作的开展。
2. 绩效管理的目标不是绩效考核，而是整个企业整体战略目标的达成。
3. 营造良好的平等沟通氛围，建立、健全绩效反馈机制。
4. 绩效管理的导入要注重与企业文化相匹配。
5. 绩效管理的实施要坚持公开透明和全员参与的原则。

第二节　绩效考核过程与体系

一、绩效考核

（一）绩效考核

绩效考核，也称成绩或成果测评，是指按照一定的标准，采用科学的方法，对企业员工的品德、工作绩效、能力和态度进行综合的检查和评定，以确定员工工作业绩和潜力的管理方法。

景区的绩效考核是一项系统工程，涉及景区的发展规划、战略目标体系及其目标责任体系、指标评价体系、评价标准、评价内容及评价方法等，其核心是促进景区管理水准的提高及综合实力的增强，其实质是使员工的个人能力得以提高，并确保人尽其才，使人力资源的作用发挥到极致。

景区制定发展规划、战略目标时，为了更好地完成这个目标，需要把目标分阶段分解到各部门、各人员身上。绩效考核就是对景区工作人员完成目标情况的跟踪、记录和考评。

特别提示

绩效管理与绩效考核

绩效管理与绩效考核既有明显的区别，又存在十分密切的联系。绩效管理始于绩效考核,是对绩效考核的改进与发展,与绩效考核相比,绩效管理是一个系统,包括绩效计划、绩效实施、绩效考核、绩效反馈与面谈,以及绩效结果五个环节。绩效考核仅仅是绩效管理这根管理链条上的一个环节,与其他四部分共同组成一个整体。盲目地把绩效考核当做绩效管理,不但会使绩效考核的作用大打折扣,而且会对绩效考核管理产生抵触情绪,无法体现绩效管理的价值。两者的区别如表5-1所示。

表5-1　绩效管理与绩效考核的主要区别

绩效管理	绩效考核
从战略高度对绩效进行管理	对个人或部门的绩效进行评价
着眼于企业绩效和长远发展	着眼于个人或部门的绩效
一个完善的管理过程	管理过程中的局部环节和手段
解决问题	事后算账
侧重于信息沟通与绩效提高	侧重于判断和评估
伴随着管理活动全过程	只出现在特定时期
强调事先的沟通与承诺	强调事后评价
关注未来的绩效	关注过去的绩效

(二)绩效考核的内容

绩效考核包括三个部分:业绩考核、行为考核和态度考核。在景区管理中,均以一月一次为幅度进行考核,并在年终综合考核一次。

1. 业绩考核

业绩考核通常也称为业绩考评或"考绩",是针对企业每个员工所承担的工作,应用各种科学的定性和定量的方法,对员工行为的实际效果及其对企业的贡献或价值进行考核和评价。

在景区管理中,业绩考核一般以"部门"为单位进行,具体到不同的岗位、责任,其工作业绩的考核重点也有侧重。

2. 能力和行为考核

能力考核是指根据工作说明书规定的岗位要求,对应于员工所担任的工作,对员工能力作出评定的过程,包括基本能力(岗位知识、岗位技能、学习能力)、思考能力(理解力、判断力、想象力、计划力)和交往能力(表达能力、领导能力、组织能力等)。

行为考核主要是考核员工的品行。如:是否遵章守纪、精神面貌等。这方面主要由领导、同事来进行打分考评,以及从客户反馈来的具体事件进行评价。

3. 态度考核

工作态度是工作能力向工作业绩转换的"中介",态度考核的重点是员工工作的认真度、责任度,工作的努力程度,是否有热情,是否忠于职守,是否服从命令等,包括职业道德、出勤状况、积极性、责任心、协作性等。

(三)绩效考核的作用

1. 达成目标

绩效考核本质上是一种过程管理,而不仅仅是对结果的考核。它是将中长期的目标分解成年度、季度、月度的指标,不断督促员工实现、完成的过程,有效的绩效考核能帮助企业达到目标。

2. 挖掘问题

绩效考核是一个不断制订计划(Plan)、执行(Do)、改正(Check)、行动(Action)的PDCA循环过程,体现在整个绩效管理环节,包括绩效目标设定、绩效要求达成、绩效实施修正、绩效面谈、绩效改进、再制定目标的循环,这也是一个不断地发现问题、改进问题的过程。

3. 分配利益

与利益不挂钩的考核是没有意义的,员工的工资一般都会分为两部分:固定工资和绩效工资。绩效工资的分配与员工的绩效考核得分息息相关,所以一说起考核,员工的第一反应往往是绩效工资的发放,尤其是基层员工,很少会有想到绩效考核、绩效管理对整个企业,乃至每个员工的作用。

4. 促进成长

绩效考核的最终目的并不是单纯地进行利益分配,而是促进企业与员工的共同成长。通过考核发现问题、改进问题,找到差距进行提升,最后达到双赢。

拓展知识

PDCA循环

PDCA循环又称为质量环,是管理学中的一个通用模型,最早由休哈特(Walter A. Shewhart)于1930年构想,后被美国质量管理专家戴明(Edwards Deming)博士在1950年再度挖掘出来,并加以广泛宣传和运用于持续改善产品质量的过程中,所以又叫戴明循环。它是全面质量管理所应遵循的科学程序。全面质量管理活动的全部过程,就是质量计划的制订和组织实现的过程,这个过程就是按照PDCA循环,不停顿和周而复始地运转的。

PDCA循环是能使任何一项活动有效进行的一种合乎逻辑的工作程序,特别是在质量管理中得到了广泛应用。P、D、C、A 四个英文字母所代表的意义如下：

① P(Plan)——计划。包括方针和目标的确定，以及活动计划的制订；

② D(Do)——执行。即具体运作，实现计划中的内容；

③ C(Check)——检查。就是要总结执行计划的结果，分清哪些对了，哪些错了，明确效果，找出问题；

④A(Action)——行动(或处理)。对总结检查的结果进行处理，成功的经验加以肯定，并予以标准化，或制定作业指导书，便于以后工作时遵循；对于失败的教训也要总结，以免重现。对于没有解决的问题，应提给下一个 PDCA 循环中去解决。

PDCA 是英语单词 Plan(计划)、Do(执行)、Check(检查)和 Action(行动)的第一个字母，PDCA 循环就是按照这样的顺序进行质量管理，并且循环不止地进行下去的科学程序。

全面质量管理活动的运转，离不开管理循环的转动，这就是说，改进与解决质量问题，赶超先进水平的各项工作，都要运用 PDCA 循环的科学程序。不论提高产品质量，还是减少不合格品，都要先提出目标，即质量提高到什么程度，次品率降低多少？就要有个计划；这个计划不仅包括目标，也包括实现这个目标需要采取的措施；计划制订后，就要按照计划进行检查，看是否实现了预期效果，是否达到预期的目标；通过检查找出问题和原因；最后就要进行处理，将经验和教训制定成标准、形成制度。

PDCA 循环作为全面质量管理体系运转的基本方法，其实施需要搜集大量数据资料，并综合运用各种管理技术和方法。

二、绩效考核的流程

景区绩效考评流程一般可以分为下列几个阶段：

(一)建立绩效考评标准

建立绩效考评标准是企业的一项基础工作。绩效考评标准的确定也是以职务分析为基础，职务分析的结果决定了绩效考评的标准。

(二)确定绩效考评的内容和实施绩效考评

一般来说，景区员工绩效考评的内容侧重于工作实绩、行为表现和态度，由相关工作人员对被考评员工的实际成绩和表现做客观的记录，并确定在不同指标上的成绩水平，由上级、同级和下级从不同方面给予评测。

(三)确定评语及改进措施

这个阶段对被考评员工进行综合评定，确定最后的评价等级，指出该员工优点和缺点，并制订改进方案。这个阶段实施得完善与否关系到下一绩效管理周期的绩效优劣。

三、绩效考核体系

绩效考核体系是由一组既独立又相互关联并能较完整地表达评价要求的考核指标组成的评价系统，绩效考核体系的建立，有利于评价员工工作状况，是进行员工考核工作的基础，也是保证考核结果准确、合理的重要因素。考核指标是能够反映业绩目标完成情况、工作态度、能力等级的数据，是绩效考核体系的基本单位。

（一）绩效考核形式

1.按考评时间分类

可分为日常考评与定期考评。

（1）日常考评。这是指对被考评者的出勤情况、产量和质量实绩、平时的工作行为所作的经常性考评；

（2）定期考评。这是指按照一定的固定周期所进行的考评，如年度考评、季度考评等。

2.按考评主体分类

可分为主管考评、自我考评、同事考评和下属考评。即"360 度考评方法"。

（1）主管考评。这是指上级主管对下属员工的考评。这种自上而下的考评，由于考评的主体是主管领导，所以能较准确地反映被考评者的实际状况，也能消除被考评者心理上不必要的压力。但有时也会受主管领导的疏忽、偏见、感情等主观因素的影响而产生考评偏差。

（2）自我考评。这是指被考评者对自己的工作实绩和行为表现所做的评价。这种方式透明度较高，有利于被考评者在平时自觉地按照考评标准约束自己。但最大的问题是有"倾高"现象存在。

（3）同事考评。这是指同事间互相考评。这种方式体现了考评的民主性，但考评结果往往受被考评者的人际关系的影响。

（4）下属考评。这是指下属员工对他们的直接主管领导的考评。一般选择一些有代表性的员工，用比较直接的方法，如直接打分法等进行考评。考评结果可以公开或不公开。

（5）顾客考评。许多企业把顾客也纳入员工绩效考评体系中。在一定情况下，顾客常常是唯一能够在工作现场观察员工绩效的人，此时，他们就成了最好的绩效信息来源。

3.按考评结果的表现形式分类

可分为定性考评与定量考评。

（1）定性考评的结果表现为对某人工作评价的文字描述，或对员工之间评价高低的相对次序以优、良、中、及、差等形式表示；

(2)定量考评的结果则以分值或系数等数量形式表示。

(二)绩效体系设计步骤

第一步:工作分析。这是企业管理和人力资源管理的基础,通过工作分析,能够得出各岗位的工作内容、工作内容量化要求、工作的重要性,这些都是绩效考核的重要依据文件。第二步:列出绩效指标库。第三步:设定目标值要求。第四步:找出品行指标。第五步:设计绩效考核表。第六步:薪酬与绩效相结合。第七步:形成绩效考核制度。第八步:推行绩效考核。

第三节　绩效考核方法

一、相对评价法

1. 序列比较法

序列比较法是对按员工工作成绩的优劣进行排序考核的一种方法。在考核前,首先要确定考核的模块,但是不确定要达到的工作标准。将相同职务的所有员工在同一考核模块中进行比较,根据他们的工作状况排序,工作较好的排名在前,工作较差的排名在后。最后,将每位员工几个模块的排序数字相加,就是该员工的考核结果。总数越小,绩效考核成绩越好。

2. 相对比较法

相对比较法是对员工进行两两比较,任何两位员工都要进行一次比较。对两名员工进行比较后,相对较好的员工记“1”,相对较差的员工记“0”。所有的员工相互比较完毕后,将每个人的得分相加,总分越高,绩效考核的成绩越好。

3. 强制比例法

强制比例法是指根据被考核者的业绩,将被考核者按一定的比例分为几类(最好、较好、中等、较差、最差)进行考核的方法。

二、绝对评价法

1. 目标管理法

目标管理是通过将组织的整体目标逐级分解,直至个人目标,最后根据被考核者完成工作目标的情况来进行考核的一种绩效考核方式。在开始工作前,考核人和被考核人应该对需要完成的工作内容、时间期限、考核标准达成一致。在时间期限结束时,考核人根据被考核人的工作状况及原先制定的考核标准进行考核。

2. 关键绩效指标法

关键绩效指标法是以企业年度目标为依据，通过对员工工作绩效特征的分析，据此确定反映企业、部门和员工个人在一定期限内综合业绩的关键性量化指标，并以此为基础进行绩效考核。

3. 等级评估法

等级评估法根据工作分析，将被考核岗位的工作内容划分为相互独立的几个模块，在每个模块中用明确的语言描述完成该模块工作需要达到的工作标准。同时，将标准分为几个等级选项，如“优、良、合格、不合格”等，考核人根据被考核人的实际工作表现，对每个模块的完成情况进行评估。总成绩便为该员工的考核成绩。

4. 平衡记分卡

平衡记分卡从企业的财务、顾客、内部业务过程、学习和成长四个角度进行评价，并根据战略的要求给予各指标不同的权重，实现对企业的综合测评，从而使管理者能整体把握和控制企业，最终实现企业的战略目标。

三、描述法

1. 全视角考核法

全视角考核法（亦称为360°考核法），即上级、同事、下属、被考核者本人和顾客对被考核者进行考核的一种方法。通过这种多维度的评价，综合不同评价者的意见，则可以得出一个全面、公正的评价。

2. 重要事件法

重要事件法是指考核人在平时注意收集被考核人的“重要事件”，这里的“重要事件”是指那些会对部门整体工作绩效产生积极或消极的重要影响的事件，对这些表现要形成书面记录，据此进行整理和分析，最终形成考核结果。

绩效定量管理法正是在不同的时期和不同的工作状况下，通过对数据的科学处理，及时、准确地考核，协调落实收入、能力、分配关系。

四、目标绩效考核法

目标绩效考核是目前较为流行的一种绩效考核管理方法。管理学大师彼得·德鲁克在《管理实践》一书中首先提出了目标绩效考核，他认为：“每一项工作都必须为达到总日标而展开。”衡量一个员工是否合格，关键要看他对于企业目标的贡献如何。目标绩效考核是根据被考核者完成工作目标的情况来进行考核的一种绩效考核方式。

特别提示

一个有效的目标,既要有挑战性,又要有可操作性。"跳起来,够得着"的目标包含两层意思:其一,这个目标必须要跳起来才能完成,躺着不行,坐着不行,站着也不行,目标要具有一定的挑战性,只有积蓄能量,奋力一跃才能实现。其二,这个目标必须是够得着的、可操作的,如果跳起来还是够不着,这样的目标暂时就不用考虑了。

日本人曾经做过一个实验,有一组人,要求他们站在墙壁旁使劲地往上跳,将其在墙上留下的手印做上记号,再将每个人原先的摸高高度,提高15%,画一条目标线,再试跳一次。结果,每个人都可以超过画在墙上的目标线。这个试验结果告诉我们,一个人有了明确目标,不但可以激发他的潜能,更可以实现他的满足感,提高工作的意愿,这也是目标绩效考核管理在近代管理中被企业界竞相导入的原因。

这里讲个故事:古城砖上的人名——责任到人,才会有质量。南京明城墙,是我国保存比较完整的古城墙,也是世界上现存最大的古代砖城,所用的砖块,都是由长江中下游附近的150多个府(州)、县烧制的,砖的侧面刻着铭文,除时间、府县外,还有4个人的名字即监造官、烧窑匠、制砖人和提调官(运输官)。

砖上刻人名的用意,用现在的话来说,就是职责分明,责任到人。名字都在砖上,清清楚楚,一目了然,赖也赖不掉。无论监造官、提调官,还是烧窑匠、制砖人,如有问题,一样追究。据记载,交砖时,由检验官指使两名士兵抱砖相击,如铿锵有声,清脆悦耳不破碎,属于合格;如相击断裂,责其重新烧制。正是因为责任如此清楚,才使得城砖质量上乘,以致南京明城墙历经600多年风雨,仍巍然屹立。

故事的哲理:产品质量最重要的是过程质量,从管理者到员工,只有都使自己成为问题的一部分,以岗位责任制明确责、权、利,才能督促我们提高自己的工作质量与产品的质量。

企业在推行目标绩效考核时,领导者应在员工心中牢固树立以目标为导向的管理意识,将公司愿景具体到各部门的目标,然后具体到每位员工。这样,考核依据才能具体化。员工对自己的工作也有了明确的期望,公司相关的人力资源管理也会更加顺畅。

(资料来源:于秀之.人力资源管理[M].北京:中国社会科学出版社,2008:241.)

目标绩效考核是自上而下进行总目标的分解和责任落实过程,相应的,绩效考核也应服从总目标和分目标的完成。因此,作为部门和职位的KPI考核,也应从部门对公司整体进行支持、部门员工对部门进行支持的立足点出发。同时公司领导者和部门领导者也应当对下属的绩效考核负责,不能向下属推卸责任。绩效考核区分了部门考核指标和个人考核指标，也能够从机制上确保上级能够积极关心和指导下级完成工作任务。

拓展知识

考核指标的SMART原则

SMART原则的具体含义如下：

S：(Specific)——明确的、具体的，指标要清晰、明确，让考核者与被考核者能够准确地理解目标；

M：(Measurable)——可量化的。一家企业要量化老板、量化企业、量化组织架构。目标、考核指标更要量化，比较好、还不错这种词都不具备可量化性，将导致标准的模糊，一定是要数字化的。没有数字化的指标，是不能随意考核的，一考核就容易出现误差；

A：(Attainable)——可实现的。目标、考核指标，都必须是付出努力能够实现的，既不过高也不偏低。比如对销售经理的考核，去年销售收入2 000万元，今年要求1.5亿元，也不给予任何支持，这就是一个完全不具备可实现性的指标。指标的目标值设定应是结合个人情况、岗位情况、过往历史情况来设定的；

R：(Relevant)——实际性的、现实性的，而不是假设性的。现实性的定义是具备现有的资源，且存在客观性、实实在在的；

T：(Time bound)——有时限性的。目标、指标都要有时限性，要在规定的时间内完成，时间一到，就要看结果。如要求2 000万元的销售额，单单这么要求是没有意义的，必须规定在多长时间内完成2 000万元的销售额，这样才有意义。

如何设定目标：

目标绩效源于对企业经营目标的分解，即为实现战略而将企业经营目标逐层分解到每个部门及相关人员的一种指标设计方法。

从管理学上说，目标是比现实能力范围稍高一点的要求，也就是“蹦一蹦，够得着”的那种。“目”就是眼睛看得到的，想得到的，愿意得到的，它是一种梦想；“标”者，尺度也。目标就是有尺度的梦想，没尺度的梦想叫幻想、空想、异想天开。

目标不是凭空吹出来的，也不是虚构刻画出来的，更不是闭门造车想出来的，而是企业上下一心，大家一起缔造出来的，要有翔实的数据，有人认同，有完成的周期，还要有激情，要经过精确的预算和计划。

目标设立后，企业一定要想办法把它变成大家的梦想，要让每个员工都去认同它。只有当员工和公司确立共同信念时，员工才能在一家公司深入、长期地发展。

通过目标分解所得到的指标，其考核的内容是每个岗位、每个人最主要的且必须完成的工作。各层级人员的目标指标是层层分解而得的。绩效考核必须是自上而下的，董事长、总经理要以身作则，仅对普通员工进行考核是不能形成企业考核文化的。

案例分享

案例一　某旅游景区全员考核办法

×××公司

2011年度全员考核办法(试行)

为落实公司的考核制度，完成公司的各项工作指标，特制定本年度考核方案。

一、组织机构及职责

(一)领导小组

组长：×××

副组长：×××、×××、×××

成员：各部门总监(负责人)

职责：1. 负责审核公司年度考核方案；

2. 负责审核各部门考核结果。

(二)考核小组

组长：×××

成员：办公室主任、财务部总监、人力资源部总监、资产运营部(物业维修)副总监、景区管理部总监

职责：制定考核细则，提出考核意见。

1. 办公室

(1)按工作完成的质量制定考核细则；

(2)根据各部门工作计划和领导临时交办的工作的完成情况，提出考核意见。

2. 财务部

(1)制定各部门费用支出的考核细则和标准；

(2)根据各部门完成营收及费用支出情况提出考核意见。

3. 人力资源部

(1)按培训工作完成的数量和质量，制定考核细则；

(2)根据各部门培训工作完成的数量和质量提出考核意见；

(3)收集和整理游客投诉，并按公司规章制度提出考核意见；

(4)根据检查结果提出考核意见。

4. 景区管理部

(1)制定安全、消防、环境卫生考核细则；

(2)根据各部门安全、消防、环境卫生达标情况提出考核意见。

5. 资产运营部

(1)制定设施和设备的保养、维护、使用考核细则；

(2)根据各部门设施和设备的保养、维护、使用情况提出考核意见。

二、考核内容

考核分营收指标考核和管理工作指标考核两部分。

(一)营收指标

总体营收目标：按公司预算总体营收和接待目标。

1. 以部门营收为依据，按公司规定的比例提取奖金

如车船部、商业餐饮部、客服部的员工。

2. 以预算为基准，超过部分按公司规定比例提取奖金

如销售部、各部门行政、后勤人员。

(二)管理工作指标

1. 部门管理工作：

(1)以部门工作职责、公司工作计划及管理费用为考核指标；

(2)市场部的经营费用如广告费用等按半年结算一次；

2. 个人工作业绩

以各岗位工作评估考核表为考核指标。

三、考核办法

(一)全员考核将采取逐级考核和对口考核相结合的办法进行考核。

(二)具体考核项目由考核小组成员按考核细则进行对口考核。

(三)各部门的考核结果由考核小组成员提出考核意见，通报各部门，对考核有异议的可向考核领导小组提出意见，由考核领导小组最后裁定。

(四)各部门负责人由分管领导进行考核，各部门员工由所在部门进行逐级考核。

四、营收指标考核

(一)奖金依据

1. 以部门营收为依据，按公司规定的比例提取奖金

(1)商业餐饮部。

餐饮、零售、会议场租收入、食品成本控制在42% ~46%作为考核依据。

(2)车船部：

①电瓶船相关人员以电瓶船营收为依据；

②电瓶车相关人员以电瓶车营收为依据；

③摇橹船相关人员以摇橹船营收为依据；

④其他人员以园区总体营收作为考核依据；

(3)市场部：

①销售人员以公司签订的责任书为考核依据；

②客服部人员按电瓶船及导服营收为考核依据；

③其他人员以园区总体营收为考核依据。

(4)财务部：

①餐饮、零售收银员按商业餐饮部的营收为考核依据；

②总票房售票参照客服部考核依据；

③摇橹船收银按摇橹船营收为考核依据；

④电瓶船收银按电瓶船营收为考核依据；

⑤其他人员以园区总体营收为考核依据。

(5)景区管理部：

①检票人员参照客服部考核依据；

②其他人员以园区总体营收为考核依据；

2. 以预算为基准，超过部分按公司规定比例提取奖金

除以上人员外，以园区总体营收(除招商收入外的4 000万元)为考核依据。

(二)分配对象及奖励比例

1. 餐饮部员工按营收的10%为员工奖励

2. 车船部员工按车、船营收提取奖金

(1)电瓶船。船长、码头主管、海事主管、安全主管、机务主管(人均)按电瓶船总营收的0.064%提取奖金。

①计调(人均)按电瓶船总营收的0.0384%提取奖金；

②检票(人均)按电瓶船总营收的0.032%提取奖金；

③辅助工(人均)按电瓶船总营收的0.0128%提取奖金；

④充电维修工(人均)按电瓶船总营收的0.0256%提取奖金。

(2)摇橹船：

①主管按摇橹船营收的0.22%提取奖金；

②领班(人均)按摇橹船营收的0.176%提取奖金；

③计调(人均)按摇橹船营收的0.11%提取奖金。

(3)电瓶车：

①司机(人均)按电瓶车总营收的0.05%提取奖金；

②计调(人均)按电瓶车总营收的0.025%提取奖金；

③充电维修工(人均)按电瓶车总营收的0.02%提取奖金;

3. 市场部

①销售人员按与公司签订的责任书为奖励金额;

②客服部人员按电瓶船及导服营收的2% ~2.5%提取奖金;

4. 财务部

①餐饮、零售收银员按商业餐饮部人均奖励;

②总票房售票按客服部人均的80%奖励;

③电瓶船售票(人均)按电瓶船总营收的0.032%提取奖金;

④摇橹船售票(人均)按摇橹船营收的0.11%提取奖金。

5. 景区管理部

①检票人员按客服部人均的80%奖励;

②其他人员以超过园区总体预算营收部分的3%提取奖金。

6. 以上未涉及的所有人员以超过园区总体预算营收部分的3%提取奖金

7. 新入职员工在试用期不参与考核

8. 行政事业编制人员只体现考核奖励

(三)考核期限:分月度考核和年度考核。

1. 月度考核

按月考核,公司考核到部门,各部门再制定具体的考核、兑现办法。

2. 年度考核

完成公司全年营收预算后,由公司另定实施奖励方案。

(四)计算方法

1. 奖金

(1)按营收提取奖金=实际营收×奖金提取比例×%(商业餐饮部另加成本控制指标)。

(2)按超产提取奖金=(实际营收-预算营收)×奖金提取比例×%。

(3)所有奖金核发靠各部门,由各部门根据规定和员工工作实绩进行再分配。即部门奖金额=部门人系数×单位人系数的奖金额。

2. 人系数

(1)单位人系数以员工为1个系数为基数,领班为1.2个系数,主管为1.4个系数,部门副经理为1.5个系数,部门经理为1.6个系数,部门副总监为1.8个系数,部门总监为2个系数。主持工作的部门副经理或副总监按正职人的系数核算。

(2)部门总人系数:以公司年度预算确定的人员编制为基础,按单位人系数的划分核算出部门总人系数。

(五)考核流程

1. 逐月考核,次月兑现

2. 由财务部在次月15日前,根据各部完成的营业情况,提供考核的具体数据,报考核领导小组审核,经确认后,通告各部门

3. 各部门在次月20日前,根据财务部提供的数据,落实具体奖罚清单,报人力资源部

4. 人力资源部按各部门报送的考核清单,编制工资

比如,1月份的考核结果在2月20日前由各部门报人力资源部,由人力资源部汇总后,在2月25日前报各相关领导审阅,批准后在3月10日发2月份工资时兑现,以此类推。

五、管理工作指标考核

1. 考核对象

全体员工。

2. 考核类别

(1)月度考核:以部门完成月度的工作情况确定考核结果。具体办法如下:

①按公司考核权重表中的考核内容,由考核小组成员根据各部门实际工作情况,进行考核、评分,并报经考核领导小组审批后执行;

②具体评分及扣罚标准:部门各项工作考评分以95分为达标线,每降低5分,部门员工的考核工资下浮20%,直至扣完考核工资为止;

③各部门在5日前完成员工月度考核,填报奖金分配表,并送达人力资源部;

④人力资源部将各部门考核结果,在每月工资中兑现。

(2)年中考核:

①根据各部已制定的岗位说明书及各部门、各岗位的绩效评估内容和评分标准,对照员工的实际工作成果与表现进行考核。

②以员工个人工作业绩为考核指标,由人力资源部于每年6月下旬准备考核资料(包括员工自我评估、各岗位半年度绩效评估表),并分发;7月上旬实施评估过程,由员工和各部门填写评估表;7月中旬人力资源部统计复核评估结果并报考核领导小组审批;7月下旬评估结果将通知本人、存档并实施相应措施。

③根据公司各级人员评估表进行考核、评分,3分为达标线,考核结果低于2分的,被视为不能胜任目前工作,公司将提出解除劳动合同;考核结果为2分以上至3分以下的,将被安排进行2个月的在岗培训,在此期间工资按80%的标准发放,2个月后再作考核,考核结果仍然低于3分的,公司将提出解除劳动合同;考核结果为3分以上至4.5分以下的,则为达标;考核结果为4.5分以上的,被视为优秀,并将作为年终评选和今后升职、加薪的依据。

(3)年度考核:

先考核，后评比。考核程序同半年度考核，在考核的基础上评选年度先进。具体考核办法如下：

①以员工个人工作业绩为考核指标，由人力资源部于每年12月下旬准备考核资料（包括员工自我评估、各岗位半年度绩效评估表），并分发；次年1月上旬实施评估过程，由员工和各部门填写评估表；1月中旬人力资源部统计复核评估结果并报考核领导小组审批。

②各部门在评定星级服务员、星级讲解员、星级车（船）长时，应以考核结果为重要依据。

③考核安排表。

表5-2 考核安排表

考核类型	考核时间	考核人员	结果
月度考核	月底	全体员工	1. 落实考核工资及奖金 2. 年度评比依据
年中考核	7月	全体员工	1. 个别人员调薪、换岗 2. 调整公司培训重点
年度考核	1月	全体员工	1. 考虑合同续签 2. 个别人员调薪、换岗 3. 制订培训计划依据 4. 公司年终奖发放
年度先进	1月	部门经理以下员工	1. 颁发荣誉证书 2. 一次性奖励 3. 外出旅游、培训奖励
专项考核/比赛	不定期	面客接待员工	1. 个别人员调薪 2. 一次性奖励 3. 年度先进参考

3. 考核措施

（1）根据考核结果，人力资源部将对被评估人员采取相关措施，如进行培训、调整工资、奖金待遇、调整职位或级别等。

（2）考核结果由人力资源部存入员工个人档案。

（3）获得相应称号的员工可获得相应津贴或晋升工资。

4. 考核要求

(1)各部门人员由各部门逐级进行考核,各部门负责人由分管领导负责考核。

(2)公司各级管理人员对下属的工作业绩负有管理责任。

(3)针对考核中未达考核目标的,各部门应及时分析原因,并制订相应的改进措施及计划。考评者有责任为员工制订实施绩效改进计划,并跟踪改进结果。

(4)在实施评估过程中,负责考核的人员应按照实际需要及时与被考核人就评估内容、标准、给分进行面谈,并交流意见,使评估工作真正做到公正、公开、友好、积极。

(5)在考核评估过程中,各级考核人员应本着认真、负责的态度,不能搞家庭作风,一团和气。

(6)在考核结果公布一个月内,对考核结果不满意者可以向人力资源部提出异议,由人力资源部协调相关人员或考核领导小组复议,复议决定的成绩即为最后核定的成绩。

思考与练习

1. 企业实施绩效管理应注意哪些问题?
2. 该公司的绩效考核系统有何优势?
3. 该公司在绩效管理方面有哪些成熟的做法?

案例二　某公司的年终绩效考核

某公司又到了年终绩效考核的时候了,从主管人员到员工每个人都忐忑不安。公司采用强迫分布式的末位淘汰法,到年底,根据员工的表现,将每个部门的员工划分为A、B、C、D、E五个等级,分别占10%、20%、40%、20%、10%,如果员工有一次被排在最后一级,工资降一级,如果有两次排在最后一级,则下岗接受培训,培训后根据考察的结果再决定是否上岗,如果上岗后再被排在最后10%,则被淘汰,培训期间只领取基本生活费。主管人员与员工对这种绩效考核方法都很有意见。财务部主管老高每年都为此煞费苦心,该部门是职能部门,大家都没有什么错误,工作都完成得很好,把谁评为E档都不合适。2010年,小田因家里有事,请了几天假,有几次迟到了,但没耽误工作。老高没办法只好把小田报上去了。为此,小田到现在还耿耿于怀。今年又该把谁报上去呢?

思考题:

1. 财务部是否适合采用硬性分配法进行绩效考核?为什么?
2. 如果重新设计该公司财务部门的绩效考核方案,您认为应注意哪些问题?

思考与练习

1. 什么是绩效管理？绩效管理与绩效考核的区别是什么？
2. 企业进行绩效考核的作用何在？
3. 绩效考核的主要方法有哪些？如何实施？
4. 简述绩效管理的过程。

第六章 旅游景区薪酬管理

引言

薪酬管理是旅游企业现代人力资源管理的重要内容之一。良好的薪酬制度可以帮助景区企业更有效地吸引、保留和激励员工,从而起到增强企业竞争优势的作用;同时,薪酬又是一个非常敏感的话题,它与企业员工的利益密切相关。在现代市场经济中,薪酬管理已成为世界各国企业人力资源管理的重要环节。如何建立有效的薪酬管理制度,已经成为当前留住优秀人才,促进企业发展的重要法宝。

学习目标

1. 理解薪酬的概念和构成;
2. 了解影响和决定薪酬水平的要素;
3. 了解薪酬管理的含义、作用与原则。

第一节 薪酬的基本范畴

美国一个调查机构在研究已往20年的数据后发现:在所有的工作分类中,员工们都将工资与收益视为最重要或次重要的指标。工资能极大地影响员工的行为和工作绩效。

薪酬管理对几乎任何一个组织来说都是一个棘手的问题,主要是因为企业的薪酬管理系统一般要同时达到公平性、有效性和合法性三大目标,企业经营对薪酬管理的要求越来越高,但就薪酬管理来讲,受到的限制因素也越来越多,除了基本的企业经济承受能力、政府法律法规外,还涉及企业不同时期的战略、内部人才定位、外部人才市场,以及行业竞争者的薪酬策略等因素。

因此,如何做到让员工将"薪"比心,让员工从薪酬上得到最大的满意,成为现代企业组织应当努力把握的课题。

一、薪酬的概念及其功能

（一）薪酬的概念

薪酬是景区对员工所付出劳动或服务的一种肯定，是景区支付给员工的各种以货币形式和非货币形式所表现的补偿或报酬。狭义的薪酬是指个人获得的以工资、奖金及以金钱或实物形式支付的劳动回报。广义的薪酬包括经济性的报酬和非经济性的报酬。经济性的报酬指工资、奖金、福利待遇和假期等，也叫货币薪酬；非经济性的报酬指个人对景区企业及对工作本身在心理上的一种感受，也叫非货币薪酬。

拓展知识

不同的人对薪酬的认识

员工认为：

1. 薪酬是劳动所得，我付出体力、知识、技能、时间、经验、创造力，应该给予相应的薪酬回报。

2. 薪酬是身份和社会地位，是一种层次高低的象征，蓝领是X元，白领是Y元，金领是Z元，这是不一样的。

3. 薪酬是保健因素，如果连基本的生活费用都不能满足，这个薪酬肯定有问题，我不会再付出劳动。

4. 薪酬是差距，是企业内不同职位、不同员工的差距，也是企业外同行业、不同单位的差距，从差距中员工会感到不平等，或者会感到激励。

5. 薪酬是动力，好比汽车的汽油或是汽车的油门，有了它，工作才有意义，多干多得，促进工作努力。

投资者和经营者认为：

1. 薪酬是人才市场上劳动力均衡时的价格，无论这个人才为企业创造的价值比洗碗的高还是低，只能按市场价格付出薪酬。

2. 薪酬是成本，它会减少利润，所以只要有可能，就要减少成本，企业状况不佳时，可以降低工资，也的确是可能削减的成本。

3. 薪酬是固定支出，在企业不挣钱时，也得给员工。

4. 薪酬是资本，它能产生更多的利润。所以要多招揽人才，即便大材小用，即便存贮未来需要的人才或抢夺竞争对手需要的人才，工资照付，为的是以后得到利润。

5. 薪酬是利市,上级心情好时,可以向下属许诺,或直接向下属大量派发金钱;上级心情不好时,无论是员工做得怎样,他们只有基本收入。

6. 薪酬是烦恼,给下属的薪酬再多也摆不平,总有人不愿意,可能还影响工作,员工要酬劳是无底的,给再多他们也嫌不够。

7. 薪酬是推动工作成果达标的激励工具,是变革企业文化的催化剂。

管理者认为:

1. 广义地说,薪酬是一个系统,它至少由五个要素构成:货币回报:即工资、奖金、津贴、股票;福利:即企业家们提供的各项好处;认可:即荣誉、奖励;机会:即晋升、培训、发展机会;环境:即与工作条件相当的报酬以及工作氛围。狭义地说,薪酬即为劳动者的货币性报酬。

2. 从管理系统层面而言,薪酬是企业战略目标和价值观转化为具体行动的系统方案,同时是体现管理哲学和管理思想的事实路线,也是引导和约束员工行为的管理流程,更是激励机制富有生机的创新工具。

(二)薪酬的功能

1. 保障功能

薪酬的保障功能是通过基本工资体现的。员工作为景区企业的人力资源,通过劳动取得报酬,员工所获薪酬数额至少能保证劳动者及其家庭的基本生存需要和员工的自我发展,否则,会影响员工的基本生活,影响社会劳动力的生产和再生产。薪酬的保障功能有助于员工获得生活的安全感,发挥工作的积极性。

2. 激励功能

薪酬的激励功能主要是通过奖金实现的。在市场经济条件下,对员工的激励除精神激励(员工自我价值的实现)外,主要是物质利益的激励。员工一方面要追求自身的价值、主人翁感和认同感,另一方面更重视追求实在的利益,而劳动则是员工获取收入以满足自己物质需求的基本手段。所以景区企业通过各种具体工资(包括奖金)形式,把收入与员工的劳动贡献联系起来,劳动收入就能发挥激励作用。

3. 调节功能

薪酬的调节功能主要以福利的形式来表现。福利是景区企业关心员工、展现社会责任感的重要方面。景区企业通过向员工提供各种福利与保险待遇,可使员工加强对公司的信任感和依赖感,形成良好的文化氛围。通过薪酬的调节,实现劳动力资源的优化配置。同时,薪酬也调节着人们对职业和工种的评价,调节着人们择业的愿望和就业的流向。

二、薪酬的构成与水平

（一）薪酬的构成

薪酬的构成具有多层次内容，并通过不同形式体现出来，其中主要包括三个板块：基本薪酬、绩效薪酬和间接薪酬。其中基本薪酬对应基本工资、绩效薪酬对应奖金和分红、间接薪酬对应津贴、补贴和福利等。薪酬各部分的构成、功能及特征见表 6－1 所示。

表 6－1　薪酬的构成、功能及特征

薪酬分类	薪酬构成	功能	决定因素	变动性	特点
基本薪酬	基本工资	保障体现岗位价值	职位价值、能力、资历	较小	稳定性、保障性
绩效薪酬	奖金	对良好业绩的回报	个人绩效、团队绩效、组织绩效	较大	激励性、持续性
	分红	对优秀业绩的回报	组织效益	较大	激励性、持续性
间接薪酬	福利	提高员工满意度；避免企业年资负债	就业与否、法律、法规	较小	针对所有员工满意度；保障性、调节性
	津贴、补贴	保障、提高员工满意度	工作条件、工作环境、社会评价等	较小	针对特定员工满意度；保障性、调节性

1. 基本工资

基本工资是指用来维持员工基本生活的工资。它常常以岗位工资、职务工资、技能工资、工龄工资等形式来表现。它一般不与企业经营效益挂钩，是薪酬中相对稳定的部分。

2. 奖金

奖金即奖励或考核工资，是与员工、团队或组织的绩效挂钩的薪酬。它体现员工提供的超额劳动的价值，具有很强的激励作用。

3 分红

分红也称为利润分享，是员工对组织经营效益的分享。它常常以股票、期权等形式来表现。它也可视为奖金的第二种形式，即来自利润的绩效奖金，其直接与组织效益状况挂钩。

4. 津贴和补贴

它们是对工资或薪水难以全面、准确反映的劳动条件、劳动环境、社会评价等因素对员工造成某种不利影响或者保证员工工资水平不受物价影响而支付给员工的一种补偿。人们常把与工作联系的补偿叫津贴,如高温费、出差补助等;把与生活相联系的叫补贴,如误餐费。

5. 福利

福利与基本工资和奖金不同,一般不以员工的劳动情况为支付依据,而以员工作为组织成员的身份为支付依据,是一种强调组织文化的补充性报酬。福利按其针对对象的范围大小,可分为全员性福利和部分员工福利。如某些企业内部有针对高层管理者每年一周的海外旅游考察福利。福利按照其是否具有强制性,可分为法定福利与企业自主福利。法定福利包括基本养老保险、医疗保险、失业保险、工伤保险、生育保险和住房福利等。其中前三项保险通常称为“三险”,为强制险种,是各企事业单位须按规定严格执行的。五项保险统称为“五险”,“五险”再加上住房公积金统称为“五险一金”。企业自主福利则多种多样,如带薪年假、晋升、培训、免费班车等。组织福利在改善员工满意度方面起到重要的调节作用。

(二)薪酬水平

薪酬水平是指企业薪酬相对于当地市场薪酬行情和竞争对手薪酬绝对值的高低。它对员工的吸引力和企业的薪酬竞争力有直接影响。

1. 薪酬水平的类型

常见的薪酬水平的类型有以下四种。

(1) 市场领先型。这是指企业的薪酬水平高于市场平均水平。领先型薪酬策略的一个最明显优势是其薪酬水平在市场上具有足够强的吸引力,这会吸引许多能力非常强的优秀求职者。

(2) 市场跟随型。这是指企业的薪酬水平与市场水平基本相当。这是企业最通用的薪酬策略。实施这种薪酬策略的企业能够吸引到足够的员工为该企业工作,不过在吸引那些非常优秀的求职者方面没有什么特别的优势。

(3) 成本导向型(落后薪酬水平策略)。即企业在制定薪酬水平策略时不考虑市场和竞争对手的薪酬水平,只考虑尽可能节约企业生产、经营和管理的成本,这种企业的薪酬水平一般比较低。采用这种薪酬水平的企业一般实行成本领先战略。

(4)混合型薪酬。这一策略就是在企业中针对不同部门、不同岗位、不同人才采用不同的薪酬战略。比如对于企业核心与关键性人才和岗位的策略采用市场领先型薪酬策略,而对一般人才、普通岗位则采用非领先的薪酬水平策略。

2. 影响薪酬水平的因素

影响薪酬水平的因素很多,概括起来主要有以下三类:外部环境因素、内部影响因素和员工个人因素,详见表6－2所示。

表6－2 影响薪酬水平的因素

外部环境因素	内部环境因素	员工个人因素
政治因素 经济因素 生产力因素 技术因素 其他因素	组织的发展阶段 企业规模、经营战略 组织的经济效益、支付能力 组织的经营管理水平和竞争力 组织文化和经营者的理念 组织的薪酬制度等	个人需要 年龄与年资 绩效与经验 受教育程度 专业技能 劳动态度 工作能力 发展潜力等

第二节 景区薪酬体系的设计

员工为景区企业工作的动力有很多,但是薪酬无疑是最直接的一种动力。薪酬管理是景区企业经营管理工作的焦点之一。薪酬体系是指薪酬中相互联系、相互制约、相互补充的各构成要素形成的有机统一体。薪酬体系设计是薪酬管理的"骨骼",以此为基础展开的薪酬管理工作,直接牵动着景区企业的运营效率。因此,如何成功地设计薪酬体系显得异常重要。

一、景区薪酬设计的基本程序

(一)薪酬体系设计的模型

景区组织在设计战略型薪酬体系时,可从战略、制度和技术操作三个层面来考虑,即美国布朗德提出的以战略为导向的薪酬管理体系模型,如图6－1所示。

这个模型显示出薪酬体系设计的逻辑结构,表明组织薪酬需要纳入组织战略发展的大系统,才能使薪酬体系有效地发挥作用。一般组织在薪酬设计时,比较关注制度层面和技术层面,而对战略层面考虑得不是很多。

(二)景区薪酬体系设计的原则

1. 公平性原则

公平性原则,是指员工对于景区组织薪酬管理制度以及管理过程的公平性、公正性的看法和感知。公平原则是景区人力资源薪酬制度的基本原则。合理而公平的薪酬可以充分调动景区员工的积极性,同时也可以相对减少劳动纠纷。景区薪酬制度的公平性原则主要体现在以下几个方面。

(1)内部公平。内部公平,是整个景区组织内部员工的一种心理感受,景区的

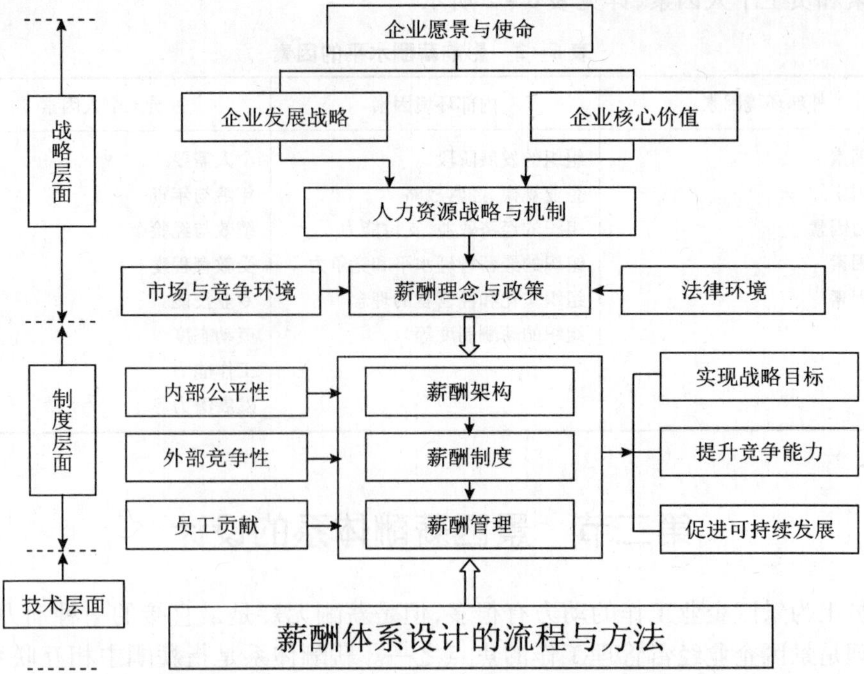

图 6－1　布朗德战略导向的薪酬管理体系模型

薪酬制度制定以后，首先是要景区内部员工表示认可。景区内不同工作岗位之间的薪酬公平，可以通过岗位评价衡量；内部公平要求同种工作岗位员工的薪酬应公平，即同工同酬；由于不同员工的资历、技能、绩效等存在个体差异，即使同种工作岗位上的不同员工，所获得的公平报酬在数量上也是有差异的。即按劳分配，它可以通过绩效考评来实现，这些统称为内部公平。

(2)外部公平。外部公平，是指与同行业其他景区，特别是带有竞争性质的景区相比，景区所提供的薪酬应是具有竞争力的，只有这样，才能保证在人才市场上招聘到优秀人才，也才能留住现有的优秀员工。为了达到外部公平，管理者往往要进行大量的薪酬调查。

(3)过程公平。过程公平，是指员工对景区薪酬制度执行过程的严格性、公正性和公开性表示认可的感受。

(4)结果公平。结果公平，是指员工对自己最终所获得的薪酬多少产生的公平感受。

2. *激励原则*

行为科学理论对薪酬的激励效应进行了大量研究。有效的景区薪酬制度应该能够激励员工努力工作，多作贡献，有利于吸引、留住和激励员工。薪酬的激励性要求在内部各类、各级职务的薪酬水平上，适当拉开差距；在薪酬形式的选择、薪酬结构的设计时要注重绩效薪酬、内在薪酬的作用，真正体现薪酬的激励效果。激励的过程理论强调员工如何受到激励去努力工作的。

(1)个人能力激励。不同的员工能力是有差距的，因而贡献也是不同的。如果贡献大者与贡献小者得到的报酬一样，表面上平等但实际上是不公平的。因此，好的工作绩效会得到期望的奖励，激励作用才会发生。

(2)团队责任激励。在有些情况下，简单的高薪并不能有效地激励员工，一个能够让团队发挥能力和责任的机制、一个努力得越多就回报越多的机制，才能起到团队责任激励的作用。

3. 竞争原则

景区员工素质整体偏低和优秀人才流失问题已经是景区人力资源管理中的一大难题。因此，景区要想吸引到优秀人才，同时稳定员工队伍，减少优秀人才流失，保证服务质量，就必须设计具有竞争力的薪酬制度。即景区各个职位的薪酬与同行业、同地区或者同等规模其他景区的相似职位相比，具有竞争力。因此，在具体设计薪酬制度前，要先对同一行业、同一地区的其他景区薪酬水平进行调查，再结合景区的其他条件，确定有竞争力的薪酬制度。

(1)薪资水平领先。根据调查，高薪对于优秀人才具有不可替代的吸引力，因此，企业在人才市场上提供较高的薪资水平，无疑会增加企业对人才的吸引力。但是，景区企业的薪酬标准在市场上处于一个什么位置，要视企业财力、所需人才的可获性等具体条件而定。竞争力是一个综合指标，有的企业靠其良好的声誉和社会形象，在薪酬方面只要满足公平性要求也能吸引一部分优秀人才。

(2)薪酬价值取向。目前，我国劳动力市场供求状况的总趋势是供大于求，但就某种类型的人才来说，可能会出现供不应求的现象，如高级管理人员与专业技术骨干人员，尚属稀缺人才。从合理的薪酬价值取向看，这两类人才不仅有较高的货币性要求，而且有较高的非货币性要求。所以，在制定一套对人才具有吸引力并在同行业中具有竞争力的薪酬制度时，要考虑他们全方位的要求。

(3)薪资结构多元。专家们指出，单一的工资制是没有前途的，令人向往并能让人超水平发挥的是多元化分配机制。因为景区企业薪酬管理者不是在为一个人的岗位付钱，而是在为一个人的工作价值付钱。实践证明，灵活、多元化的薪酬结构也越来越引起人们的兴趣，是企业员工薪酬的竞争性要素。

4. 适应需求原则

马斯洛(A. Maslow)将人的多种多样需求分为五个层次，从低到高依次为：生理需要(维持生存、达到温饱)、安全需要(人身安全、财产安全)、社交需要(社会交往)、自尊需要(受到社会的认可和尊重)、自我实现需要(实现自我价值)。马斯洛认为,只有当人的低层次需要得到满足后,才会产生更高层次的需要。这也是人类需要的普遍规律。因此,景区在制定薪酬制度时,要充分考虑员工的不同需要,适应不同的需求。

5. 合法原则

(1)法律、法规。景区薪酬制度首先要符合国家和地区的有关政策、法规,保障员工的基本合法利益。尤其是国家的相关强制性规定,在薪酬设计中是不能违反的,如国家有关最低工资的规定、有关员工加班加点的工资支付问题、社会强制保险、福利等,企业必须遵守。因此,在对景区人力资源岗位进行工作分析时,就景区人力资源管理者特别是薪酬管理者的资格要求,加入了必须接受国家有关法律、法规,特别是劳动法律、法规的培训,这是非常必要的。

(2)企业制度。企业的薪酬制度不仅要符合现行的国家政策和法律、法规,也要符合本企业的管理制度。一个关键的原则就是:薪酬中的大部分比例与工作表现直接挂钩。

二、景区薪酬体系设计的流程

典型的基本薪酬制度设计分为七个步骤,如图6-2所示。

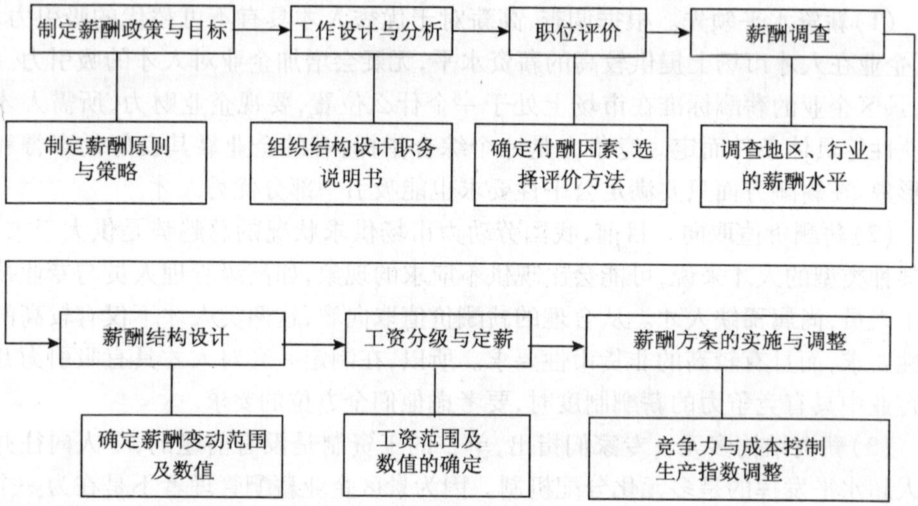

图6-2 薪酬体系设计流程图

1. 制定薪酬目标与原则

薪酬设计首先要明确企业的薪酬目标,薪酬目标与原则是景区企业文化的重要组成部分，也是基本薪酬设计的前提。它包括对员工人性的认识，对员工总体价值的正确评价，对管理人员及高级技术人才所起作用的正确估计等一系列景区企业核心价值观。景区企业要明晰真正实现按照员工对景区企业的贡献进行分配才是最大的公平，并由此产生有关工资分配的政策，如工资等级之间的差距，工资、奖金、福利费用的分配比例等。

2. 工作设计与分析

工作分析是建立工资制度的依据。它是采用一定的技术方法，在全面调查和分析组织中的各种工作任务、职责等情况后对各种工作性质及其特征进行描述，并对担任工作所需具备的资格条件进行规定，形成所有职务的说明与规格等文件。

3. 职位评价

职位评价，是确保薪酬系统达成公平性的重要手段，职位评价以工作分析为基础，评定每个工作岗位在景区企业中的相对位置，并由此作为员工等级和工资分配的依据。

4. 薪酬调查

景区企业要吸引和留住员工，需要保证薪酬的外部公平性。因此，要组织力量进行薪酬调查，了解和掌握本地区、本行业的薪酬水平状况，特别是竞争对手的薪酬状况，作为本企业薪酬设计的重要参考依据，以确保组织的薪酬水平对外具有一定的竞争能力。

5. 薪酬结构设计

根据工作评价与薪酬调查的结果，以及景区组织的实际情况，可以确定本组织各个岗位的薪酬结构。它是指一个景区企业组织结构中各个岗位的相对价值与其对应的实付薪酬之间的关系。在企业进行薪酬结构设计时，往往要综合考虑五方面因素：一是职位等级；二是个人的技能和资历；三是工作时间；四是个人绩效；五是福利待遇。

6. 工资分级与定薪

职位评价后，景区企业应根据其确定的工作价值，将众多类型的职务工资归并组合成若干等级，形成一个工资等级（或职称级）系列。通过这一步骤，就可以确定景区企业内每个职务具体的工资范围，保证职工个人的公平性。

7. 薪酬方案的实施与调整

薪酬方案出台后，关键还在于实施。在实施过程中，如何使薪酬方案更好地调动员工的积极性，更能够适应企业的生产经营和发展，需要景区企业根据制度运行状况和经营环境变化对薪酬体系进行灵活的调整，使其更好地发挥薪酬管理的作用。

拓展知识

薪酬策略与企业成长阶段的关系

企业成长阶段	薪酬策略	薪酬组合	经营战略
迅速发展阶段	激励创业	高额基本薪资、中高等奖金与津贴、中等福利	以投资促发展
正常发展至成熟阶段	奖励管理技巧	平均基本薪资、较高比例的奖金和津贴、中等福利水平	保持利润和保护市场
无发展和衰退阶段	着重于成本控制	较低基本薪资，与成本控制相结合的奖金，标准福利水平	收获利润并向别处投资

三、景区薪酬调查

（一）景区薪酬调查的概念及目的

景区薪酬调查，就是通过一系列标准、规范和专业的方法获取相关景区组织各职务的薪酬水平及相关信息。

薪酬调查的目的是为了保证组织薪酬等级制度的外在公平性。对薪酬调查的结果进行统计和分析，景区组织可以得到薪酬管理决策的有效依据。景区组织要吸引和留住员工，不但要保证景区组织薪酬制度的内在公平性，而且要保证薪酬制度的外在公平性。

薪酬调查包括：外部市场薪酬调查和企业员工薪酬满意度调查。

外部薪酬调查是薪酬设计中的一个难点问题，但由于各旅游景区组织内部岗位的设置并非完全与外部组织的岗位设置完全相同和景区组织本身岗位的一些特性，故外部薪酬调查结果只具有一定的参考性。

内部薪酬调查（企业员工薪酬满意度调查）

表 6－3　薪酬满意度调查内容

薪酬满意度调查内容	对薪酬水平的满意度
	对薪酬结构、比例的满意度
	对薪酬差距的满意度
	对薪酬决定要素的满意度
	对薪酬发放方式的满意度
	对薪酬调整的满意度
	对工作本身（如自主权、成就感、工作机会等）的满意度
	对工作环境（如企业管理、工作时间、办公设施等）的满意度

（二）薪酬调查的原则

在进行薪酬调查时，要注意以下原则：在受调查景区企业自愿的情况下获取薪酬数据；调查的资料要准确；调查的资料要随时更新。

（三）薪酬调查的渠道

常见的渠道有：各类景区企业之间的相互调查；委托专业机构进行调查；从公开的信息中了解，如国家及地区统计部门、劳动人事机构等公开发布的资料，图书及档案馆中的统计年鉴、政府和企业的其他公开信息等；通过其他景区企业来本企业的应聘人员可以了解一些该企业的薪酬状况。

（四）薪酬调查的实施步骤

1. 确定调查目的

寻找薪酬设计的参考依据；比较景区企业现行薪酬结构与市场结构的差异，进而对本景区企业薪酬结构进行调整，以保持本企业薪酬的竞争力，避免人才流失；显示不同职级之间的薪酬差异，为本企业制定薪酬政策提供必要依据；为景区确定合理的人工费用提供必要参考资料。

2. 确定调查范围

同行业中同类型和不同类型的其他景区；其他行业中有相似工作的景区；录用同类员工，可构成竞争的相关景区企业；工作环境、经营策略、薪酬与信誉均处于一般标准的景区企业。

3. 选择调查的方式

调查的目标不同、对象不同，所需的信息及使用的方法是有差异的，一些较明确、简单、规范的岗位只需简单的信息就可实现目标，如组织之间相互调查、公开信息的调查。反之，则需使用较为复杂的调查方法，如问卷调查法、访谈法等。

4. 整理和分析调查数据

薪酬调查的数据一定要真实、可靠，在统计分析时应选用那些可靠的数据。统计分析的方法有数据排列、频率分析、回归分析、制图等。薪酬调查的结果，是根据调查数据绘制的薪酬曲线。通过薪酬调查，可以了解同行业和相关劳动力市场的流行工资率。了解当地的薪酬水平，将本景区的薪酬水平与之比较，并进行合理调整，为本景区的薪酬决策提供参考。

拓展知识

杭州西溪湿地公园薪酬满意度调查示例

为了配合企业的薪酬改革，了解本公司目前薪酬管理中存在的不足，特组织本次薪酬调查。为了解员工在薪酬方面的真实想法和建议,本薪酬调查可署名,也可不署名,而且在取得调查结果后立即销毁。因此,希望所有员工积极支持,本着认真负责和客观的态度完成本问卷,于×月×日前交人力资源部,谢谢!

姓名:　　(可以不填)　　所在部门:　　(可以不填)

年龄:　　性别:　　入职年限:　　职位:

学历:　　职称:　　户口所在地:

1. 您对自己目前的薪酬水平:

(1)非常满意　(2)比较满意　(3)一般　(4)不满意

(5)非常不满意

2. 您认为现有的薪酬制度公平吗?

(1)非常公平　(2)比较公平　(3)一般　(4)不公平

(5)非常不公平

如果选择(4)(5)项,请说明具体原因:

3. 请在本公司下列职务类别中选出三个您认为薪酬过高的(按顺序):

(1)财务部　(2)市场部　(3)景区管理部　(4)人力资源部

(5)车船部　(6)农耕部　(7)商业餐饮部　(8)招商物业部

(9)工程部　(10)信息部

4. 您对公司目前的福利状况:

(1)非常满意　(2)比较满意　(3)一般　(4)不满意

(5)非常不满意

5. 您认为与同行业其他公司相比,本公司的薪酬:

(1)很高　(2)比较高　(3)差不多　(4)偏低

(5)很低

6. 与本部门相似资历的员工比,您对自己的薪酬水平:

(1)相当满意　(2)比较满意　(3)差不多　(4)不满意

(5)非常不满意

7. 与其他部门相似资历的员工比,您对自己的薪酬水平:

(1)非常满意　(2)比较满意　(3)一般　(4)不满意

(5)非常不满意

8. 与其他公司相比,您认为目前本公司经理级人员的薪酬比普通员工来说:

(1)太高　(2)偏高　(3)合理　(4)偏低

(5)太低

9. 与其他公司相比,您认为目前本公司主管级人员的薪酬比普通员工来说:

(1)太高　(2)偏高　(3)合理　(4)偏低

(5)太低

10. 您能很明确地知道自己的月总收入是由哪几部分组成的吗?

(1)是,很清楚　　(2)部分项目不清楚　　(3)完全不清楚

11. 您知道您身边同事的收入水平吗?

(1)是的,非常清楚　　(2)比较清楚　　(3)不太清楚　　(4)完全不知道

12. 您认为薪酬保密好,还是透明好?

(1)保密　　(2)无所谓　　(3)透明

13. 您觉得公司员工辞职的原因:

(1)因为薪酬而直接导致　　(2)和薪酬有一定关系

(3)不明确　　(4)与薪酬关系不大　　(5)绝对与薪酬无关

14. 您认为本公司的薪酬结构中最不合理的部分是:

(1)基本工资　　(2)绩效工资　　(3)涨幅工资　　(4)年资

(5)福利　　(6)津贴　　(7)加班工资

请简要说明理由:

15. 如果公司有6 000元要发给您,您认为哪种发放方式对您的吸引力大?

(1)一次发放　　(2)按月平均,每月500元

16. 如果公司要制定一个新的薪酬制度,您对新的薪酬制度的建议:

17. 您认为目前薪酬制度对员工的激励:

(1)很好　　(2)较好　　(3)一般　　(4)较差

(5)非常差

18. 您认为多长时间调整一次薪酬比较合理?

(1)三个月　　(2)半年　　(3)一年　　(4)二年

(5)二年以上

19. 如果要降低您的薪酬,您觉得多少比例是您可以忍受的极限?

(1)5%　　(2)10%　　(3)15%　　(4)20%　　(5)25%

20. 在过去的工作中,您感觉自己的努力在薪酬方面有明显回报吗?

(1)有　　(2)没有　　(3)有,但不明显

21. 您认为决定工资最重要的因素是(请按顺序列出前五位):

(1)个人业绩　　(2)个人能力　　(3)学历　　(4)职称

(5)职位　　(6)资历　　(7)专业　　(8)工作复杂程度

(9)工作中承担的责任和风险

22. 您认为薪酬收入中浮动部分(涨幅工资)占总收入的比例应该为:

(1)5%　　(2)10%　　(3)15%　　(4)20%

(5)25%　　(6)30%　　(7)35%或以上

第三节 景区薪酬管理

一、薪酬管理的含义

薪酬管理，是指景区企业在经营战略和发展规划的指导下，综合考虑内、外部各种因素的影响，确定自身的薪酬水平、薪酬结构和薪酬形式，并进行薪酬调整和薪酬控制的整个过程。同时，作为一种持续的组织过程，景区企业要不断地制订薪酬计划，拟订薪酬预算，就薪酬管理问题与员工进行沟通，并对薪酬体系的有效性做出评价后不断予以完善。

全面理解薪酬管理的含义，需要注意下列问题：

(1)薪酬管理要在企业经营战略的指导下进行，作为景区人力资源管理的一项重要职能，它必须服从和服务于企业的经营战略，要为实现企业战略提供有力的支持。

(2)薪酬管理的内容不单是及时、准确地给员工发放薪酬，还涉及确定薪酬水平、结构和形式等一系列决策，是一项非常复杂的活动。

(3)薪酬管理的目的不仅是让员工获得一定的经济收入，还要引导员工的工作行为、激发员工的工作热情，不断提高他们的工作业绩。

二、薪酬管理的内容

1. 薪酬的目标管理

薪酬的目标管理，即薪酬应该怎样支持企业的战略，应该如何满足员工的需要。

2. 薪酬的水平管理

薪酬的水平管理，即薪酬要满足内部一致性和外部竞争性的要求，并根据员工的绩效、能力特征和行为态度进行动态调整，包括确定管理团队、技术团队、营销团队和生产团队等的薪酬水平，确定外派员工的薪酬水平、稀缺人才的薪酬水平，以及与竞争对手相比的薪酬水平。

3. 薪酬的体系管理

这不仅包括基础工资、绩效工资、期权和期股的管理，还包括如何给员工提供个人成长空间、工作成就感、良好的职业预期和就业能力管理。

4. 薪酬的结构管理

薪酬的结构管理，即正确划分合理的薪级和薪等，正确确定合理的级差和等差，还包括如何适应组织结构扁平化和员工岗位大规模轮换的需要，合理地确定工资的结构组成。

5. **薪酬的制度管理**

薪酬的制度管理,即薪酬决策应在多大程度上向所有员工公开和透明化,谁负责设计和管理薪酬制度,该如何设计和建立薪酬管理的预算、审计和控制体系。

拓展知识

薪酬管理的相关理论

一、经济学家提出的相关理论

1. 维持生存工资理论

最初是由古典经济学创始人威廉·配第提出的,他把工资和生活资料的价值联系起来,提出工资是维持工人生活所必需的生活资料的价值。这一见解,后来,就成了古典经济学派关于一般工资理论的基础。18世纪初的法国经济学家弗朗斯瓦·魁奈和杜尔格以及后来的英国经济学家亚当·斯密和大卫·李嘉图在此基础上有所发展。亚当·斯密认为,工资水平的高低取决于财产所有者即雇主与劳动者的力量对比,并分析了决定劳动需求的因素。李嘉图提出,工资具有自然价格和市场价格。

2. 工资基金理论

约翰·斯图亚特·穆勒等人提出工资基金理论。这一理论认为,如果雇用劳动者的就业总基金没有增加,或者如果竞相就业的人数不减少,工资(总金额)是不可能增加的;同理,如果用做支付劳动力的资金不减少,或者,如果领取工资的劳动力人数不增加,工资是不会下降的。因此,工资决定于劳动力人数和用于购买劳动力的资本或其他资金之间的比例,简言之,可说成工资决定于资本。

二、马克思主义经济学的工资决定理论

1. 社会主义工资仍以按劳分配为基本原则,但要借助于商品、货币、价值和市场等范畴来运行。

2. 企业是独立的经济实体,所以工资分配应以企业为单位(不能以全社会为单位),企业有工资决定与分配的自主权。

3. 决定劳动者个人工资水平的因素不再是单纯的个人劳动量,而是由企业的有效劳动量与个人劳动贡献双重因素决定。

4. 工资水平取决于劳动力市场劳动供求状况与经济效益。

5. 建立工资谈判机制,工资水平及其增长,以及工资构成等由劳动力和市场主体(劳动关系主体)双方谈判决定。

三、人力资本理论

人力资本理论的渊源:古典经济学家亚当·斯密、近代经济学家阿尔弗雷德·

马歇尔、美国经济学家西奥多·舒尔茨、加里·贝克尔。资本的两种形式:物质资本和人力资本,人力资本是通过人力资本投资形成的。人力资本投资的目的:从国家及企业等单位来说是为了经济的增长,对劳动者个人来说是为了现在获得效用,得到满足,也是为了未来获得效用,得到满足。人力资本理论为经营管理者、生产者阶层参与剩余权益分配提供了坚实的理论基础。舒尔茨认为,人力资本包括教育、保健和人口流动投资,这种投资形成的“人力资本”为个人所有,它应当和物质资本一样,在补偿其实际消耗后,继续享有企业剩余索取权,以体现投资回报的公平性、合理性。舒尔茨认为,人力资本是一种比物质资本更能推动经济增长的资本,对企业收益的贡献也大大高于物质资本。

四、边际生产率工资理论

劳动的边际生产率这一概念由约翰·贝次·克拉克提出。由于存在边际生产率递减的规律,对劳动的雇用数量并非越多越好。按照边际生产率概念,工资取决于劳动边际生产率,边际劳动生产率工资理论开创了工资问题研究的新时代。

五、供求均衡工资理论

供求均衡工资论的创始人是阿尔弗雷德·马歇尔,他在名著《经济学原理》中以均衡价格论为基础,从生产要素的需求与供给两方面来说明工资水平的决定。他认为,各种生产要素(劳动、土地、资本等)都可视为商品,而要素收入(工资、地租和利息等)都表现为这些商品的价格。作为价格,它们也都取决于市场供求方面的均衡力量,即取决于要素的边际产出与要素供给者的边际负效用之间的某种均等关系。

六、集体谈判工资理论

随着劳动力市场双方组织力量的成长,工资分配越来越取决于市场不同主体力量的对比,取决于市场均衡之外的交涉和权利斗争。因而以集体谈判为背景的工资理论逐渐发展起来了,其中较著名的有庇古(Arthur Cecil Pigou)的范围论等。在谈判过程中,经过提议、让步和讨价还价的一系列过程,劳方逐渐降低工资期望值,雇主也不得不做出让步。而最终确定的工资率则取决于双方的谈判技巧和谈判实力。

七、效率工资理论

效率工资理论的基本观点是工人的生产率取决于工资率,工资通过刺激效应、逆向选择效应、劳动力流通效应和社会伦理效应产生影响。

八、利润分享理论

美国经济学家马丁·韦茨曼把雇员的报酬制度分为传统工资制和分享利润制。后者是把工人的工资与某种能够恰当反映厂商经营的指数相联系。分享制度意味着新增每一单位劳动的收入都由资本家与工人按比例分享。在分享制度下,工资和产品价格成正比，分享利润制对企业绩效的影响或许可体现在三个方面：劳动力供给、劳动力生产技能和强化了员工与管理者之间的认同。

三、薪酬管理的作用

薪酬管理是景区人力资源管理的一种重要职能活动，同时是一项影响企业经营目标实现程度的战略管理活动。有效的薪酬管理具有重要的促进作用。

（一）吸引和保留优秀员工

这是薪酬管理最基本的作用，景区企业支付的薪酬，是员工最主要的经济来源，这是他们生存的重要保证。一项调查结果显示，在企业各类人员所关注的问题中，薪酬问题排在了最重要或次重要的位置（见表6－4）。薪酬管理的有效实施，能够给员工提供可靠的经济保障，从而有助于吸引和保留优秀员工。

表6－4　企业各类人员关注的问题

重要性排序	管理者	专业人员	事务人员	钟点工
1	薪酬	晋升	薪酬	薪酬
2	晋升	薪酬	晋升	稳定
3	权威	挑战性	管理	尊重
4	成就	新技能	尊重	管理
5	挑战性	管理	稳定	晋升

资料来源：[美]迈克尔·比尔等．管理人力资本．北京：华夏出版社，1999：143．

（二）实现对员工的激励

按照心理学的解释，人们的行为都是在需要的基础上产生的，对员工进行激励的支点就是要满足他们未实现的需要。马斯洛（A. Maslow）的需求层次理论指出，人们有五个层次的需求，有效的薪酬管理能够不同程度地满足这些需要，从而可以实现对员工的激励。员工获得的薪酬，是他们生存需要满足的直接来源；没有一定的经济收入，员工就不可能有安全感，也不可能有与他人进行交往的物质基础。此外，薪酬水平的高低也是员工绩效水平的一个反映，较高的薪酬表明员工具有较好的绩效，这可以在一定程度上满足员工尊重和自我实现的需要。

（三）改善企业的绩效

薪酬管理的有效实施，能够对员工产生较强的激励作用，从而提高他们的工作绩效，而每个员工个人绩效的改善将使景区整体的绩效得到提升。

(四)塑造良好的企业文化

良好的企业文化对于企业正常运转具有重要作用,而有效的薪酬管理则有助于塑造企业文化。首先,薪酬是进行企业文化建设的物质基础,员工的生活因此能得到有效保障;其次,企业的薪酬政策本身就是企业文化的一部分内容,如奖励的导向、公平的观念等;最后,企业的薪酬政策能够对员工的行为和态度产生引导作用,从而有助于企业文化的建设。

四、薪酬管理的原则

(一)适度性原则

薪酬体系应接受成本控制,在成本许可范围内制定,并要有上限和下限,以便于在一个适当区间内浮动。

(二)公平性原则

考虑员工的绩效、能力及劳动强度、责任、外部竞争性、内部一致性等因素,使员工感受到薪酬的内部公平、外部公平和个人公平。

(三)合法性原则

薪酬要符合国家相关法律,同时还要使大多数员工知晓并认可。

(四)激励性原则

薪酬能激发员工的工作积极性。薪酬与员工的贡献挂钩。

(五)动态性原则

薪酬管理应坚持动态性原则,根据环境因素的变动随时进行调整,以确保企业薪酬的适应性。表现在两个方面:一是企业整体的薪酬水平、薪酬结构和薪酬形式要保持动态性;二是员工个人的薪酬要有动态性,要根据员工个人职位的变动、绩效的表现进行适当调整。

五、景区薪酬管理与景区人力资源管理其他职能的关系

薪酬管理作为现代景区人力资源管理的一个重要组成部分,必须与其他人力资源管理职能紧密结合,才能发挥出最大效用。

(一)薪酬管理与工作分析

职位说明书来源于工作分析,它对员工的岗位薪酬起到直接的影响作用。在现代薪酬管理中,以岗位为主的薪酬体系是目前应用最普遍的一种薪酬体系,其中岗位薪酬占最重要的薪酬部分。

(二)薪酬管理与员工的招聘和甄选

薪酬管理与员工的招聘和甄选活动之间存在一种相互影响的关系。一方面,旅游景区的薪酬设计会对景区的招聘和甄选工作的速度、所获得员工的数量、质量

及人格特征产生影响。另一方面,旅游景区所要招聘员工的类型、知识、经验及能力水平的高低等,又会直接影响到组织的薪酬水平和薪酬结构。

(三)薪酬管理与培训开发

对员工的培训、开发及职业生涯设计已经成为旅游景区核心竞争力的一个重要源泉。薪酬管理对于景区企业的培训开发活动能够起到很好的支持和引导作用:薪酬体系的合理设计有助于引导景区员工主动接受培训、努力进行自我技能开发、不断巩固和提高自身的业务素质,从而增强员工的适应能力,帮助景区获得和保持竞争优势。

(四)薪酬管理与绩效管理

薪酬管理和绩效管理是现代旅游景区人力资源管理的两个核心内容,绩效评价指标体系的建立、绩效目标的制定、绩效监督及绩效评价与反馈机制是任何一家现代组织得以实现目标及持续发展的重要动力。景区企业的绩效文化要想得到贯彻,必须得到相应的绩效薪酬制度来支持和配合。

综上所述,薪酬管理是整个旅游景区人力资源管理系统及组织运营和变革过程中的一个重要组成部分,它与旅游景区其他人力资源管理职能共同构成景区企业的愿景,以及公司总体战略目标得以实现的一个平台。

拓展知识

IBM公司的薪酬与福利项目

IBM作为世界一流的高科技企业,一直致力于其薪酬福利体系的完善,以增强企业吸纳、保留和激励优秀人才的能力。IBM(中国)的薪酬主要由以下部分构成:

基本月薪——对员工基本价值、工作表现及贡献的认同;

综合补贴——对员工生活方面基本需要的现金支持;

春节奖金——农历新年前发放,使员工过个富足的新年;

休假津贴——员工报销休假期间的费用;

浮动奖金——当公司实现既定的效益目标时发放,以鼓励员工的贡献;

销售奖金——对销售及技术支持人员在完成销售任务后的奖励;

奖励计划——对员工由于努力工作或有突出贡献时的奖励;

住房资助计划——公司提取一定数额存入员工个人账户,以资助员工购房,使员工能在尽可能短的时间内用自己的能力解决住房问题;

医疗保险计划——员工医疗及年度体检的费用由公司解决;

退休金计划——积极参加社会养老统筹计划,为员工提供晚年生活保障;

其他保险——包括人寿保险、人身意外保险、出差意外保险等多种项目,关心员工每时每刻的安全；

休假制度——鼓励员工在工作之余充分休息，在法定假日之外，还有带薪年假、探亲假、婚假、丧假等；

员工俱乐部——公司为员工组织各种集体活动，以加强团队精神，提高士气，营造大家庭气氛，包括各种文娱、体育活动、大型晚会、集体旅游等。

六、景区薪酬制度

（一）概念

薪酬是景区对员工所付出劳动的一种肯定，是景区支付给员工的各种财务报酬。景区薪酬制度是指景区组织的工资制度，且是关于景区组织标准报酬的制度，它是以景区员工劳动的熟练程度、复杂程度、责任及劳动强度为基准，按照员工实际完成的劳动定额、工作时间或劳动消耗而计付的劳动薪酬。

传统的薪酬理论强调直接经济报酬，特别是货币工资。随着景区组织制度和管理模式的改革，员工的报酬成分发生了实质性变化，间接经济报酬和非经济报酬的部分越来越重要，另外，精神报酬也日益成为关注的焦点。因此，现代薪酬既包括货币工资，也包括一些间接性的经济报酬，如保险、补贴、带薪休假等。同时，还包括非经济报偿，如员工对工作及工作环境的认同感及满足感。

景区薪酬制度是景区通过与员工互动、了解员工需要来建立一套完整、系统、高效、科学的薪酬制度体系，以达到吸引员工、留住员工、激励员工，进而提高景区经济效益和市场竞争力的目的。

拓展知识

一些国家的薪酬制度

一、美国的薪酬制度

美国从全球高薪吸引所需要的人才，造成今天的美国各行业高管天价的薪酬。普通员工的工资也较日本高出很多。

1. 没有全国统一的薪酬制度和标准，但国家规定了最低薪酬水平，进行薪酬调查和提供消费物价指数。

2. 实行弹性和激励性的薪酬制度。

3. 薪酬级别多，级差小。

4. 升级频繁，有的企业每年进行升级，升级时进行严格考核。

5. 最高薪酬与最低薪酬的差别较大，前者是后者的十几倍乃至几十倍，且薪酬受种族、性别等因素影响。

员工的薪酬收入一般由基本薪酬、激励性薪酬和福利津贴三部分组成。美国的津贴福利约占基本薪酬的20%，它主要有劳动时间内的额外报酬、劳动时间外的报酬、保健费和保险费三类。

二、日本的薪酬制度

以行为科学理论为基础，实行年功序列薪酬制，稳定职工队伍，协调劳资矛盾。奖励以发明创造奖和年终奖为主，激励职工学习技术，一般不实行经常性的生产奖。职工升级既按年头，又加考核，从而减少了单纯论资排辈的副作用。

职工的基本薪酬由资历薪酬（年龄＋工龄＋学历）和能力薪酬（职务＋职能）构成。年功序列薪酬制以劳动等价报酬和生活补偿为原则。

企业若经营亏损，则领导干部带头降薪酬。职工的基本薪酬随职工本人的年龄和企业工龄的增长而每年增长，而且增加薪酬有一定的序列，故称年功序列薪酬制。

日本的奖金制度，首先是独立于薪酬制度的奖金制度；其次，日本企业也十分重视逐步提高职工的福利待遇；再次，日本企业为了充分发挥全体职工的积极性和创造性，增强企业的活力，还设立了多种类型的奖励。此外，还有新技术、新产品开发奖，质量奖，发明奖，技术革新奖，等等。

目前，许多日本产业都趋向于实施改革能力薪酬制，这是薪酬制度改革的新趋势。

三、新加坡的薪酬制度

新加坡的薪酬水平较高，它的社会福利制度非常完善。新加坡基于培训和内在薪酬的具体措施包括：鼓励终身学习和终身培训；注意创新能力的培养；专注于提高员工的个人技能。

1. 通过集体协议确定薪酬幅度或薪酬级别，薪酬级别多，顶薪与底薪差别大。

2. 常年加薪及其增长率预先在有效期为2～3年的集体协议中确定，几乎所有雇员都自动享有常年加薪。

3. 每年的工理会薪酬调整用于补足常年加薪。

4. 企业一般都支付常年薪酬补贴。

5. 表现优异的工人可以得到优异表现加薪，计入正常的常年加薪。

6. 常年加薪、优异表现加薪和工理会薪酬调整。

四、中国特色的薪酬制度

古人的智慧——俸禄制：俸禄制度是古代官吏制度的重要内容。古代统治阶级十分注重利用俸禄制度的设计来强制、激励、调节官吏的工作行为。

新中国成立以来企业工资制度发展历程：

第一阶段（1949—1952年）：供给制与旧工资制度并存阶段；

第二阶段(1952—1956年):工资分制时期;

第三阶段(1956—1985年):等级工资制时期;

从1985年开始对我国传统工资制度实行结构性改革。

明晰国有企业产权、培育劳动力市场、建立"工资集体谈判"机制;政府加强对收入分配的间接宏观调控。

五、德国的薪酬制度

1. 工人的基本薪酬制度是岗位等级工资制度。

2. 管理人员的报酬大致包括:固定年薪、浮动收入和养老金预支。从全国范围看,相同层次的管理人员,有时年薪会相差很多,年薪的多少一般取决于企业规模和企业经营状况。

3. 薪酬增长的确定:在德国,薪酬每年都随着国民经济的增长、劳动生产率的提高、物价的调整及就业状况而增加。增幅主要由工会和雇主协会在无国家直接干预的情况下,按行业、分地区进行劳资双方谈判确定。

4. 政府对薪酬决定的间接调控。德国政府对公司制企业的薪酬分配采取不干预、不介入的态度,但也通过一些手段对薪酬分配产生间接影响。如:政府在每年年初发布年度经济报告,可以通过劳工和社会秩序部宣布某一个劳资协议对整个行业有约束;运用就业政策平衡劳动力市场的供求关系,从而影响劳动力的价格;通过控制货币发行量、调整利率和汇率的手段,影响薪酬增幅等。

(二)基本工资的类型

基本工资制度,也称工资等级制度,就是根据劳动的复杂程度、繁重程度、责任大小等因素划分等级,按等级规定工资标准的准则和方法。

基本工资制度主要包括以下几种类型:计时工资制度、销售提成制度、技术等级工资制度、岗位或职务等级工资制度、结构工资制度、岗位技能工资制度、薪点工资制度等。

1. 计时工资制度

计时工资制度是按照员工的技术熟练程度、劳动繁重程度和工作时间的长短计算和支付工资的一种分配形式。它由两个因素决定:一是工资标准;二是实际工作时间。计时工资可分为:月工资制、日工资制和小时工资制。

计时工资由以下三个要素构成:计量劳动与支付报酬的时间单位;计量劳动量与相应报酬的技术标准;劳动者所付出的实际有效劳动时间。

2. 销售提成制度

销售提成制度,是根据员工所销售产品数量和事先确定的销售单位产品可以得到的提成金额或提成比例计算工资的一种工资制度,提成金额或提成比例的高低取决于商品销售的难易程度,难销售的商品提成多一些,反之则少一些。销售提成制度的选用对象是销售人员。

3. 技术等级工资制度

技术等级工资制度,是一种主要根据技术复杂程度,以及劳动熟练程度划分等级和规定相应的工资标准,然后根据员工所达到的技术水平评定技术(工资)等级和标准工资的一种等级工资制度。技术等级工资制度由工资等级表、工资标准表和技术等级标准等要素组成,适用于技术复杂程度高、工人劳动熟练程度差别大、分工粗和分工物不稳定的工作与岗位。

4. 岗位或职务等级工资制度

岗位或职务等级工资制度,是按照岗位或职务规定工资标准的一种工资制度。它根据各岗位或职务的重要性、责任大小、技术复杂程度等要素,按照岗位或职务评价高低规定统一的工资标准,由岗位或职务等级表、工资标准等组成。岗位或职务等级工资适用于各类企业。

5. 结构工资制度

结构工资制度亦称多元化工资制度、分解工资制度或组合工资制度。它是基于工资的不同功能划分为若干相对独立的工资单元,各单元又规定不同的结构系数,组成有质的区分和量的比例关系的工资结构。其组成部分可以根据劳动结构的划分或多或少,各个组成部分的比例,可以依据生产和分配的需要或大或小,没有固定的格式。一般包括六个部分:基础工资、岗位工资、技能工资、效益工资、浮动工资和年功工资。结构工资适用于企业生产、管理、技术等各类员工。

6. 岗位技能工资制度

岗位技能工资制度,是一种以劳动技能、劳动责任、劳动强度、劳动条件等基本劳动要素为评价依据,以岗位或职务工资和技能工资为主要内容,根据劳动者的实际劳动质量和数量确定报酬的多元组合的工资类型。

7. 薪点工资制度

薪点工资制度,是用点数和点值来确定员工的工资,即员工的工资由薪点数乘以点值确定。企业工资标准表不是用金额表示,而是用薪点表示。薪点工资是一种用量化考核方法来确定报酬的多元组合的工资类型。

特别提示

我国法律关于工资、福利的相关规定

(一)最低工资标准

1993 年国家劳动部以行政规章的形式制定了《企业最低工资规定》,1994 年

《中华人民共和国劳动法》的颁布以国家立法的形式确立了我国最低工资保障制度。2004 年劳动和社会保障部颁布并实施了《最低工资标准规定》，明确最低工资标准是指劳动者在法定工作时间或依法签订劳动合同约定的工作时间内提供了正常劳动的前提下，用人单位依法应支付的最低劳动报酬。此外，在《劳动合同法》中对最低工资标准也有所涉及。

（二）加班加点工资

加班加点工资，是指按照规定支付的加班工资和加点工资。实施标准工时制的，加班是指在休息日和法定节假日上班，加点是指每天超过 8 小时之外的上班时间。

对实行标准工时制的加班加点工资，《劳动法》第四十四条规定：对于单位安排劳动者延长工作时间的，支付不低于工资的 150% 的工资报酬；对于单位在休息日安排劳动者劳动的，单位可安排劳动者进行补休，如果不能安排劳动者补休，则要向劳动者支付不低于 200% 的工资报酬；对于单位在法定休假日安排劳动者工作的，支付不低于 300% 的工资。

（三）个人所得税

个人所得税，是指在中国境内有住所，或者虽无住所但在境内居住满一年，以及无住所又不居住或居住不满一年但有从中国境内取得所得的个人，从中国境内和境外取得的所得，依照《中华人民共和国个人所得税法》规定缴纳个人所得税。它是以个人（自然人）取得的各项应税所得为对象征收的一种税，其中的个人包括中国公民、个体工商户、外籍个人等。

（四）法定福利等

国家依法建立社会保险制度，设立社会保险基金，使劳动者在年老、失业、疾病、工伤、生育时获得帮助和经济补偿，保障他们的基本生活和基本医疗。

1. 福利的特点。社会保险是国家对劳动者履行的社会责任，它具有强制性、保障性、福利性和普遍性等特点，对于保障广大劳动者的合法权益，维护社会安定，促进社会经济发展具有重要作用。

2. 福利的缴纳。社会保险费用是由国家、企业和个人共同承担。依照《劳动法》等有关法规，用人单位为劳动者缴纳社会保险是法定的，不能以任何借口停止缴费。缴费单位未按规定缴纳和代扣代缴的，由劳动保障行政部门或者税务机关责令限期缴纳；逾期仍不缴纳的，除补缴欠缴数额外，从欠缴之日起，按日加收千分之一的滞纳金，滞纳金并入社会保险基金。缴费单位和缴费个人应以货币形式全额缴纳社会保险费。缴费个人应缴纳社会保险费，由所在单位从缴费个人的工资中代扣代缴。

3. 福利缴纳比例。各项社会保险费的缴纳是有一定比例的，而各项福利缴费的基数是一致的，都是由缴费职工的上年工资总额确定的。在岗职工工资总额由计时工资、计件工资、奖金、津贴及补贴、加班加点工资和特殊情况下支付的工资六部分组成。

七、现代薪酬管理发展的趋势

薪酬制度对于景区企业来说是一把"双刃剑"，使用得当，能够吸引、留住和激励人才，而使用不当，则可能给企业带来危机。建立全新的、科学的、系统的薪酬管理体系，对于景区企业在知识经济时代获得生存与竞争优势具有重要意义。

1. 全面薪酬制度

薪酬既不是单一的工资，也不是纯粹货币形式的报酬，它还包括精神方面的激励，比如优越的工作条件、良好的工作氛围、培训机会、晋升机会等，这些方面也应很好地融入到薪酬体系中去。内在薪酬和外在薪酬应当完美结合，偏重任何一方都是跛脚走路。物质和精神并重，这就是目前提倡的全面薪酬制度。

2. 薪酬与绩效挂钩

单纯的高薪并不能起到激励作用，只有与绩效紧密结合的薪酬才能充分调动员工的积极性。而从薪酬结构方面看，绩效工资的出现丰富了薪酬的内涵，过去那种单一、僵死的薪酬制度已经越来越少，取而代之的是与个人绩效和团队绩效紧密挂钩的灵活薪酬体系。

3. 宽带型薪酬结构

工资的等级减少，而各种职位等级的工资之间可以交叉。宽带的薪酬结构可以说是为配合组织扁平化而量身定做的，它打破了传统薪酬结构所维护的等级制度，有利于景区引导员工将注意力从职位晋升或薪酬等级的晋升转移到个人发展和能力的提高方面，给予绩效优秀者比较大的薪酬上升空间。

4. 薪酬激励长期化、薪酬股东化

这项制度旨在留住关键的人才和技术，稳定员工队伍。其方式主要有：员工持股计划、股票增值权、虚拟股票计划、股票期权等。

5. 薪酬管理制度的透明化

关于薪酬的支付方式到底应该公开还是透明，这个问题一直存在比较大的争议。从目前发展情况看，支持透明化的呼声越来越高，因为毕竟保密的薪酬制度使薪酬应有的激励作用大打折扣。而且，实行保密薪酬制度的企业经常出现这样的现象：强烈的好奇心使员工通过各种渠道打听同事的工资额，使刚制定的保密薪酬很快就变成透明的了，即使制定严格的保密制度也很难防止这种现象。既然保密薪酬起不到保密作用，不如直接采用透明薪酬。

6. 重视薪酬与团队的关系

以团队为基础开展项目，强调团队内协作的工作方式正越来越流行，与之相适应,应针对团队设计专门的激励方案和薪酬计划,其激励效果比简单的单人激励效果好。团队奖励计划尤其适合人数较少、强调协作的团队。

7. 有弹性、可选择的福利制度

企业在福利方面的投入在总成本里所占比例是比较高的,但是这部分支出往往被员工忽视,认为不如货币形式的薪酬实在,有一种吃力不讨好的感觉。而且,员工在福利方面的偏好也是因人而异,非常个性化的。解决这一问题,目前最常用的方法是采用选择性福利,即让员工在规定范围内选择自己喜欢的福利组合。

8. 薪酬信息日益得到重视

外部信息:指相同地区和行业,相似性质、规模的企业的薪酬水平、薪酬结构、薪酬价值取向等,外部信息主要是通过薪酬调查所获得。能够使企业在制订和调整薪酬方案时,有可以参考的资料。

内部信息:主要是指员工满意度调查和员工合理化建议。满意度调查的功能并不一定在于了解有多少员工对薪酬是满意的,而是了解员工对薪酬管理的建议,以及不满到底是在哪些方面,进而为制定新的薪酬制度打下基础。

西方的薪酬管理理论和实践都经历了一个比较漫长的演变过程。对薪酬管理模式进行国际比较和薪酬管理发展趋势的展望,是为了更好地理解影响薪酬管理有效性的关键因素,对于中国薪酬制度改革和薪酬管理水平的提高有借鉴作用。

特别提示

金融危机下的薪酬制度

世界各国金融高管天价年薪,如:美国保险公司、中国金融行业的高管。各国政府救市计划中对参与救援计划的金融企业高管薪酬普遍采取了限制举措。在金融危机的环境下,各国政府同企业都面临前所未有的巨大考验。为稳定社会秩序、解救行业困局,各国政府纷纷出台各类救市计划,以解金融企业燃眉之急。

值得关注的是,在各类救市计划中,我们发现各国政府(如美、德、英、法、瑞典等),不约而同地对参与救市计划的金融企业强制实施高管薪酬限制措施。从一个角度而言,是对已陷入困境的金融企业的成本控制,为了保护金融企业的客户利益和偿付能力,减轻公司负担,以保证救援金额的正确用途;从另一个角度看,"经营失败"的企业向高管人员支付的高额薪酬已激起社会的舆论压力,若继续此等高额支付,将引起更多的反对声音,同时公众也普遍认为,应限制或取消一些金融机构不适当的薪酬和激励,以防止高管人员继续冒险的行为。

案例分享

案例一　IBM 公司的薪酬制度

员工薪酬直接和职务挂钩。

“蓝色巨人”IBM 从 1910 年建立以来，虽有过波折，但至今仍是 IT 界的翘楚。多年来，它的各项管理在公司发展中不断完善，形成了许多值得其他企业借鉴的特色。该公司把职工的样式薪酬问题作为人事管理的根本工作，认为在薪酬上如有不合理之处，会使职工对公司和上司感到失望，影响职工的干劲，因此，必须建立完善的薪酬体系。

IBM 根据各个部门的不同情况，根据工作的难度、重要性将职务价值分为五个系列，在其中明确规定了薪酬最高额与最低额，假设把这五个系列叫做 A 系列、B 系列、C 系列、D 系列与 E 系列。A 系列是属于最单纯部分工作，而 B、C、D、E 则是困难和复杂程度依次递增的工作，其职务价值也愈高。A 系列的最高额并不是 B 系列的最低额。A 系列的最高额相当于 B 系列的中间偏上，而又比 C 系列的最低额稍高。

做简单工作领取 A 系列工资的人，如果只对本职工作感兴趣，那么他可以从 A 系列最低额慢慢上升，但只限于到 A 系列的最高额。

领取 A 系列工资的许多职工，当其工资超过 B 系列最低额的水准时，就提出“请让我做再难一点的工作吧！”，向 B 系列挑战，因为 B 系列最高额比 A 系列最高额高得多。各部门的管理人员一边对照工资限度，一边建议职工做难度稍大的工作，从而引导职工渐渐地向价值高的工作挑战。

职工个人成绩大小是由考核评价而确定的。通常由直属上级负责对职工工作情况进行评定，上一级领导进行总的调整。每个职工都有进行年度总结和与他的上级面对面讨论这个总结的权利。上级在评定时往往与做类似工作或工作内容相同的其他职工相比较，根据其成绩是否突出而定。评价大体上分 10～20 个项目进行，这些项目从客观上都是可以取得一致的。

评价工作全部结束，就在每个部门甚至全公司进行平衡，分成几个等级。例如，A 等级的职工是大幅度定期晋升者，B 等级是既无功也无过者，C 等级是需要努力的，D 等级则是生病或因其他原因没达到标准的。

为确保比其他公司拥有更多的优秀人才，IBM 在确定工资标准时，首先就某些项目对其他企业进行调查，确切掌握同行业其他公司的标准，并注意在同行业中经常保持领先地位。

定期调查选择对象时主要考虑以下几点：(1) 工资标准、福利都优越的一流企业；(2) 工作性质和 IBM 相似，选择具有技术、制造、服务部门的企业；(3) 发展前途光明。

当然,IBM所说的"必须高于其他公司的工资",归根结底是要"取得高于其他公司的工作成绩"。

思考题:

IBM公司的薪酬体制好在哪里?

案例二 奶酪如何分配?

咚咚和锵锵是两只小老鼠,它们合力偷到了一块奶酪,并准备分享它,咚咚拿起刀子刚要动手切,锵锵着急地叮嘱:"一定要慢慢地切,不能切偏了,否则不公平。"咚咚听锵锵这样说,就生气了,把刀子交给了锵锵,让锵锵来切。当锵锵正要切的时候,咚咚重复锵锵刚才说过的话:"一定要慢慢地切,不能切偏了,否则不公平。"

这一来,锵锵也不敢切了,于是两只小老鼠就到最有智慧的老鼠聪聪那里寻求帮助。聪聪听明白来意后说:"这好办,你们俩先做一个约定,约定你切、它选,或它切、你选,切奶酪的不能选,选奶酪的不能切,这样你们就不会觉得不公平了。"

此法果然灵验,咚咚和锵锵各自拿着切好的奶酪高兴地告别了聪聪。

思考题:

1. 这则寓言故事告诉了我们什么道理?
2. 这则寓言故事给了我们什么样的启示?

思考与练习

1. 怎样理解薪酬的概念及构成与水平?
2. 影响员工薪酬的因素有哪些?
3. 以下是一家企业的薪酬结构实例:

一、薪酬结构

1. 员工收入 = 待遇 + 奖金。
2. 待遇 = 固定工资 + 津贴 + 福利。
3. 固定工资 = 基本工资 + 技能等级工资。

二、固定工资

1. 基本工资。

高中以下800元,高中1 000元,中专1 300元,大专1 600元,本科2 000元,硕士2 500元,博士3 000元。

2. 技能等级每级200元。

三、津贴

1. 住房津贴:400元/月(新员工当月工作未满15天,无此津贴)。

2. 午餐津贴:每个工作日10元。

3. 其他津贴:由公司根据具体情况临时决定。

四、福利

1. 根据国家相关政策,为员工办理社会养老保险、社会失业保险及社会医疗保险。

2. 按工资总额的14%计提福利费,它用于公司的各项福利开支。

五、奖金

1. 根据公司相关规定,随时发放特别奖金,如"伯乐奖"、"优秀建议奖"等。

2. 根据公司效益,原则上用公司当年利润的10%发放年终奖金。年终奖根据员工个人的工作业绩发放。

六、试用期薪酬

试用期的固定工资为转正后固定工资的70%。

七、薪酬调整时间

1. 基本工资部分:工作满一年后,基本工资每年增长100元,连续五年。

2. 技能等级部分:

常规调整:每年两次调整机会,分别在6月、12月进行工资调整,并在7月5日、1月5日发薪时体现。

特别调整:根据现实情况,可以随时对部分员工的薪酬做出调整。

八、薪酬调整方法

1. 每年6月、12月由直接上级对员工进行一次半年度考评总结;

2. 财务部门根据公司经营情况确定工资调整总额;

3. 部门经理起草本部门具体的调薪方案,并直接提交上级确认。

请分析:

假如你面临毕业求职,看到这样的薪酬制度,会吸引你到该公司去应聘吗?请分析该公司薪酬的合理性,如不合理,请提出改善方案。

第七章

旅游景区员工的激励机制

引言

行为科学对激励理论进行了大量的研究。在旅游企业人力资源管理过程中,采用激励的方法,对员工的各种需求予以不同程度的满足或限制,以此引起他们心理状况的变化,达到激发动机,引起行为的目的,并使员工的每一种内在的动力,朝着所期望的组织目标做出持久努力,再通过正反两方面的强化,对行为加以控制和调节。激励的作用主要体现在调动员工的积极性、形成员工流动机制、提高员工素质、促进良好的企业文化、留住优秀人才和吸引优秀的人才到企业来以及提高工作效率和工作绩效。

学习目标

1. 理解激励的内涵;掌握激励的基本理论和原则;
2. 了解激励机制的建立和类型;
3. 了解激励的主要方式。

第一节 激励的特性

一、激励的内涵

从词义看,"激励"是激发和鼓励的意思,其中激发就是通过某些刺激使人兴奋起来。激励原本是心理学的概念,是指持续激发人的动机的心理过程。在这一心理过程中,由于某种内部或外部刺激的作用,人就会处于兴奋状态。

景区管理工作中的激励,主要是指激发人的动机,通过高水平的努力以实现组织目标。换言之,激励是调动人的积极性的过程。

激励的内涵主要包含以下几个特点：

(1)被激励的人；

(2)动机产生的原因，即需要；

(3)动机的强与弱，即努力程度的高与低。

激励是行为的钥匙，又是行为的键钮，按动什么样的键钮就会产生什么样的行为。因而，每个人都需要自我激励，需要得到来自同事、团队组织方面的激励和相互之间的激励。在一般情况下，激励表现为外界所施加的吸引力或推动力，激发成自身的推动力，使组织目标变为个人目标。

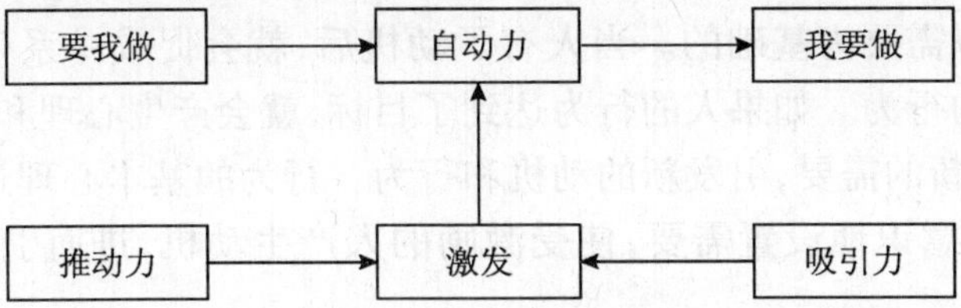

图 7-1　自动力与外动力的关系

图 7-1 表明一个人的行为，必须受外界推动力或吸引力的影响，这种吸引力或推动力，通过个体自身的消化和吸收，产生一种自动力，才能使个体由消极的"要我做"转化为积极的"我要做"。

常言道："遣将不如激将。"从景区企业的角度看，这句话的意思就是：命令下属去做某件事，不如激励下属去做某件事。《激励超级表现》一书的作者格拉曼(Saul Gellerman)补充道："应当表现出对他人的尊重。如果有迹象表明员工喜欢某种对待方式或想做某类工作，你就应该根据情况做出反应。"

员工好比一块原石，管理者必须"雕琢它"，让它有价值，变成美丽的东西。"雕琢"就是"激励"的同义语。

二、激励过程

激励的过程，是指激发人的动机的心理过程。激励的基本模式如图 7-2 所示。

从图 7-2 可以看出，激励的过程始自个人的需要。

需要：就是人们对某种事物或目标的渴求和欲望。感知某种必要的生活与发展条件匮乏时的心理状态。缺乏这种条件时，心里会产生紧张与不安，心态会失衡。这种状态会促成一种导向某种行为的内在驱动力，这就是动力。为了消除紧张，人就会采取某种行动，所以需要是行为的出发点。

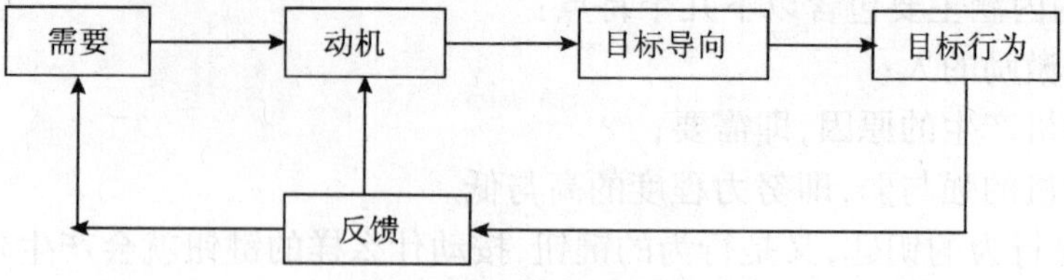

图 7－2　激励过程的基本模式

动机：需要使人的内心产生的驱动力，这就是动机。动机并不是需要，但动机这种内驱力是以需要为基础的。当人有了动机后，就会促成一系列寻找、选择、接近和实现目标的行为。如果人的行为达到了目标，就会产生心理和生理上的满足。随后，又会产生新的需要，引发新的动机和行为。行为的基本心理过程就是一个激励过程，通过有意识地设置需要，使受激励的人产生动机，进而引起行为，满足需要，实现目标。

目标：行为是指向一定目标的，那就是能够满足其需要的资源。这种目标导向行为可能成功，即实现了目标，那便是目标行为实现。当所需的资源获得后，需要得到了满足，心理平衡修复了，人们便体验到满意感。若未能获得所需资源，就不会有目标行为实现，需要未能得到满足，心理仍处于失衡状态，便会产生不满感，亦称挫折感。

三、激励的作用

激励是企业制胜的法宝。企业是由人组成的，"企"字少了人就是"止"，止代表企业的消亡。激励作用主要体现在以下几方面：

（一）激励是开发个人潜能的重要手段

人的潜能是蕴藏于人体内的潜在能力，不仅人的行为活动中尚未显露出来，甚至是潜能的拥有者也未必能意识到。但这种潜能的确是存在的，而且一经发掘便释放出巨大的能量。美国哈佛大学教授威廉·詹姆士在研究中发现，一般情况下，人们只需发挥20%～30%的能力，就可以应付自己的工作。而如果他们的动机被激发出来，其能力可以发挥80%～90%。这一研究表明，同一人在充分激励后所发挥的作用相当于激励前的3～4倍。当然，对于不同的人要采取适合其能力的激励手段和方法。可见，人的潜能是一个储量巨大的"人力资源库"，而激励正是发掘人的潜能重要途径。

（二）激励可以提高工作效率和工作绩效

工作效率的高低和工作绩效的大小，通常取决于两个基本因素：一是能不能；二是为不为，也即干不干。前者是指胜任还是不胜任某项工作，是否具有承担某项工作的能力与资格；后者是指从事某项工作的意愿、干劲，也即工作积极性的问题。在人力资源开发与管理过程中，大量艰巨的工作就是解决干不干和以多少积极性去干的问题。

员工的工作绩效不仅取决于个体能力的大小、表现机会，而且还取决于激励的水平，即：工作绩效 = 能力 × 激励 × 机会。员工的能力是取得绩效的基本保证，激励和表现机会能使能力得以充分发挥，从而提高工作绩效。

而激励正是充分调动人的积极性，发挥人的主动性、创造性的主要手段。

拓展知识

"金香蕉"

在美国福克斯波罗公司成立早期，急需一项于公司性命攸关的技术改造。总裁福克斯(E. W. Foxboro)为谋求这项技术终日食不知味、寝不安席。

一天深夜，一位研发部的工程师拿着一台实现了此项技术的原型机闯进了总裁办公室。这台原型机性能高超、使用方便，正是福克斯梦寐以求的东西。总裁看到这个主意非常妙，简直难以置信，就琢磨着怎样给予奖励。他弯下腰把办公桌上的抽屉都翻遍了，总算找到一样东西，于是躬身对那位工程师说："这个给你！"他手上拿的竟是一只香蕉，而这是他当时能拿得出的唯一奖酬了。自此以后，香蕉就演化成小小的"金香蕉"形别针，作为该公司对成就的最高奖赏。

第二节　激励的理论和原则

一、激励理论

（一）马斯洛的需要层次理论

马斯洛(A. Maslow)是美国的人本主义心理学家，1943 年出版著作《人类动机理论》，初步提出了需要层次理论。1954 年，他在《激励与个性》一书中，又对该理论和个性问题作了进一步阐述。马斯洛明确指出：人类是有"需要的动物"，不但有经济方面的需要，更有社会等方面的需要。人类的需要产生了他们工作的目的和动机。这些需要就是管理者激励员工的着眼点。他把人类的需要归为五大类，并把它们之间的关系、重要性和先后次序排列成一个需要层次图。

马斯洛认为，人类的需要是以层次出现并呈阶梯形逐层上升的。当较低层次的需要得到满足时，它就失去了对行为的激励作用，而追求更高一层次需要的满足就成为激励其行为的驱动力。不同层次的需要，有其相应的激励因素和组织管理措施（见表7－1）。

表7－1　五种需要层次相应的激励因素和组织管理措施

需要层次	激励因素	组织管理措施
自我实现的需要	成就、成长、理想	有创造性的工作
		有挑战性的工作
		工作中的成绩
		才能的充分发挥
		理想的实现
		享有一定的声望
		职位的提升
尊重的需要	影响力、认可、地位、自尊	人事考核
		奖励
		表彰
		领导和同事的认可
爱与归属的需要	友谊、爱	和谐的工作团队
		同事的友爱
		管理者的关心与支持
		爱情和家庭
安全的需要	安全、稳定、保障	安全的工作条件
		稳定的收入
		医疗保险
		失业保险
		退休福利
生理的需要	衣、食、住、行	工资
		住房
		交通

人的需要结构是因人而异的，即使是同一个人的需要结构也会因环境的变化而变化。因此，企业组织领导者和管理者必须因人而异，运用需要层次理论科学地分析不同员工的需要，以便采用不同方法有效地激励不同的员工。

（二）赫茨伯格双因素理论

“保健因素—激励因素理论”，又称双因素理论，是美国的行为科学家弗雷德里克·赫茨伯格（Fredrick Herzberg）于 1959 年提出来的。双因素理论认为，引起人们工作动机的因素主要有两个：一是保健因素；二是激励因素。只有激励因素才能够给人们带来满意感，而保健因素只能消除人们的不满，但不会带来满意感。

赫茨伯格的激励因素，就是能够提高员工的积极性、工作效率并与工作本身有关的因素。其对员工的工作起直接激励作用。他认为，工作之外的因素属于保健因素，只能防止员工的不满，而不能起到直接激励的作用，类似卫生保健对身体的作用。这两类不同因素的具体内容如表 7－2 所示。

表 7－2　激励和保健因素

激励因素	保健因素
成就感	工作与福利 工作条件
认可感	公司政策 地位
工作兴趣	工作安全感
责任感	监督与自治 办公环境
进步感	个人生活

因此，作为管理者，首先必须保证员工在保健因素方面得到满足，与此同时，充分利用激励因素，这样才能不断地激励员工进步和发展。

赫茨伯格的双因素理论，强调不同因素的作用机制差别，保健因素与激励因素对人的作用是两条路径，是在两个方向上展开的，两者间不存在替代关系。保健因素无论如何强化，都不可能起到显著的激励作用；激励因素无论怎样有力，都不可能消除因保健因素缺乏造成的不满。马斯洛把人的需要看做一个递进的连续体，而赫茨伯格则把两种因素归纳为无连续关系的不同区域。马斯洛的需要层次，是此消彼长；赫茨伯格的两种因素，是共同作用。所以，需要层次论是连贯的，而双因素理论是叠加的。但赫茨伯格更强调激励因素中与工作有关因素的重要性。这种见解推动了工作内容丰富化的研究与实践。

（三）亚当斯的公平理论

亚当斯(J. S. Adams)是美国北卡罗来纳大学心理学教授，公平理论是他在综合有关分配的公平概念和认知失调的基础上，于1965年提出的一种激励理论。亚当斯提出的公平理论，又称社会比较理论，是另一种激励过程理论。他在进行大量调查的基础上发现，在激励过程中，员工之间常常会自觉或不自觉地把自己在工作中所付出的代价以及自己所得的报酬与相类似的别人进行权衡比较。这里的别人也可能是社会上的别人，这时比较就是社会性的比较了。

公平理论指出：公平感是人们的一种基本需要。人不仅有生理平衡的需要，也有心理平衡的需要。当一个人做出了成绩并取得报酬以后，他不仅关心自己所得报酬的绝对值，更关心自己所得报酬的相对值。他要进行种种比较来确定自己所获报酬的合理性与公平性，比较的结果将直接影响今后的工作积极性。一般情况下，员工倾向于将自己的报酬与投入之比和他人的报酬与投入之比进行比较，来判断其公平性。比较后会出现三种不同的反应：公平、报酬过度、报酬不足。当员工认为公平时，则心情舒畅，激励力就大，积极性就高；当员工认为不公平时，就会感到紧张，无法调动积极性。

因此，管理者在进行激励时，要使每个员工都得到公平、合理的报酬与待遇，只有这样，才能使员工感到满意，才能调动员工的积极性。

拓展知识

成就需要理论

戴维·麦克利兰(David McClelland)是美国哈佛大学的心理学家，20世纪50年代经过大量的调查研究以后提出了成就需要理论：即归属需要、权力需要、成就需要。这三种需要是在生理需要基本得到满足的前提下提出来的，且都与组织管理中的激励工作有特别的联系。时代不同、社会不同、文化背景不同，人的需求当然就不同，所谓“自我实现”的标准也不同。

1. 成就需要理论的主要内容

麦克利兰把人的高层次需要归纳为归属需要、权力需要、成就需要。他对这三种需要，特别是成就需要作了深入的研究。

(1)归属需要。具有归属需要的人通常喜欢与别人建立友善、亲和的人际关系，并从中得到快乐和满足，尽力避免因受到集体的排斥而带来的痛苦。作为个人，他们往往比较注重保持一种融洽的社会关系，渴望他人的喜爱和接纳，希望与周围的人保持亲密的关系和相互的沟通与理解，充分享受其乐趣，随时愿意安慰和帮助危难中的伙伴，并喜欢与他们保持友善的关系。高归属感的人通常喜欢合作性而不是竞争性的工作。

(2)权力需要。具有较高权力欲望的人对影响和控制别人表现出很大的兴趣,这种人总是追求领导者的地位。他们常常表现出喜欢争辩、健谈、直率和头脑冷静;善于提出问题和要求;喜欢教训别人并乐于演讲。麦克利兰还将组织中管理者的权利分为两种:一是个人权利。追求个人权利的人表现出来的特征是围绕个人需要行使权利,在工作中需要及时地反馈和倾向于自己亲自操作,并提出一个管理者,若把他的权利形式建立在个人需要的基础上,不利于他人来续位。二是职位性权力。它要求管理者与组织共同发展,自觉地接受约束,从体验行使权力的过程中得到一种满足。

(3)成就需要。具有成就需要的人,对工作的胜任感和成功有强烈的要求,同样也担心失败;他们乐意,甚至热衷于接受挑战,往往为自己树立有一定难度而又不是高不可攀的目标;他们敢于冒风险,又能以显示的态度对待冒险,绝不会以迷信和侥幸心理对待未来,而是要通过认真的分析和估计;他们愿意承担所做工作的个人责任,并希望得到所从事工作的明确而又迅速的反馈。这类人一般不常休息,喜欢长时间、全身心的工作,并从工作的完成中得到很大的满足,即使真正出现失败也不会过分沮丧;追求的不是报酬本身,而是个人成就;想把事情做得更好、更有效率。

麦克利兰认为,成就动机具有挑战性,可以激发人的成就感,增强奋斗精神,从而对人的动力产生影响。一个公司如果有很多具有成就需要的人,那么,公司就会发展很快;一个国家如果有很多这样的公司,整个国家的经济发展速度就会高于世界平均水平。

2. 对成就需要理论的评价

成就需要理论对于我们把握管理人员的高层次需要具有积极的参考意义。但是,在不同国家、不同文化背景下,成就需要的特征和表现也就不尽相同。

二、激励的基本原则

俗话说:没有规矩不成方圆。规矩可称为原则,它是某种规律性东西的外在表现。实施激励也一样,必须遵循适当的原则,才能充分发挥激励的作用。

(一)公平、公正原则

公平性是员工管理中一个很重要的原则,员工感到的任何不公的待遇都会影响他的工作效率和工作情绪,并且影响激励效果。激励必须做到公平、合理,不能因人的地位、家庭背景,以及与领导关系的亲疏,等等,而有所不同。

公平、公正原则的内容是:

1. 激励的程度与受激励的员工功过相一致,激励机制必须符合责、权、利相一致。

2. 为员工提供平等竞争的条件、机会要均等。

3. 激励机制必须公开、透明，评比过程公开化、民主化。

4. 激励机制必须具有可操作性，有章可循，有制可依。

激励本身和激励的社会功能都是对人们行为的一种估价和评判。当一个人感到他所受到的激励与他投入的努力、所作的贡献比值相等时，就有了公平感，从而产生积极作用，否则，就难达到激励的目的。

（二）企业目标与个人目标相结合原则

在建立企业激励机制的过程中，设置目标是一个关键性的环节。对员工的激励从目标开始，是指以确立行为目标的方式所进行的激励。人们选择了什么样的目标，就会有什么样的行为动机。因此，目标的确立十分重要。目标设置必须体现企业总目标的要求，否则，就无法提高员工的积极性，达不到满意的激励强度。因此，帮助员工制定合理的行为目标，并帮助员工认识到这种目标的合理性，就可以激发员工相应的行为动机，调动员工的积极性。

（三）时效性原则

注意掌握激励的时机与频率，激励的时机直接影响到激励的效果。而激励的时机又与激励的频率密切相关，频率过高或过低都会削弱激励的效果。

激励在不同的时间进行，其作用和效果也是不同的。人们在做出努力并取得成就以后，无不渴望得到社会承认的心理。因此，激励越及时，就越能促进人们积极性的发挥，使积极的行为得到不断强化，使积极性保持长久。

（四）物质利益与精神激励相结合原则

员工既有物质方面的需求，也有精神方面的高层次的需求。激励方式相应也应该是物质激励与精神激励相结合。物质需要是员工的最基本需要，物质激励体现员工追求生活的需要；精神激励是企业管理者以企业文化精神调动员工积极性、创造性的有效方式，并以此激发员工的主观能动作用的持久性。两者的关系是精神激励以一定的物质激励为基础，物质激励本身体现精神激励的因素。从我国的实际看，目前，人们的物质生活水平普遍还不高。因此，物质激励在员工激励中还占主要地位，是构成激励的主要内容。

（五）按需激励原则

激励的内容和措施要不断进行深入的调查研究，了解和掌握员工不同时间的需要层次和需要结构的变化趋势，是非常必要的。企业必须充分考虑激励的个性化特点，使激励机制具有一定的灵活性，才能收到实效。

1. 因人而异。不同的员工，渴望满足需要的类型层次不同。

2. 每个人可能同时有几种需要，要分清主、次，轻、重、缓、急，进行灵活激励。

3. 每个人在不同时间有不同的需要，个人的需要是动态的，因时而异。

第三节　旅游景区企业激励机制的建设

一、旅游景区员工激励机制

激励的目的是激发人的潜在能力，激励的过程就是调动人的积极性的过程。激励的内涵通常包括人的行为动因、行为的方向，以及如何保持这种行为三个基本因素。因此，景区在建立激励机制时，首先，要意识到每个员工自身的内驱力；其次，每个人的行为都具有导向性；最后，每个人都具有导向系统，即内驱力与环境力量的结合，综合判断自身的行为方向，通过反馈，不断调整行为目标。

激励是旅游景区人力资源管理工作中一个重要的环节，建立有效的激励机制，对景区员工实施恰当、合理的激励，可以激发员工的工作热情，提高他们的劳动效率，促进组织的目标顺利实现。

特别提示

一些企业发现，在建立起激励制度后，员工非但没有受到激励，积极性反而减退了。某公司推出“年终奖”计划，本意是希望调动企业员工的工作积极性，但是，因为没有辅以系统、科学的评估标准，最终导致了“平均主义”。激励变得不公平，反而伤害了贡献大的员工的积极性。

评估体系是激励的基础，有了准确的评估，才能有针对性地进行激励，也才能有效地发挥激励机制。

二、旅游景区员工激励的类型

（一）物质激励与精神激励

物质激励是指对员工的物质需要予以满足，如奖金、加薪、分红、福利等；精神激励是指对员工的精神需要予以满足，如表扬、信任、授予称号等。物质需要不仅是人类赖以生存的基本前提，也是个人在精神、智力、娱乐、休闲等各方面获得发展的必要基础。物质利益关系是人类社会中的最根本的关系。所以，物质激励是激励的主要形式。物质激励即是通过满足个人物质利益的要求，以调动员工的积极性和主动性。然而，人毕竟是社会动物，不仅有物质需要，还有精神上的追求。在物质需要得到一定程度的满足后，精神需要就会变成主要需求。精神激励引导员工具有开阔的胸襟，志趣高尚，目光远大，长远利益高于眼前利益，集体利益高于个人利益，精神境界不断提升。每个人都有自尊心与荣誉感，满足这些需要，更能持久、有效地激发员工的动机。

物质激励与精神激励是两种不同内容的激励形式。它们相辅相成，缺一不可。随着人们生活水平的提高，低层次的需要逐渐得到满足，高层次的需要日渐强烈，因而，注重精神激励将成为员工激励的主要特点。

（二）正激励与负激励

正激励是从鼓励的角度出发，当一个人的行为表现符合组织期望的方向时，通过奖赏的方式来支持和强化这种行为，以达到调动工作积极性的目的。例如，我们期望员工按时上下班，于是，对按时上下班的员工进行表扬，发勤勉奖等，以此调动员工按时上下班的积极性。负激励是从抑制的角度出发，当一个人的行为与组织期望的方向不一致时，组织将对其采取惩罚措施，以杜绝类似行为的发生。例如，我们不希望员工迟到早退，于是，对迟到早退者进行惩罚，员工为了避免惩罚对自己的危害，就会坚持按时上下班。

正激励与负激励是两种性质相反的激励手段，不仅直接作用于受激励的人，还会产生示范效应，影响周围的人，形成正面或反面的典型。一般说来，正激励对实现企业的组织目标效果要好于负激励，长期经受负激励将导致员工情绪低落，工作积极性减退，自信心消磨，能力受到抑制，工作绩效差。

（三）内激励与外激励

内激励，是指通过启发诱导的方式，培养人的自觉意识，形成某种观念，在其支配下，人们产生动机，发生组织所期望的行为。当人们的自觉性提高后，行为变得积极主动，无须外界干涉、督促。内激励多是通过思想教育，让员工在传统中学习，逐渐将组织所欣赏的道德意识变为自律的标准。例如，对员工进行精神熏陶，培养员工的集体荣誉感、责任感、成就感，使员工在上述观念的引导下勤奋工作。内激励需要对人的思想意识产生影响，因而比较缓慢，但内激励一旦发生作用，则持续长久，激励质量高。

负激励，是指采取外部措施，奖励组织所欢迎的行为，惩罚组织所反对的行为，以鼓励员工按组织所期望的方向努力工作。外激励多以规章制度、奖惩措施的面目出现，表现出某种强迫性。外激励通过外界诱导或约束影响人的行为，也可以对人的思想意识产生影响。长期的外激励可以帮助人们树立某种观念，产生内激励效应。例如，坚持奖励按时出勤的员工会使人们形成遵守纪律光荣、违反纪律可耻的观念，从而提高遵守纪律的自觉性。

特别提示

在管理科学中，激励不等于奖励，将激励狭义地从字面上理解为正面鼓励，只强调利益引导是不准确的，用于指导实践则是有害的。激励，从完整的意义上说，应包括激发和约束两层含义。奖励与惩罚是两种最基本的激励措施，是对立统一的。《圣经》中有这样一个故事：有位农夫骑着驴子去赶集，当驴子老老实实地跑，农夫就给它喂胡萝卜；而当驴子东张西望，不好好走的时候，农夫就用木棒猛击驴子的屁股。这样最终顺利到达了目的地。这就是西方所谓的"胡萝卜加大棒"说法的由来。这个小故事形象地说明了激励有奖励与惩罚两种基本的形式。

激励与约束是一个问题的两个方面，二者缺一不可，干好了，一定要奖励；造成了坏的结果，也一定会受到相应的惩罚。对此，人们有一个非常贴切的比喻：激励就像是汽车的动力装置——发动机，汽车要行走必须要有发动机。但是仅有发动机不能安全行走，还必须要有一个约束装置——刹车装置。

三、激励的方式

有效的激励必须通过适当的激励方式与手段来实现。管理实践中常用的激励方式主要有以下几种：

1. 期望激励

期望激励，也就是目标激励。如果对景区员工的业绩没有明确的期望值，将阻碍员工实现自我激励。目标激励是为景区员工确定适当的目标，激发他们为实现目标而努力工作的行为动机。目标激励也是把企业经营目标与员工个人目标结合起来，使企业目标与员工目标相一致。例如，企业可以给营销人员在一定时期内的客户开发数目、销售额数目、费用数目等确定目标，根据目标完成情况确定升职、奖金发放等。在进行目标设置时，应注意目标要合理、可行，与员工个体的切身利益密切相关，以及目标设置的难度要适当等方面的问题。

2. 物质激励

物质激励，即通过物质刺激的手段，以达到激励员工工作的目的。常见的物质激励主要有薪资激励、福利激励和股权激励。

薪资激励就是通过对员工薪资体系和薪酬水平的合理设计，达到激励员工的目的。薪资通常包括基本薪资、奖金和津贴等。薪资是景区支付给员工的较为稳定的经济报酬，为员工提供基本的生活保障和稳定的收入来源。

员工福利，一是法定福利，主要包括基本养老保险、基本医疗保险、失业保险、工伤保险、生育保险等。另一层次的员工福利，是用人单位或行业在没有政府立法要求的前提下，为增强自身的凝聚力，吸引更多高素质的劳动力和人才，并鼓励他们在岗位上长期服务而主动提供的福利，其可称为用人单位福利。单位福利具体包括住房补贴、交通补贴、通信补贴、教育补贴、企业补充养老保险、补充医疗保险等。

股权激励,是指通过公司股权的安排,实现对员工激励的一种形式,主要包括:①股票期权;②股票增值权;③限制性股票;④股票赠与计划等形式。

在实施激励时,应注意两方面的问题:一是物质激励应与制度相结合,即奖惩标准应在事前就制定好相应的制度,并在组织内部公示;二是物质激励必须保持相对公正。

3. 竞争激励

只有竞争的环境才能有效地调动员工的积极性和创造性,激发员工的工作激情。为了达到激发员工积极性的目的,景区有必要创造一种竞争的环境,并且帮助员工制定好职业发展规划,使其有奋斗目标,在竞争中不断提升自己。

4. 企业文化激励

景区文化,是景区长期形成的共同思想和价值观念、作风和行为准则,景区文化是企业的灵魂所在,能对员工的行为产生内在的约束力。优秀的景区文化是景区无形的精神力量,它能使景区充满生机,并对员工的行为产生永久的激励作用,且使员工对景区产生认同感和归属感,以更加积极、饱满的热情投入工作,从而使企业获得良好的经济效益和社会效益。

拓展知识

某迪士尼乐园有一项是以一个员工命名的"弗雷德精神奖"。当弗雷德(Fred)刚转为正式员工时,有四个人教他迪士尼成功的价值标准。"FRED"很快就成为迪士尼价值标准的缩写:亲切(Friendly)、丰富(Resourceful)、热诚(Enthusiastic)和可靠(Dependable)。这个奖项一开始只是有趣,现在却成为公司内部人人都想获得的目标。

5. 情感激励

这种激励是通过建立起一种人际间和谐良好的感情关系,以调动员工积极性的一种激励方法。

情感激励,就是加强与景区员工的感情沟通,尊重员工,使员工始终保持良好的情绪,以激发员工的工作热情。情感激励的形式很多,例如生日祝贺,为员工排忧解难、办实事、送温暖等。

6. 工作激励

工作激励,是将工作本身变成一种激励方式,使员工在工作中最大限度地发挥自己的潜能、充分施展自己的才能,从而获得最大的满足。常见的工作激励包括:临时授权、加大工作的挑战性、肯定员工的工作成就、提供舒适的工作环境、实行弹性的工作方式、提供稳定的工作机会等。

7. 培训激励

培训激励，是指景区企业将培训作为激发员工工作积极性的一种手段。企业通过培训员工，可以提高工作效率；员工通过接受培训，可以挖掘自己的潜力，提高自身素质和能力，从事更加具有挑战性和竞争性的工作，从而得到更多的发展机会，实现自我价值。培训激励的方式主要包括外出考察、双向交流、培训积分制度等。

特别提示

随着知识经济的到来，当今世界日趋信息化、数字化和网络化。知识更新速度加快，员工中存在的知识结构不合理和知识老化现象也日益突出。因此，给员工提供各种学习、锻炼的机会是一种有效的激励方式。培训意味着为自身能力和素质的提高、自身人力资本的增值，以及为将来更好地发展提供机会和条件。“培训是最大的福利”已经成为共识。所以，这种激励方式越来越受到青睐。

8. 荣誉激励

荣誉是企业对个体或团队的崇高评价，是满足人们自尊需要，激发人们奋力进取的重要手段。荣誉激励适用于企业的所有员工。荣誉激励就是给优秀员工以表彰、光荣称号、各种荣誉，以满足员工的心理需求，达到激励的目的。越是知识丰富、层次高的员工，对荣誉激励的应激程度越强。

9. 参与激励

现代人力资源管理的实践经验和研究表明，现代的员工都有参与管理的要求和愿望，创造和提供一切机会让员工参与管理是调动他们积极性的有效方法。参与激励能使员工产生主人翁责任感，从而激发员工发挥自己的积极性。

10. 带薪休假

带薪休假制度有利于缓解员工因竞争激烈、工作紧张而受到的压力，可以为员工的身心调整提供便利的条件，使员工在正常的工作时间里更加高效地工作。这项激励给员工精神和体力上带来的好处是工资所不能替代的。包括享受国家法定的福利及旅游企业组织的短期休闲度假等。

激励的方式多种多样，而且各有侧重。在实际应用中，企业要结合实际，遵循民主、公正的激励原则，综合运用多重激励方式，充分调动员工的工作积极性、主动性，发掘员工潜能，提高员工的工作绩效，促进企业健康、快速的发展。

四、影响激励的重要因素

为了实现有效的员工激励，企业的激励机制应当保持一定的公平性，为此，需要提供相应的制度保证。在此,主要从绩效考核和竞争上岗两方面阐述激励机制的内部公平性。

1. 绩效考核

绩效考核是企业物质激励和非物质激励的基础,好的绩效考核制度,将对员工产生积极的激励作用。相反,绩效考核设置不当,将影响员工积极性的发挥。

2. 竞争上岗

竞争上岗有利于实现职业发展的公平性,从而保证企业内部公平性的实现,是对激励机制的重要保障制度。

案例分享

案例一　加了薪,她为什么还想辞职?

林欣是某家4A级景区的销售主管,工作能力强,对自己的工作也很热爱,工作成绩显著。2011年7月,升任销售部经理,薪水也增加了,但是近期她工作不但热情不高,甚至还有辞职的念头。

为什么林欣在获得升职、加薪后反而要辞职呢?后经了解,林欣的上司对林欣刚接手的工作颇不放心,担心她做不好工作,总是安排些很简单的工作,并且在林欣工作时也经常干涉。林欣工作能力较强、习惯独立思考和解决问题,对上司的频繁干预,林欣非常不习惯,也很难很好地开展工作,后来逐渐失去了对工作的热情,产生了换工作的念头。

思考题:

1. 为什么林欣提升了职位,加了薪水,还要辞职呢?是不是物质奖励不够?还是其他因素?

2. 林欣的上司是一个成功的领导吗?他是否真正了解下属并给予下属正确的激励?作为林欣的上司,你认为该如何留住林欣呢?

案例二　"野鸭精神"与走动管理

背景资料:

IBM总经理托马斯·约翰·沃森信奉丹麦哲学家哥尔科加德的一段名言:野鸭或许能被人驯服,但是一旦驯服,野鸭就失去了它的野性,再也无法海阔天空地去自由飞翔了。他说:"对于重用那些我并不喜欢却有真才实学的人,我从不犹豫。然而重用那些围在你身边尽说恭维话,喜欢与你一起去假日垂钓的人,是一种莫大的错误。与此相比,我寻找的却是那些个性强烈、不拘小节,以及直言不讳似乎令人不快的人。如果你能在你的周围发掘许多这样的人,并能耐心听取他们的意见,那你的工作就会处处顺利。”前新浪网总裁王志东曾对他的外籍财务总监道:“吵架是你的价值,如果你不跟我吵架,就证明你已经没有用了。”真可谓异曲同工。

业绩最佳时立即调整

这是一种超常规的做法。人才成长是有规律的,人的才能增长是有周期的,通常一个人在一个岗位上工作的时间以3~4年为宜。前三年是优点相加,后三年是缺点相加。因此,在一个岗位上工作的时间不宜过长。另外,经历也是一种财富,与其给庸才不如给人才。适时调整那些优秀人才的岗位和职位,对于人才不断提高、继续成长有益处,这是造就复合型人才的有效方法之一。

让B级人做A级事

这是开发人才的一种成功做法。意思是让低职者高就,目的是压担子促成长。我们的传统做法是量才使用、人事相宜,什么等级的人就安排做什么等级的事。让B级人做A级事这种做法既不同于人才高消费,又有别于人才超负荷,比较科学,恰到好处,即使员工感到有轻微压力,但又不至于感到压力过大,工作职位稍有挑战性,有助于激励员工奋发进取。

评选优秀的比例必须达到70%以上

长期以来,无论是机关、事业还是企业单位,每逢总结评奖的时候,优秀的比例一般都在30%以内。这种做法似乎成了社会的惯例,得到了广泛的认同。就在这样一种社会背景下,聪明的白领则建议上司每年年终评为优秀的人数保持在70%以上。他们的立论依据是:应当以多数人的行为为正常行为,把70%以上的员工都评为优秀,有利于激励多数和鞭挞少数。

走动管理

这是西方当时比较流行的一种管理新方法。美国前总统克林顿较为擅长此法。他经常采取突然袭击的办法走进白宫的各个办公室,有时别人在开会,他也偷偷地溜进去旁听。走动管理有两大好处:第一,可以掌握幕僚们的第一手材料;第二,可以增强下属的责任感和自豪感。

思考题:

你对上述观念有何看法?请阐述理由。

思考与练习

1. 简述激励的过程。
2. 激励的类型和方式有哪些?
3. 在实践过程中如何把握激励的原则,试举例说明。

第八章 旅游景区员工职业生涯管理

引言

人力资源开发的好坏直接决定了企业的生存和发展。职业生涯涉及组织和个人两大主体,它不仅是贯穿于个人整个生命周期的、与工作相关的经历的组合,也是旅游企业人力资源管理的重要组成部分,越来越受到企业的重视。企业通过职业生涯管理可以更好地开发员工的潜能,调动员工的积极性,培养员工的奉献精神,提升企业的绩效,从而创造一个高效率的工作环境和引人、育人、留人的工作氛围。

学习目标

1. 理解并领会职业和职业生涯的含义,掌握影响职业生涯的因素;
2. 了解职业生涯管理的基本理论,理解职业锚的类型;
3. 了解个人职业生涯规划的含义、原则和设计;了解组织职业生涯管理的含义和方法。

第一节 职业生涯管理认知

一、职业和职业生涯

(一)职业的含义

每个人一生都会经历一种或许多种不同的职业,他们会在职业生活中不断成长和发展。所谓职业,是指有劳动能力的劳动者在社会生活中从事有经济收入、并能满足自己精神需求的专门工作或劳动。职业是对人们的生活方式、经济状况、文化水平、行为模式、思想情操的综合反映，也是一个人社会地位的反映。“职业”(career)一词不同于工作(job)，它更多的是指一种事业。因此，职业问题不是简单的工作问题，它至少包括两个方面的含义：

首先，职业体现了专业的分工。由于科学技术的进步、生产工具的改进和生产的社会化，使社会分工愈益发达，专业化程度越来越高，职业也就越来越多，出现了成千上万种职业。

其次，职业体现了一种精神追求。职业发展的过程也是个人价值不断实现的过程，职业要求个人对它有忠诚感。

职业是人类社会劳动分工和经济发展的结果，它对于员工个人和社会都有极为重要的作用。

从个人角度讲，职业具有以下作用：

(1)职业是个人获得经济收入的来源。职业是个人生存及维持家庭生活的手段；同时，职业也是个人获得名誉、地位、权力等非经济收入的来源，从而使个人获得心理平衡，获取满足感。

(2)职业是个人为社会作贡献的途径。不管个人主观愿望如何，任何职业客观上都要为社会作贡献，为他人服务。职业使个人进入一种社会环境，并担任特定的社会角色。

(3)职业是促进人发展的重要途径。职业也是个人从事的特定工作，当这种工作能够使个人的某些才能得到发挥和发展、使个人的某些兴趣得到满足时，就成为促进个性发展的手段。

对于社会而言，职业的作用是：

(1)职业的存在构成人类社会存在和发展的丰富内容，是一种重要的社会现象。

(2)职业是用人单位吸纳劳动力的具体岗位，也是用人单位使用劳动力的具体方式，它为社会的发展奠定了物质基础。

(二)职业生涯的含义

“生涯”一词，具有人生经历、生活道路和职业、专业、事业的含义。一个人在其一生中，会经历不同的生命周期。如生物生命周期、家庭生命周期，以及职业的生命周期等。职业生命周期是一个人生存和发展的主导条件。这种职业生命周期也就是我们经常所说的职业生涯。

职业生涯，即职业生命周期，从严格意义上讲，职业生涯有广义和狭义之分。广义的职业生涯，是指一个人一生中的所有与工作相联系的行为与活动，以及相关的态度、价值观、愿望等的连续性经历的过程，其上限是从出生开始，其下限是到丧失劳动能力为止。狭义的职业生涯，仅指直接从事职业工作的这段时间，即就职的这段时间。

两种含义的职业生涯角度不同，但却有共同的规律和内容：

第一，职业生涯是个体行为经历，而不是群体行为经历；

第二，职业生涯是指一个人一生中的有偿劳动经历；

第三，职业生涯是个时间概念，指职业生涯期；

第四，职业生涯是一个发展的概念，是一个动态的概念。

美国密歇根大学雷蒙德·A.诺伊教授认为，职业生涯的新概念是指易变性职业生涯。它是指由于个人的兴趣、能力、价值观与工作环境的变化而经常发生改变的职业生涯。与传统的职业生涯不同，易变性职业生涯要由雇员自己对职业生涯管理负主要责任；心理成就感也在更大程度上由雇员自己控制；易变性职业生涯更强调连续性学习，激发人的潜能和创造力，赋予员工的工作以更大意义。（见表8－1和表8－2）

表8－1　传统职业生涯和易变性职业生涯的比较

维度	传统的职业生涯	易变性职业生涯
目标	晋升　加薪	心理成就感
心理契约	工作安全感	灵活的受聘能力
运动	垂直运动	水平运动
管理责任	公司承担	雇员承担
方式	直线型、专家型	短暂型、螺旋型
专业知识	知道怎么做	学习怎么做
发展	很大程度上依赖于正式培训	更依赖人际互动和在职体验

资料来源：于秀枝. 人力资源管理. 北京：经济管理出版社，2003.

表8－2　传统与现代职业发展重点的改变

活动	传统观点	现代观点
人力资源计划	工作分析、技能责任 项目需要	强调个人兴趣、爱好
培训与发展	利用统计数据 提供学习与工作相关的技巧、信息、态度的机会	强调个人成长目标

续表

活动	传统观点	现代观点
绩效评估	提升、报酬	强调发展计划和个人目标制定
招聘和任用	将组织目标与高素质人才相结合	在包括雇员职业计划等多种因素的基础上合理配置工作和人员
报酬与福利	按时间、产量、潜力等决定报酬	对一些与工作无关的活动也给予奖励

职业生涯具有以下特点：

(1)独特性。每个人都有自己的职业条件，有自己的职业选择，有为实现自己的职业理想所付出的种种不同努力，从而有与别人相区别的、独特的生涯历程。

(2)发展性。每个人的职业生涯，都是一种发展、演进的动态过程。就整体而言，职业生涯是一个具有一定逻辑性的过程。

(3)阶段性。每个人的职业生涯发展过程，都有不同的阶段，可以分为不同的时期。人在不同的生涯阶段有不同的目标和任务，职业生涯的各阶段之间具有递进性。

(4)终身性。每个人的职业生涯作为一种动态发展的历程，是根据个人在不同阶段的企求而不断蜕变与成长，直至终身。“老骥伏枥，志在千里”，正反映了人生晚期在职业生涯方面的英雄气概。

(5)整合性。由于个人所从事的工作或职业，往往会决定他的生活状态，而且职业与生活两者之间又很难区别。因此，生涯应具有整合性，涵盖人生整体发展的各个层面，而非仅仅局限于工作或职位。

(6)互动性。人的生涯是个人与他人、个人与环境、个人与社会互动的结果。人的“自我”观念，人的主观能动性，个人所掌握的社会职业信息、职业决策技术，对于个人生涯有重要的影响。

拓展知识

性格与职业

人的性格多种多样，或热情外向、或羞怯内向、或沉着冷静、或火暴急躁。职业心理学的研究表明，不同职业有不同的性格要求。虽然每个人的性格不能百分之百地适合某项职业，却可以根据自己的职业倾向来培养、发展相应的职业性格。不同性格特征的人员,对企业而言,决定了每个员工的工作岗位和工作业绩;对个人而言,决定着自己的事业能否成功。近年来,一些教育心理学研究人员根据我国的实际情况,将职业性格分为八种基本类型。

变化型:在新的和意外的活动或工作环境中感到愉快,喜欢有变化的和多样化的工作,善于转移注意力。适合的职业:记者、推销员、演员。

重复型:适合连续从事同样的工作,按照固定的计划或进度办事,喜欢重复的、有规律的、有标准的工种。适合的职业:纺织工、机床工、印刷工、电影放映员。

服从型:愿意配合别人或按照别人指示办事,而不愿意自己独立作出决策,担负责任。适合的职业:办公室职员、秘书、翻译。

独立型:喜欢计划自己的活动和指导别人活动或对未来的事情作出决定,在独立负责的工作情境中感到愉快。适合的职业:管理人员、律师、警察、侦查员。

协作型:在与人协同工作时感到愉快,善于引导别人,并想得到同事们的喜欢。适合的职业:社会工作者、咨询人员。

机智型:在紧张和危险的情况下,能自我控制、沉着应付,发生意外和差错时不慌不乱,出色地完成任务。适合的职业:驾驶员、飞行员、消防员、救生员。

自我表现型:喜欢表现自己的爱好和个性,根据个人感情作出选择,通过工作表现自己的思想。适合的职业:演员、诗人、音乐家、画家。

严谨型:注重工作过程中各个环节、细节的精确性。愿意按一套规划和步骤尽可能将工作做得完美,倾向于严格、努力地工作,以看到自己出色完成工作的效果。适合的职业:会计、出纳员、统计员、校对员、图书档案管理员、打字员。

绝大部分职业都同时与几种性格类型特点相吻合,而个人也可能同时具有几种职业性格类型的特点。在实际中,应根据个人的性格与职业的要求,具体情况具体处理,不能一概而论。

二、职业生涯管理的含义

职业生涯管理,是指为了更好地实现个人目标,使个人在整个职业历程的工作更富有成效,对整个职业历程进行计划、实施、评估,并根据外部环境和自身因素,以及实施的效果进行调整的过程。

职业生涯管理主要涉及两方面:组织职业生涯管理和自我职业生涯管理。前者是指由组织实施的、旨在开发员工的潜力、留住员工、使员工能自我实现的一系列管理方法。后者是指社会行动者在职业生命周期(从进入劳动力市场到退出劳动力市场)的全过程中,由职业发展策略、职业进入、职业变动和职业位置的一系列变量构成。

职业生涯管理的内涵在于:第一,有效的员工职业生涯自我管理是其职业生涯成功的关键。第二,组织协助员工规划其生涯发展,并为员工提供必要的学习、培训、岗位轮换等机会,有利于促进员工职业生涯目标的实现。

表8-3 职业生涯管理中的角色

个 人	经 理	组 织
承担个人职业发展责任; 评价自己的兴趣、技能和价值观; 搜索职业信息和资料; 建立目标和职业计划; 把握发展机遇; 与上司讨论你的职业; 执行现实的职业计划。	提供及时的绩效反馈; 提供发展性任务和支持; 参与职业发展探讨; 支持雇员发展计划。	交流组织、使命、政策和发展进程; 提供培训和发展机会; 提供职业信息; 提供一些可供选择的职位。

三、影响职业生涯的因素

人的职业生涯,首先是择业道路以及发展得顺利与否的问题,进而是能否获得成功,以及有多大成就的问题。影响职业生涯顺利与否、成功与否的因素包括以下几个方面:

(一)教育背景

教育是赋予个人才能、塑造个人人格、促进个人发展的一种社会活动,它对人的职业生涯具有的巨大影响,表现在它奠定了一个人的基本素质。

首先,获得不同教育程度的人在个人职业选择与被选择时,具有不同的能量。这种能量关系着职业生涯的开端与适应期是否良好,还关系着此人以后的发展、晋升是否顺利。

其次,个人所接受教育的专业、职业种类,对于此人的职业生涯有决定性的影响。在大多数情况下成为个人职业生涯的前半部分以至一生的职业类别。即使此人转换职业,也往往与自己所学的专业有一定的联系,或者以所学的专业理论、知识、技能为基础,流动到更高层次的职业岗位上。

再次,人们所接受的不同等级的教育、所学的不同学科门类、所在的不同院校及其接受的不同教育思想,会给受教育者带来不同的思维模式与意识形态,从而使人们以不同的态度对待自己和社会、对待职业的选择与职业生涯的发展。

（二）家庭影响

一个人的家庭是培养人的素质和影响人的职业生涯的重要因素。人从幼年时期就开始受到家庭的深刻影响。长期潜移默化的结果，会使人形成特定的价值观和行为模式。许多人还会受到家庭中父兄的教诲和各种影响，自觉或不自觉地习得某些职业的知识和技能。这种价值观、行为模式、职业知识和职业技能，必然从根本上影响着一个人的职业理想和职业目标，影响着此人职业选择的方向、种类，以及选择中的冒险与妥协程度、对职业岗位的态度乃至工作中的种种行为表现，等等。

（三）个人需求与心理动机

人们在就业时，出于对不同职业的评价和价值取向，要从社会众多的职业中选择其一；就业后也要从若干个人的发展机会中进一步作出职业生涯的调整，从而使自身获得尽量好的归宿，取得自己的成功。为了达到自己的目标和取得成功，人们要付出各种努力，包括做出一定的牺牲。

就一般情况而言，人在年轻时意气风发，成功的目标和择业的标准都较高。人到成年，特别是人过中年，就越来越现实。因为不论是一般的劳动者，还是事业上有成就的人，在有了相当多的职业实践，有了各种阅历以后，都更容易看到社会环境的约束，其成功的目标和择业、转职的标准就都非常实际，从而更好地适应社会与所在组织的情况。

（四）机遇

机遇是一种随机出现的、具有偶然性的事物。这种机遇，既包括社会各种就业岗位对于一个人而言的随机性机缘，也包括所在组织给个人提供的培训机会、发展条件和向上流动的职业情境。

对于一个人来说，不同的职业机遇，可能决定不同的职业道路，进而影响职业的成长和事业的成功。

（五）社会环境

社会环境，通常是指社会的政治、经济形势，涉及人们职业权利的管理体制、社会文化与习俗、职业的社会评价及时尚等“大环境”。这些环境因素决定了人们对不同职业的认定和步入职业生涯、调整职业生涯的决策。

进而言之，社会环境决定着社会职业结构的变迁，从而也决定了人的职业生涯不可抗拒、不可逆转的变动规律性。除了宏观的环境外，社会环境还指个人所在的学校、社区、家族关系、个人交际圈子等“小环境”。这些环境因素，决定着一个人具体的社会活动范围、内容及其所受到的限制，从而也决定了个人职业生涯的具体际遇。

特别提示

孔子人生七个阶段法

表 8－4　孔子人生七个阶段

年龄阶段	发展阶段	主要特征
0—15 岁	从学前期	已经开始学习
15—30 岁	立志与学习时期	与前期相比，此时的学习更与志向接近
30—40 岁	自立时期	懂礼、独立于社会
40—50 岁	不惑时期	不被外界事物所迷惑，办事不犹豫
50—60 岁	知天命时期	认识自然规律，知道自己的人生使命
60—70 岁	耳顺时期	冷静地倾听别人的意见、辨别真假、明辨是非
70 岁以上	从心所欲不逾矩时期	言行自由，自觉遵守客观规律和道德规范

资料来源：郑晓明. 人力资源管理导论. 北京：机械工业出版社，2005.

第二节　职业生涯管理理论

一、职业选择理论

职业选择，是指劳动者依照自己的职业期望和兴趣，从对职业的评价、意向、态度出发，靠自身能力从社会现有的职业中进行挑选的过程。职业选择，就是要促使自身能力素质和职业需求特征相符合。一般来说，人们在自己的职业生涯中，会从自己的职业期望和理想出发，根据个人的兴趣、能力、特点等自身素质，从社会现有的职业中选择自己的职业。从某种意义上说，选择了自己的职业，实际上就等于选择了自己的职业生涯。

在人们一生的职业生涯中，职业选择是其中一个相当重要的环节。为此，许多心理学家或职业指导专家对职业选择的问题进行了专门研究，这里介绍其中两种较有影响的职业选择理论。

（一）人格类型与职业类型匹配

人格类型与职业类型匹配理论，是将人格与职业划分为不同的类型，当属于某一人格类型的人选择了相应类型的职业时，即达到了匹配。社会对个人择业的指导，也就是要达到人格类型与职业类型的匹配。

这一理论是美国著名职业指导专家霍兰德（Holland）于20世纪60年代创立的。霍兰德从心理学、价值观理论出发，经过大量职业咨询指导的实例积累，提出了职业活动意义上的人格分类，包括现实型、研究型、艺术型、社会型、企业型和传统型六种类型，相应地，社会职业也分为上述六种类型。

主要原则为：①职业选择是个人人格的延伸和表现，个人的兴趣即是人格；②同一职业团体内的人具有相似的人格，因此，他们对很多情境和问题会有类似的反应方式，从而产生类似的人际环境；③人可以分成六种人格类型：现实型、研究型、艺术型、社会型、企业型和传统型，人所处的环境也可以相应地分为：现实型、研究型、艺术型、社会型、企业型和传统型，每一特定类型人格的人，会对相应职业类型中的工作或学习感兴趣；④个人的人格与工作环境之间的适配与对应，是职业满意度、职业稳定性与职业成就的基础。

1. **实际型（R）**

实际型也称现实型。属于现实型人格者，喜欢从事技艺性的或机械性的工作，动手能力强，做事手脚灵活，动作协调。偏好于具体任务，不善言辞，做事保守，较为谦虚。缺乏社交能力，通常喜欢独立做事。属于这一类型的职业有技术性职业（计算机硬件人员、摄影师、制图员、机械装配工），技能性职业（木匠、厨师、技工、电工、修理工、司机、农民、一般劳动），等等。

2. **研究型（I）**

研究型人格者，是思想家而非实干家，抽象思维能力强，求知欲强，肯动脑，善思考，不愿动手。喜欢独立的和富有创造性的工作。知识渊博，有学识才能，不善于领导他人。考虑问题理性，做事喜欢精确，喜欢逻辑分析和推理，不断探讨未知的领域。属于该类的职业有科学研究人员、技术发明、计算机程序设计、教师、工程师、实验员、医生、系统分析员，等等。

3. **艺术型（A）**

属于艺术型人格者，喜欢通过各种媒介表达自我的感受，有创造力，乐于创造新颖、与众不同的成果，渴望表现自己的个性，实现自身的价值。做事理想化，追求完美，不重实际。具有一定的艺术才能和个性。善于表达、怀旧、心态较为复杂。审美能力较强，感情丰富且易冲动，热衷于标新立异，不顺从他人，不善于事务性工作。该类职业有，艺术方面（演员、导演、艺术设计师、雕刻家、建筑师、摄影家、广告制作人、室内装饰专家），音乐领域（歌唱家、作曲家、乐队指挥），文学领域（小说家、诗人、剧作家、记者），等等。

4. **社会型（S）**

社会型也称服务型。属于社会型人格者，喜欢与人交往、不断结交新的朋友、善言谈、愿意教导别人。关心社会问题、渴望发挥自己的社会作用。寻求广泛的人际关系,比较看重社会义务和社会道德,但往往缺乏机械能力。该类职业有社会学家、导游、咨询人员、社会工作者、心理治疗医生、精神病工作者、公共保健护士等。

5. **企业型**(E)

企业型也称决策型或领导型。属于企业型人格者,其性格外向,直率、果断、精力充沛,自信心强,有支配他人的倾向和说服他人的能力。追求权力、权威和物质财富,具有领导才能。喜欢竞争、敢冒风险、有野心、抱负。为人务实,习惯以利益得失、权力、地位、金钱等来衡量做事的价值,做事有较强的目的性。该类职业有项目经理、销售人员、营销管理人员、政府官员、企业领导、法官、律师、政治家、调度员等。

6. **常规型**(C)

常规型也称传统型。属于常规型人格者,喜欢从事有条理、有秩序的工作,尊重权威和规章制度,喜欢按计划办事,细心、有条理,习惯接受他人的指挥和领导,自己不谋求领导职务。喜欢关注实际和细节情况,通常较为谨慎和保守,缺乏创造性,不喜欢冒险和竞争,富有自我牺牲精神。

该类职业有财会人员、秘书、办公室人员、记事员、成本估算员、行政助理、图书馆管理员、出纳员、打字员、税务员、统计员、投资分析员等。

显而易见,每一种类型的人各有长、短,从全社会的角度以及从人的心理差异的角度看,却是中性,无所谓哪一种好些、哪一种差些,而只有与职业类型是否匹配的问题。

人格的类型,在一定意义上是对社会刺激的反应,是人与环境、人与社会的互动倾向的反映。人格类型划分的理论和它的应用,比人格特性论简明方便,常为人们进行职业选择及前期的职业定向时所用。这六种人格类型(职业兴趣)可用一个六边形表示(见图 8 - 1)。

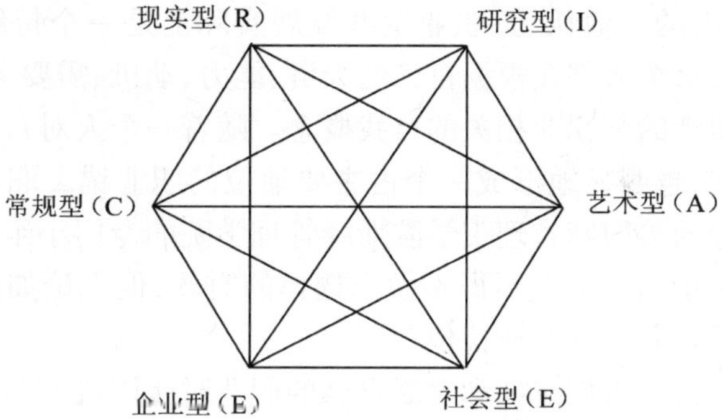

图 8 - 1　霍兰德人格类型理论

(二)人格类型与职业因素匹配

所谓人格特性与职业因素匹配理论,指的是依据人格特性及能力特点等条件,寻找具有与之对应因素种类的职业,也称"特性与因素匹配理论"。

这一理论由美国波士顿大学弗兰克·帕森斯教授创立。这是用于职业选择与职业指导的最经典的理论之一。1909年,帕森斯在其所著的《职业选择》一书中明确提出了职业选择的三大要素,即:第一,自我了解:性向、成就、兴趣、价值观和人格特质等;第二,获得有关职业的知识:信息类型(职业描述、工作条件、薪水等)、职业分类系统、职业所要求的特质和因素;第三,整合有关自我与职业世界的知识。帕森斯的理论强调:在做出职业选择之前,首先是要评估个人的能力,因为个人择业的关键就在于个人的特质与特定行业的要求是否相配;其次是要进行职业调查,即强调对工作进行分析,包括研究工作情形、参观工作场所、与工作人员进行交谈;最后要以人职匹配作为职业指导的最终目标。帕森斯认为,只有这样,人才能适应工作,且使个人和社会同时得益。

帕森斯认为,职业与人的匹配,分为以下两种类型:

第一,条件匹配:即所需专门技术和专业知识的职业与掌握该种特殊技能和专业知识的择业者相匹配。

第二,特长匹配:即某些职业需要具有一定的特长,如具有敏感、易动感情、不守常规、有独创性、个性强、理想主义等人格特性的人,宜于从事美的、自我情感表达的艺术创作类型的职业。

二、职业锚理论

(一)职业锚的含义

职业锚(Career Anchor)是由美国著名的职业指导专家埃德加·H.施恩(Edgar H. Schein)教授提出的。他认为,职业生涯发展实际上是一个持续不断的探索过程,在这一过程中,每个人都在根据自己的天资、能力、动机、需要、态度和价值观等慢慢地形成较为明晰的与职业相关的自我概念。随着一个人对自己不断深入的了解,这个人就会越来越明显地形成一个占主要地位的职业锚。职业锚这一概念最初产生于施恩领导的美国麻省理工学院斯隆管理学院的专门小组。那么究竟什么是职业锚呢?它是指当一个人不得不做出选择的时候,他无论如何都不会放弃的职业中的那种至关重要的东西或价值观。

职业锚实际上就是人们选择和发展自己的职业时所围绕的中心。一个人对自己的天资和能力、动机和需要,以及态度和价值观有了清楚的了解之后,就会意识到自己的职业锚到底是什么。一个人过去的所有工作经历、兴趣、资质、性向等才会集合成一个富有意义的职业锚,这个职业锚会告诉此人,对他个人来说,到底什么东西是最重要的。职业锚是“自省的才干、动机和价值观的模式”，同时也是自我意向的一个习得部分。

职业锚是个人和工作情境之间早期相互作用的产物，只有经过若干年的实际工作后才能被发现，职业锚核心内容的职业自我观由三部分内容组成：(1)自省的才干和能力，以各种作业环境中的实际成功为基础。(2)自省的动机和需要，以实际情境中的自我测试和自我诊断的机会以及他人的反馈为基础。(3)自省的态度和价值观，以自我同雇佣组织与工作环境的准则和价值观之间的实际遭遇为基础。

了解职业锚的概念，要注意以下几个方面：

1. 职业锚产生于早期职业生涯阶段，以雇员习得的工作经验为基础。个人在面临各种各样的实际工作生活情境之前，不可能真正地了解自己的能力、动机和价值观之间将如何相互作用，以及在多大程度上适应所作的职业选择。

2. 职业锚强调个人能力、动机和价值观三方面的相互作用与融合。职业锚是雇员自我观中的才干、动机、需要、价值观和态度等相互作用与逐步整合的结果，而不是只重视其中的某一方面。

3. 职业锚是不可能根据各种测试提前进行预测的。职业锚是个人同工作环境互动作用的产物，由于实际工作的偶然性，职业锚是不可能根据各种测试出来的能力、才干或者动机、价值观等进行预测的。

4. 职业锚不是固定不变的。虽然职业锚是个人稳定的职业贡献区和成长区，但这不意味着个人的职业锚是固定不变的。职业锚是在不断发生变化的，它实际上是一个不断探索过程所产生的动态结果。

(二)职业锚的类型

1. 技术/功能能力型职业锚

那些具有较强的技术或功能性职业锚的人，总是倾向于选择那些能够保证自己在既定的技术或功能领域中不断发展的职业，而不愿意选择那些带有一般惯例性质的职业。

2. 管理能力型的职业锚

管理型的人追求并致力于工作晋升，倾心于全面管理，独自负责一个部分，可以跨部门整合其他人的努力成果，他们想去承担整个部分的责任，并将公司的成功与否看成自己的工作。具有强有力的升迁动机和价值观，以提升、等级和收入作为成功的标准。具有分析能力、人际沟通能力和情感能力的强强组合。

3. 创造型职业锚

这种人的职业发展都是围绕创业性努力而组织的，他们有强烈的创造需求和欲望。意志坚定，勇于冒险。这种创业性努力会使他们能创造出新的产品或服务，或是搞出创造发明，或是创办自己的企业。

4. 自主与独立型职业锚

追求自主与独立的人希望自己能够决定自己的命运，希望摆脱那种在企业中依赖别人的境况。希望随心所欲安排自己的工作方式、工作习惯、时间进度和生活方式。追求能施展个人能力的工作环境，追求在工作中享有自身的自由，有较强的职业认同感，认为工作成果与自己的努力紧密相连。

5. 安全型职业锚

属于这一类型的人极为重视长期的职业稳定和工作的保障，他们比较愿意从事能够提供有保障的工作、体面的收入，以及可靠的未来生活的职业。追求安全、稳定的职业前途，是这一类职业锚人员的驱动力和价值观。他们选择的职业往往有良好的退休计划和较高的退休金，使自己能够终生有所依托。另外，对于喜欢稳定工作的人，他们往往不愿意因为工作而变动生活环境。

（三）职业锚的功能

1. 有助于识别个人的职业抱负模式和职业成功标准；
2. 能够促进员工预期心理契约的发展，有利于个人与组织稳固地相互接纳；
3. 有助于增强个人的职业技能和工作经验，提高工作效率和劳动生产率；
4. 职业锚可为员工中后期职业生涯的发展奠定基础。

拓展知识

职业转型应做哪些准备？

在人才市场淘汰和竞争态势逐渐加剧的形势下，面临转行、转型困惑的人不在少数。跨出转型的第一步，究竟要做些什么样的准备？职业生涯规划专家认为，以下四大准备是基础。

一、技能准备

技能是指转入该行业所需的特殊能力。转入任何一个新的领域，都势必面对它的特殊性。必须让自己具备适应这一领域特点的技能，才可能促使转型成功。人们往往忽视具有专业特性技能的培训，这是不对的。技能是从事某一领域工作的基本功，也是通往成功的基本因素，它会最直接地让你突破最初始的尴尬和障碍。

二、心理准备

转入一个新的职业范畴，势必面临内界和外界双重的压力，如果没有充足的自信心和冷静的心态，则很容易误入歧途，或者绕很多弯路，造成很多金钱和时间上的浪费。心理上的准备其实是改变的基础，很多事情是“没有做不到，只有想不到”的，一旦心态上作了充分准备，其他事情就好办了。

三、环境准备

了解所处的环境，才能了解自己的竞争力何在，优势何在，弱点何在，才能更准确地把握进退的选择和策略。所以，转型之前，对环境的调查必不可少。环境的调查包括对自己所在的行业、所从事职业的大形势的调查；也包括对自己转型后的人际、待遇等各方面的小环境的调查。

四、知识准备

这里所说的知识，不是指前已述及的技能，而更多的是对技能的交叉和应用。因为转入新领域，需要的不仅仅是技能，获取多渠道的信息才能丰富知识的内在可靠性，也才能方便自己做出准确有力的判断。所谓的综合能力，体现的也是这一块内容。

特别提示

要想解决往哪里转的问题，先来看看决定转型成功的七个要素：

(1)职业倾向性：尽量转向你喜欢的职业或适合的职业；

(2)人脉：尽量转向能够充分运用现有人脉的职业；

(3)企业背景：尽量跳往背景相似的企业；

(4)成长背景：尽量转向在你职业发展中烙下“印记”的职业；

(5)信息储备：尽量转向你有足够信息储备的职业；

(6)专业背景：尽量转向与你的专业有关联的职业；

(7)经济实力：经济实力越强，越能够承受转型的风险，从而加大成功的可能性。

每个人在转型时都应结合想要转的方向，对比上面七个要素，如果有四个契合，转型成功的可能性就会很大。

三、职业发展理论

每个人的职业生涯都要经历许多阶段，只有了解了不同阶段的特征、知识水平要求和各种职业偏好，才能更好地促进个人的职业生涯发展。西方国家对职业生涯的发展，有比较深入的理论研究，职业发展理论主要是关于个体职业发展的阶段性理论。代表理论为萨伯(Donald E. Super)的终生职业发展理论。

美国著名的职业管理学家萨伯从终生发展的角度出发，将一个人的职业过程分为成长阶段、探索阶段、确立阶段、维持阶段和衰退阶段。

1. 成长阶段(14岁以前)

成长阶段大体上可以界定在从一个人出生到14岁这一年龄段上。在这一阶段,个人通过对家庭成员、朋友、老师的认同以及与他们之间的相互作用,逐渐建立起了自我的概念,知道了如何看待自己。

2. 探索阶段(15—24 岁)

在这一阶段,个人将认真地探索各种可能的职业选择。他们试图将自己的职业选择同他们对职业的了解,以及通过学校教育、休闲活动和个人工作等途径中所获得的个人兴趣与能力匹配起来。人们在这一阶段,以及以后的职业阶段需要完成的最重要任务也许就是对自己的能力和天资形成一种现实性的评价。处于这一阶段的人还必须根据来自各种职业选择的可靠信息来做出相应的教育决策。

此阶段可分为三个时期:(1)尝试期(15—17 岁)。综合考虑自己的需求、兴趣、能力和价值观,幻想、讨论并开始做一些尝试性的工作。(2)过渡期(18—21 岁)。进入人才市场或寻找机会继续深造,更加现实地考虑工作世界的雇佣机会,力图实现自我。(3)试验期(22—24 岁)。选定某个工作领域,相信它可能会是你毕生从事的行业,但还没有做出最后决定。

3. 确立阶段(25— 44 岁)

这一年龄段是大多数人工作生命周期中的核心部分。人们通常愿意(尤其是在专业领域)早早地就将自己锁定在某一已经选定的职业上。然而,在大多数情况下,在这一阶段人们仍在不断地尝试与自己最初的职业选择所不同的各种能力和理想。通常情况下,在此阶段的人们第一次不得不面对一个艰难的抉择,即判定自己到底需要什么,什么目标是可以达到的,以及为了达到这一目标自己需要做出多大的牺牲。

这是大多数人职业生涯的核心部分,是人生的高产期。可以分为两个时期:①稳定期(或第二次试验期);②前进期。有些人也许在此阶段会出现职业中期危机,发现自己没有朝着目标前进或者发现了新的目标,因此,需要重新评价自己的目标和需求。

4. 维持阶段(45—64 岁)

到了 45—65 岁这一年龄段上,许多人就很简单地进入了维持阶段。在这一职业的后期阶段,人们一般都已经在本职工作领域中为自己创立了一席之地,因而他们的大多数精力主要就放在保有这一位置上了。此时个体在自己所选择的岗位上继续前进,有的已达到“功成名就”,有的力求维持已取得的成就和社会地位,不再考虑变换职业。

5. 衰退阶段(65 岁以上)

当退休临近的时候,人们就不得不面临职业生涯中的下降阶段。在这一阶段,许多人都不得不面临这样一种前景:接受权力和责任减少的现实,学会接受一种新角色,学会成为年轻人的良师益友。再接下去,就是几乎每个人都不可避免地要面对的退休。这时，人们所面临的选择就是如何去打发原来用在工作上的时间，属于退休阶段。精力和体力都在逐渐衰减，工作进展会衰减乃至停止。此时在家庭中投入了相当多的时间，休闲者和家长的角色最为突出。

第三节　职业生涯规划与管理

一、职业生涯规划的含义与类型

1. 职业生涯规划的含义

职业生涯规划是指对人们职业生涯的计划和安排。要对自己的职业生涯进行科学的规划，必须客观认知自己的能力、兴趣、个性和价值观，发展完整而适当的职业自我观念，将个人发展与组织发展相结合，在对个人和环境因素进行分析的基础上，深入了解各种职业的需求趋势，以及成功的关键因素，确定自己的事业发展目标，并选择实现这一事业目标的职业或岗位，编制相应的工作、教育和培训行动计划，制定出基本措施，高效行动，灵活调整，有效提升职业发展所需的知识、技能和应变能力，使自己的事业得到顺利发展，并获取最大程度的事业成功。

职业生涯规划，既包括个人对自己进行的个体职业生涯规划，也包括企业对员工进行的职业生涯规划管理体系。职业生涯规划不仅可以使个人在职业起步阶段成功就业，而且可以使个人在职业发展阶段走出困惑，到达成功的彼岸；对于企业来说，良好的职业生涯管理体系还可以充分发挥员工的潜能，给优秀员工一个明确而具体的职业发展引导，从人力资本增值的角度达到企业价值最大化。在任何社会、任何体制下，个人职业规划更为重要，它是个人职业生涯发展的真正动力和加速器，其实质是追求最佳职业生涯发展道路的过程。

2. 职业生涯规划的类型

职业生涯规划按照时间的长、短分类，可分为人生规划、长期职业规划、中期职业规划与短期职业规划四种类型，具体见表 8－5 所示。

表 8－5　职业生涯规划类型

类　型	定义与任务
人生规划	整个职业生涯的规划，包括从求学阶段的学业规划到退休后的生活规划，设定整个人生的发展目标。如规划成为一个有数亿资产的公司董事。
长期职业规划	5—10 年的规划，主要设定较长远的目标。如规划 30 岁时成为一家中型公司的部门经理，规划 40 岁时成为一家大型公司的副总经理。

续表

类 型	定义与任务
中期职业规划	一般为2—5年内的目标与任务。如规划到不同业务部门做经理，规划从大型公司部门经理到小公司做总经理等。
短期职业规划	2年以内的规划，主要是确定近期目标，规划近期完成的任务。如对专业知识的学习，2年内掌握哪些业务知识等。

二、职业生涯规划的作用

1. 有利于促进员工的成长和发展

为了有效地实现自我价值，以保证在事业上取得更大的成就，任何人都需要对个人所从事的职业、要去的工作单位、要负担的工作职务，以及对在工作职位上的发展道路进行全面策划，确立明确的目标，并为实现各阶段的事业目标自觉地进行有关个人的知识、技术与能力的开发活动。因此，职业生涯设计在现代景区人力资源管理中是强化自我管理、有效开发与利用员工智能的重要手段。

2. 职业规划促进企业有效使用人才

现代科学技术的迅猛发展和竞争日趋激烈的市场经济，一方面使景区组织面临严峻的挑战；另一方面又给景区组织的发展和变革提供了机会。如果一个景区不善于培养和调动本组织的员工去应对挑战，去从事发展和变革所带来的新工作，就必然会失掉组织发展的良机。实践证明，职业规划既是为员工提供成长和发展的机会，提高员工满意度的有效途径，又是现代企业组织培养人才最经济和最有效的方法之一。

拓展知识

职业生涯规划的意义

1. 规划能让人生有目标，目标让人生富有意义。

哈佛大学有一个非常著名的关于目标对人生影响的跟踪调查，调查对象是一群智力、学历和环境等条件都相仿的年轻人，调查结果如下：

3%的人有清晰且长期的目标，一直朝着同一方向不懈地努力。25年后，他们几乎都成了社会各界的顶尖成功人士，其中不乏创业者、行业领袖和社会精英。

10%的人有清晰的短期目标，大都生活在社会的中上层。他们的共同特点是：不断完成预定的短期目标，生活状态逐步上升。25年后，他们成为了诸如医生、律师、工程师、高级主管等各行各业不可或缺的专业人士。

60%的人目标模糊,25年后能安稳地生活与工作,但都没有什么特别突出的成绩。

其余的27%是那些没有目标的人群,他们几乎都生活在社会的最底层,生活过得很不如意,常常失业,靠社会救济,且常常都在抱怨他人、抱怨社会、抱怨世界。

2. 职业生涯规划能帮助个人认识就业形势,居安思危,唤醒职业规划意识,激发成就动机。

职业生涯规划的主要内容就是要了解职业、了解劳动力市场,以及了解当前的就业形势,对自己所处环境有一个清醒的认识,保持积极的心态,为将来的职业前程做好准备。

3. 职业生涯规划能帮助个人做出正确的职业选择,找到适合自己的职业目标。

通过分析,认识自己、了解自己、明确自己的优势,正确设定自己的职业发展目标,并制订行动计划,使自己的才能得到充分发挥,从而实现职业发展目标。

4. 职业生涯规划能够帮助个人培养职业能力与职业素质,增强自我效能感。

通过职业生涯规划,使自己明确职业发展目标,逐步提升自己的能力和素质,使自己更加自信地面对在学习、生活中遇到的各种问题。

5. 职业生涯规划有助于抓住重点,增加成功的可能性。

制定职业生涯规划的一个最大好处是有助于我们按轻、重、缓、急安排好日常的工作,紧紧抓住工作的重点,增加成功的概率。

三、个人职业生涯规划

每个人都需要选择职业,每个人都渴望成功,但许多人并不知道什么职业最适合自己,怎样设计才容易使事业有成。比如"经商热"时,一些并无商业才能的人也纷纷"下海"去办公司,研究生、大学生毕业时,大多首选经济发达地区和大单位,然后才考虑专业及个人所长。这种"随大流"、"赶热门"的职业选择方式,由于欠缺对自身特点和环境的认识,往往难以在事业中有所发展。因此,对一个人的职业发展,组织虽然承担重要责任,但真正对职业成长负有责任的仍然是个人,想要成就一番事业,就必须规划自己的职业生涯。

(一)个人职业生涯规划的内涵与意义

个人职业生涯规划,是指个人根据自身的条件和客观环境的分析把握,确定自己的职业发展目标,并为顺利地实现这一职业发展目标,对自己一生职业发展道路进行的规划。它包括选择什么职业,以及在什么地区和什么单位从事这种职业,进行何种职业教育培训或教育;还包括在这个职业队伍中承担什么职务等内容。一般来说,个人希望从职业生涯的经历中不断得到成长和发展。

个人通过职业生涯规划，可以明确自己的职业方向，并努力地沿着这个方向，充实提高自己，发挥自己的潜能，使自己迈向成功。无论从哪个角度讲，个人职业生涯规划对一个人的发展与成功具有重要意义。

1. 个人职业生涯规划是实现自我变革、自我管理的有效工具

随着信息技术和知识时代的到来，每个人都需要不断地进行自我变革、自我充电才能适应瞬息万变的社会，取得属于自己的一席之地。对个人来说，这种自我变革的重要手段就是职业生涯规划，它是每个员工充分开发自己的潜能、并自觉地进行自我管理的有效工具。

2. 个人职业生涯规划有助于个人确定职业发展方向和路径

职业生涯规划能够帮助个人确定符合自己兴趣与特长的生涯路线，正确设定自己的职业发展目标，并制订行动计划，使自己的才能得到充分发挥，以实现职业发展目标。

3. 个人职业生涯规划给人以目标引导和前行的动力

职业生涯规划是努力的依据，能够鞭策个人努力工作，它好比给了个人一个看得见的射击靶，方向已定，目标明确，给人以前行的激励和动力。

一个人的每一种职业体验，都会促使对自我的重新认识，从而校正自己的职业抱负，无论成败，都会使员工重新认识自己的潜力和不足。个人对自己的职业发展有自己的设想，并试图按照这一设想去实现理想中的职业生涯，从而得到自己的工作单位、家庭和社会的认可。另外，职业生涯规划还有助于个人抓住重点，帮助个人安排日常工作的轻、重、缓、急，平衡家庭与朋友、工作与个人爱好之间的关系。

（二）个人职业生涯规划的原则与设计

职业生涯规划要使一个人走向成功，必须在规划时充分考虑到个人的特性和企业的发展需求，将个人发展与组织发展相结合，遵循一定的原则，按照规范的步骤进行。

1. 个人职业生涯规划的原则

(1)职业应与价值观相符。美国著名管理学家彼得·德鲁克先生说：“你要从业的职业，应能与你的价值观相似，又能将你的长处发挥于其中。”在这里，德鲁克先生特别强调了价值观和兴趣。价值观是一个人在达成目标过程中，愿意采取的方式，不易改变。

(2)我们选择从事的专业、职业，如果能够用己所长，就可以起到事半功倍的效果。

(3)选择的职业应是自己感兴趣的。兴趣，是指人对事物的特殊认识倾向。孔子曰：“知之者不如好知者，好之者不如乐之者。”“兴趣是最好的老师”。若一个人所从事的职业是自己感兴趣的，就会自觉、自愿地利用一切机会去学习、琢磨，从

而也比较容易取得成绩，取得了成绩，人就会有成就感。“绩效本身就是激励”，从而推进自己更上一层楼。这就构成了一种积极的、正向循环的职业发展路径。

(4)选择的职业应该是社会所需要的。每个人选择了职业，都希望职业道路越走越宽，进而实现自己的职业生涯目标。而只有职业是社会所需要的，社会才能为此职业注入更多的资源，提供更好的机会。因此，我们在择业时，应该选择有良好发展前景的职业。

2.个人职业生涯设计

个人职业生涯规划的内容虽然因人而异，但在制定个人职业生涯规划时，需要考虑的要素基本相同。综合分析一些重要的因素，职业生涯规划一般要经过八个步骤来完成：确定志向、自我剖析与定位、职业生涯机会评估、职业的选择、职业生涯路线的选择、规划个人职业生涯目标、职业生涯策略的制定、职业生涯规划的反馈与修正。

(1)确定志向。志向是指一个人的理想、抱负和价值取向。立志是人生的起跑线，反映出一个人的理想、胸怀、情趣和价值观，影响着一个人的奋斗目标及成就的大小。要确立自己的志向，就必须认识自我，只有认识自己，才能掌握人生。立志是进行职业生涯设计的关键，也是生涯设计中最重要的一点。古希腊有一个圣殿，墙上刻有一句名言：“想要认识你自己，你就要问上帝：想了解宇宙，最短的路径就是先了解你自己。”老庄学说也提出：“知人者智，自知者明。”

(2)自我剖析与定位。自我剖析是对自己进行全面分析，从而达到认识自己、了解自己，准确地给自己定位。自我剖析的内容包括自己的兴趣、爱好、特长、性格、学识、技能、智商、情商、心商、思维方式，以及协调、组织管理、活动能力等。自我剖析是一种常用的职业生涯规划方法，通过这种对自我、目标、环境及状况的综合分析和鉴定，员工能更好地选择其职业道路，加快达到职业目标的步伐。

(3)职业生涯机会评估。职业生涯机会评估是对自己所处的内外环境进行分析，以确定自己是否适应组织环境或者社会环境的变化，以及怎样作自我调整，以适应组织和社会的需要。每个人都生活在一定的环境中，环境为每个人提供活动的空间、发展的条件、成功的机遇等。在制定职业生涯规划时，必须具体分析环境的特点、环境的发展变化、个人与环境的关系、环境对个人提出的要求，以及环境中对自己有利与不利的因素，等等。只有将自身因素与社会和组织环境紧密结合，趋利避害，才能更好地进行职业目标的规划与职业路线的选择。

(4)职业的选择。职业选择正确与否，直接关系到人生事业的成败。个人在进行职业选择时要注意三点。第一，定向，即解决职业生涯规划设计中“干什么”这个问题；第二，定点，即确定职业发展的地点，解决“在何处干”的问题；第三，定位，即择业前要对自己的能力、薪资期望、心理承受力等进行全面分析，做出较准确的定位,也就是"怎么干"的问题。

(5)职业生涯发展路线的制定。职业生涯发展路线,是指一个人选定职业后从什么方向上实现自己的职业目标。比如是向专业技术方向发展,还是向行政管理方向发展。发展方向不同,要求就不同。实际上,它包括一个个职业阶梯,由低至高拾级而上。如财务分析员——主管会计——财务部主任——公司财务副总裁。个人可以按照职业生涯发展路线来安排自己的工作变动,并不断训练与开发担任各级职务和从事不同职业的各种能力。

具体而言,应把握四条原则:择己所爱、择己所能,择己所需,择己所利。在这些基础上考虑以下三个问题:第一,我希望向哪方面发展。主要考虑自己的价值、理想、成就动机、确定自己的目标取向。第二,我适合向哪方面发展。主要考虑自己的性格、特长、技能、情商、学历等主观条件,确定自己的能力取向。第三,我能够向哪方面发展。主要考虑自身所处的社会环境、政治环境、经济环境、组织环境等。

(6)职业生涯目标的规划。职业生涯目标的确定,最好分为短、中、长期三个阶段,以作为个人努力的依据,并在实现的过程中,逐步修正现行计划。当然,确定目标也要遵循一定的原则:目标要符合社会与组织的需要,有需要才有市场、才有位置;目标要适合自身的特点,尽可能地与自身的优势相结合;目标的高度要适当,不能偏低,但也绝不能好高骛远;注意长期目标与短期目标相结合,长期目标指明发展的方向,短期目标是实现长期目标的保证;目标要明确、具体,同时也应注意职业目标与家庭目标,以及个人生活与健康目标的协调与结合,家庭美满与身体健康是事业成功的基础和保障。

(7)职业生涯策略的制定。在确定了职业生涯目标后,要实现职业生涯目标还必须有相应的职业生涯策略做保证。职业生涯策略是指为争取职业生涯目标的实现所采取的各种行动和措施。无论理想多么美好,目标多么合乎自身特征,如果不采取具体策略将其付诸实践,理想或目标都会成为空中楼阁。因此,职业生涯策略是规划中最关键、也是最艰难的一个步骤。个人应该针对不同的职业目标,制定与之相对应的最优策略,通过坚持不懈的努力,来实现个人在工作与生活中良好的表现和业绩。职业生涯策略要具体、明确,以便定期检查落实的情况。

(8)职业生涯规划的反馈与修正。影响职业生涯规划的因素有很多,有些因素可以预测,而有些因素则难以预测。因此,要使职业生涯规划行之有效,就需不断地对职业生涯规划进行评估与修订。在实施职业生涯规划的过程中,个人应自觉地总结经验和教训,评估职业生涯规划,不断修正对自我的认知。通过反馈与修正,可以纠正或避免最终目标与子目标的偏差。同时,还可以极大地增强个人实现职业目标的信心。其修订的主要内容主要包括:职业的重新选择、职业生涯路线的选择、职业生涯目标的修正、实施策略的变更等。

特别提示

2011 年十大最热门行业排行榜

2011 届毕业生就业最希望进入什么行业呢？2011 年十大热门专业是什么呢？调查表明：房地产、汽车、物流、通信(3G)、环境工程、保险、制药保健、金融、游戏产业、对外交流/翻译是最受毕业生欢迎的行业。

1.房地产

需求类型：房地产策划师、推销员等。

点评：房价上涨，建筑人才需求增加。

房地产行业就业的结构性矛盾依然存在，经验型的人才紧缺。营销类、高管类人才比较缺乏，就业前景不错，但压力很大；工程类由于工程放缓，相对而言需求短期不足，甚至会减少。未来十年甚至更长时间房地产仍将是一个重要产业，人才需求稳固。

2.汽车

需求类型：汽车修理，汽车销售代表等。

点评：汽车产业人才供不应求。

汽车的产业链很长，人才需求量很大，目前，汽车专业方面的毕业生分配处于供不应求状态。

3.物流

需求类型：物流师、供应链经理等。

点评：物流专业毕业生就业率超过 90%。

目前，物流学专业在全国比较强的有南开大学、中山大学、北京物资学院、对外经济贸易大学等。此外，还有很多职业学院与企业联合开设了专业的物流学院。就业并不是什么障碍，以湖南省为例，物流专业毕业生的实际就业率已突破 90%，个别学校甚至已突破 95%。

4.通信(3G)

需求类型：3G 工程师。

点评：通信技术是全球热点。

信息通信技术是全球发展的热点，有很好的前景。中国第四代通信技术(4G)或将引领世界潮流，中国通信业发展的速度也位于全球前列。

5.环境工程

需求类型：环境工程师、景观设计师等。

点评：投身环保正是时候。

环保行业目前正受到国家的进一步重视，而随着 2012 年 1 月国家《废弃物管理办法》的正式实施,将会有大批资金进入这个行业,投身环保可以说正是时候。不过目前的环境工程专业一般侧重大气污染、水污染等方面的处理,还没有专门针对再生资源利用与回收的,其实企业今后在这一分支领域的需求是相当大的,希望有更多的高校能够开设这方面的专业。

6. 保险

需求类型:精算师。

点评:急需高端人才。

近几年,保险业在各方面的努力下,正处于腾飞的黄金时期。保险行业中实力突出的保险公司正在向国际顶级金融保险集团的方向转型迈进,保险业资源、功能的整合是未来的发展趋势,因此需要更多的经济管理、组织管理、市场营销等方面的高端人才。

7. 制药保健

需求类型:高级医药代表、医药产品研发人员等。

点评:人才需求一直存在较大缺口。

由于法律规定药店必须有执业药师在岗,所以社会对具有职业药师资质的人才需求很大,一直存在较大缺口。无论是制药企业,还是药品流通企业,都需要这类人才。在保健品生产环节中,质量负责人和技术人员大多来自医药相关专业。保健品生产要求与药品生产近似,所以保健品企业也可为药学人才提供就业岗位。

8. 金融

需求类型:注册会计师、投资分析师等。

点评:薪金不断领涨。

巨大的压力、无处不在的诱惑、不断的创新、激烈的竞争和挑战,将构成未来银行业形态。但是,不断领涨的薪金和完善的薪酬机制成为吸纳人才的兴奋点。专业型人才,建议选择会计、统计、审计、法律、财务等专业,进入银行可从事会计内控管理、法律合规等岗位;营销型人才,建议选择金融、投行、国际贸易、经济学等专业,进入银行后可从事公司、国际业务和授信管理,此类型人才是银行核心骨干;创新型人才,建议可选择证券投资、保险学等专业,进入银行后可从事个人财富管理工作,这种岗位是银行的朝阳行业。

9. 游戏

需求类型:游戏市场推广、游戏策划师、游戏研发工程师。

点评:网游业核心人才很紧俏。

未来4—5年,国内网络游戏行业仍将面临人才紧缺。目前最紧缺的主要是网游研发中的程序(客户端程序和服务器程序)、美术(分为平面设计、3D建模、3D动作和特效四类)、策划(剧情、数值)等,就业前景很好。此外,随着移动互联网时代的到来，手机游戏的开发、策划和运营人才也将走俏。与发达国家相比，中国的游戏产业市场潜力巨大。目前，美国人口3亿，其中1亿是游戏玩家；中国有10多亿人，玩家人数不到1亿。

10. 翻译/对外交流

需求类型：同声传译。

点评：高就业、高薪水、高社会地位。

2008年北京奥运会带动了小语种的就业，2010年世博会与广州亚运会将进一步拉升小语种人才就业。

资料来源：http://info.wuhan.net.cn/pub/2011/0722/20176.shtml

四、景区组织职业生涯管理

（一）景区组织职业生涯管理的内涵与意义

景区组织职业生涯管理，是指组织对员工从事的职业进行一系列的计划、组织、领导和控制等管理活动，以实现组织目标和个人发展的有机结合。现代景区人力资源管理要求企业尽最大限度地利用职工的个人能力，为每个员工提供一个不断成长并挖掘其最大潜力走向事业成功的机会。这集中体现在帮助员工个人制定职业生涯规划，建立适合员工发展的职业通道，针对员工职业发展的需要进行适当的培训，给予员工职业成长必要的指导，以促使员工职业生涯发展和企业目标实现的“双赢”效果。景区组织职业生涯管理作为一种专业化的管理方法，一方面要求企业对现有的景区企业战略、人力资源存量、执行企业战略所需的人力资源的技能结构、人员组合等进行系统分析，将组织内部的岗位资源调动起来，并用以指导员工职业发展和职业规划的制定；另一方面，景区企业应引入科学的评价体系，如个人性格测试、素质测评、技能评估等技术，帮助员工理性地认识和评价自己能干什么，并给予其学习、培训、晋升的机会，在景区组织内部设立职业发展通道，促使员工自身职业技能提升和职业生涯目标的实现。

景区组织职业生涯管理是人力资源开发的前提，也是恰当处理个人事业成功和企业发展关系的基础。从个人角度，景区组织职业生涯规划为员工的职业生涯成功提供基本的载体和科学的指导，对员工的职业生涯发展具有重要作用。从组织角度来说，职业生涯规划也起着很关键的作用。成功的职业规划对于招聘、吸引优秀人才至关重要，而且有助于维持他们的工作热情。从更广泛的意义而言，组织进行职业生涯规划，能够提高员工的工作质量，形成积极向上的工作态度，并提升他们对景区企业的忠诚度。

（二）景区组织职业生涯管理的方法

职业生涯规划的目的是帮助员工正确认识自己，在仔细观察和评估内在与外在环境的基础上，为员工设计出合理可行的职业生涯发展目标，促使员工达到和实现个人目标，并同时实现景区组织发展的目标。职业生涯是一个逐渐展开的过程，在不同时期，员工所面临的职业生涯发展任务也各不相同。因此，景区企业在实行组织职业生涯管理时，必须充分认识不同职业生涯阶段的管理重点。

1.职业生涯早期阶段

职业生涯早期阶段，是指一个人由学校进入组织并在其内部逐步“组织化”、为组织所接纳的过程。这一阶段一般发生在20—30岁之间。此阶段组织承担的任务比较重，它需要对新员工进行有效评估、培训、职业生涯规划等，通过这些举措来促使员工逐渐适应新工作。在这一阶段，景区组织的职业生涯管理主要包含以下几个方面：

(1)对新员工进行上岗引导和岗位配置。新员工进入景区，对该员工最初的上岗引导和岗位配置非常重要。新员工上岗引导，是指给新员工提供有关景区组织的基本背景情况。包括：工资如何发放和增加，工作时间为每周多少小时，新员工将与谁一起工作，等等。这种信息对员工做好本职工作是必需的。

在大多数组织的上岗引导活动中，首先是景区人力资源部负责人或其他领导向新员工介绍景区的基本情况，如景区发展的历史、现状，景区发展的宗旨、任务及目标等；解释工作小时数、休假等问题；让新员工学习劳动纪律等相关制度规范；明确景区对员工的要求，培养员工对景区的归属意识等。然后，将新员工分配到一定岗位，并介绍给他的新主管，由这些主管来继续进行上岗培训，包括准确讲解新工作的职责，将新员工介绍给他的同事，让新员工熟悉工作场所，灌输景区企业文化，接受组织正确的价值观等。

上岗引导是员工自身目标与企业目标一体化过程的开端。通过上岗引导，使员工潜移默化地接受景区的使命、团队价值观、改进和解决问题的方式等景区企业文化的内容，促使员工能够快速融入景区企业这个大家庭，努力工作，实现个人和景区企业的共同进步。

(2)提供一个富有挑战性的最初工作。大多数专家都认为，组织能够做的最重要事情之一就是争取为新员工提供一份富有挑战性的最初工作。事实上，分配给新员工一项富有挑战性的工作，帮助新员工学会如何工作，并对其潜能进行考察和测评；根据新员工的工作表现设计职业生涯规划，这对景区发展和员工未来发展都会产生重要的影响。

(3) 在招聘时提供较为现实的未来工作愿望。最大限度地减弱现实冲击，提高新员工长期工作绩效的有效途径之一是在招聘时就向被招聘者提供较为现实的、关于未来工作的描述，使他们明了，如果自己到景区企业工作，估计能够得到哪些方面的利益。这种做法能够使景区企业的工作真实地展现在被招聘者面前，促使他们对工作的期望与现实情况趋向一致，有助于提高员工留在景区企业的比率。

（4）严格要求新员工，积极开展职业生涯规划活动。新员工和上级之间往往存在一种“皮格马利效应”，即上司的期望值越大，对自己的新员工越信任、越支持，那么，你的新员工干得就越好。因此，在一位新员工开始探索性工作的第一年，企业应该为他找到另一位具有较高工作绩效、能够通过建立较高的工作标准来严于律己的老员工，并为他们提供必要支持的主管人员。

景区组织还应当采取步骤，加强新员工对自身职业生涯规划和管理活动的参与。比如，有些企业正在尝试开展一些活动，使员工意识到职业生涯规划的重要性，并自觉开展职业生涯规划。通过这些活动，员工可以学到职业生涯规划的基本知识，并有机会参与各种以明确自己的职业锚为目的的活动，以及形成较为现实的职业目标，等等。

2. 职业生涯中期阶段

这是一个时间周期长（年龄跨度一般是从25—50岁）、富于变化的阶段。这一阶段既有可能获得职业生涯成功（甚至达到顶峰）、又有可能出现职业生涯危机的一个很宽阔的职业生涯阶段。因此，景区组织要实现自身的发展目标，就必须强化其职业管理任务，设计促进员工职业生涯中期发展的管理方案和措施，预防和补救职业生涯中期可能出现的危机，加强组织职业生涯管理。就一般情况而言，在此阶段应主要把握以下几个方面：

（1）建立内部晋升计划，畅通职业生涯通道。这一措施主要适用于有培养前途、有作为、能获得晋升的员工。对于许多员工来说，在景区组织中实现职业生涯发展的实质就是员工能够发挥潜能、并获得成功。因此，景区组织已经制订具有综合性的职业生涯管理，以及内部晋升计划，其中包括制定内部晋升政策、人力开发活动、以职业发展为导向的工作绩效评价等，这些计划的综合实施是保证员工不断向上发展的关键。

（2）实施工作轮换，防止工作出现“疲顿倾向”。美国学者罗伯特·卡茨等人的研究发现，个人的工作满足程度会随着自身从事一项给定工作的时间长度而发生变化。在个人从事某项职业的最初几年，工作的丰富化、工作再设计，以及涉及职业本身的其他变化都会对自己产生很大的吸引力、刺激力，个人对工作的变化与改进也会感到兴奋，并不遗余力地做出自己的贡献。这被卡茨称为“反应期”。特别是在从事一项工作的最初半年里，个人充满了新鲜感，有检验自身知识和能力的愿望与需求，以及渴望获取成效的激情。在持续工作的五年中，个人的追求与满足集中于尽快了解、熟悉工作和适应工作需要上。然而，当个人工作资历达到五年以上的长久时间，他对工作再设计便可能失去反应，对工作本身产生了“疲顿倾向”，出现失去进取心和创新精神的潜在危险。这时个人的工作满足源转向了工作的外因素,如监督的性质、工作场所的人际关系、作业环境与条件、报酬和福利、退休方案及其待遇,等等。因此,企业为防止或预防这种现象的发生,可以制订明确合理的工作轮换计划,即将一个人安排到另一个工作岗位,而所承担的职责会有所不同,但差异性不大。这种措施能使员工获取新知识和新技能,增强对企业工作流程的认识,为今后的晋升和发展奠定基础。

(3) 改善工作环境,预防职业生涯中期危机。工作环境和条件对员工的发展具有重要影响。景区的硬环境如工作场所、绿化水平等,会对员工的身心健康产生直接影响;景区软环境如企业文化、目标、价值观、具体规章制度、劳动关系、人际关系等,对员工的进取心、归属感和工作积极性产生重要影响。企业进行职业生涯管理的一个重要职责和措施,就是要不断更新改造员工所处的工作环境和条件,促进员工的职业生涯发展。特别是对处于职业生涯中期的员工来讲,改进工作环境和条件,增加薪酬、津贴、奖金,使他们享受到更多的福利待遇,是预防职业生涯中期危机、调动员工积极性、激发员工活力的有效措施。

3. 职业生涯后期阶段

在职业生涯后期阶段,员工一般处在50岁至退休年龄之间,这时员工已进入职业生命的最后阶段。这一阶段员工的人生需求变化很大,而职业生命尚有十年左右的时间。如何发挥员工的潜能和余热,并帮助员工顺利度过这段时间,是组织义不容辞的责任。所以,在职业生涯后期,组织仍肩负着很重的职业生涯管理任务,组织的主要工作包括:

(1) 制订退休计划,着手退休安排。退休计划是企业向处于职业生涯晚期的员工提供的、用于帮助他们准备结束职业工作、适应退休生活的计划和活动。退休是企业保持更新与活力、稳定员工职业生活的必然需求。良好的退休计划,可以使员工尽快顺利地适应退休生活,达到稳定企业员工心理、保持员工年龄结构的正常新陈代谢、提供更多的工作和晋升机会的目的。

(2) 做好退休人员的职业工作衔接,保持工作正常运行。员工退休,但企业仍要正常运转。因此,景区组织要有计划地分期、分批安排应当退休的员工退休,切不可因为退休影响工作正常进行。在退休计划中,选好退休员工所在职位的接替人,及早进行接替人的培养工作,是非常重要的。企业可以采取多种形式对接替员工进行岗位培训与学习,例如,同时跟退休员工一起工作一段时间,进行实地学习。请老员工传、帮、带等,帮助退休员工与其接替者做好具体的交接工作,实现新老员工职业更替时的正常衔接,保证工作正常顺利进行。

(3) 采取多种措施,做好员工退休后的生活安排。企业应尽可能地把退休职工的生活安排得丰富多彩和有意义。例如,鼓励退休员工进入老年大学,发展多种兴趣爱好,参加社会公益活动和老年群体的集体活动等;经常召开退休员工座谈会,增进退休员工与企业的互动,向退休者通报企业发展情况,互通信息,征求退休员工对企业发展的意见和建议,加强员工之间的沟通与交流。企业还应该以多种形式关心退休员工,如为退休员工办好养老保险和医疗保险,举办老年人医疗保健活动;关心退休者的疾苦,切实解决他们的实际困难和问题;召开退休员工联谊会,进行多方面的信息交流,丰富退休生活。另外,如果退休员工个人身体和家庭情况允许,尚可继续参加工作,组织可以采取兼职、顾问或其他某种方式聘用他们,使其发挥余热。

五、职业生涯管理的实施与成效

职业生涯管理的实施,主要是针对如何取得职业生涯最佳成效而言的。职业生涯管理关乎企业和个人的利益,如何才能成功地实施职业生涯管理并取得最佳成效呢?

(一)领导重视是关键

景区组织的上层领导是否重视,是景区能否顺利开展职业生涯管理的最重要影响因素之一。它关系到人员配置、资金投入、绩效评估等一系列问题。如果能得到领导的高度重视和大力支持,将职业生涯管理作为人力资源管理的重要职能,就可以制定相应的政策,配备相关人员,使职业生涯管理工作取得应有的成效。

职业生涯管理是一项长期的激励工作,与薪酬相比,职业生涯管理成效较慢,但从长期效应来看,这项管理有利于留住员工的心,促使员工形成持续发展的能力。

(二)专职人员是核心

职业生涯管理是一项专业性较强的工作,从事这项工作的人员需具备比较专业的知识,如熟悉职业生涯管理的思路,能够帮助员工解决在职业生涯设计方面存在的疑问,等等。否则,职业生涯管理活动便无法展开。一般来说,负责职业生涯管理的人员至少应具备以下方面的知识和技能:熟悉景区人力资源管理工作;具备较强的沟通和协调能力;熟悉职业指导的知识,掌握职业辅导的技能。

(三)全员参与是基础

从理论层面说,实施组织职业生涯管理是景区人力资源管理部门的职责。但是,员工个人和各级管理者也有非常特殊的作用。一般来说,景区人力资源管理部门主要进行信息建设、制度建设、环境和条件建设,而具体的实施主要靠员工个人和各级管理者。从员工个人的角度,员工个人应该不时地从外界如上级领导或同事那里获取自身优点和缺点等相关信息,针对外界评价,结合自身发展阶段,作自我评估,不断修正和完善职业生涯规划。另外,员工个人应充分了解景区企业给予员工的学习和晋升的机会,学会抓住机遇,提升自我。从各级管理者的角度,在职业生涯管理过程中,需要从思想观念到行为制度上予以配合。一方面,管理者要学会细心观察自己下属的工作成绩、工作态度,了解他们在工作上、在家庭生活中都有什么困难,等等;另一方面,管理者要加强对下属的能力、知识和技能、职业发展愿望等方面的考察,并有针对性地开展职业生涯辅导,做到真正地为员工着想、为组织着想。

(四)职能部门是总管

人力资源管理部门是景区人力资源开发和管理的职能部门,其重要职能之一就是员工的职业生涯管理。一方面,对员工的选拔、晋升、培训、考核等是该部门的职责所在;另一方面,该部门的员工具备相关的理论知识和实践经验,对员工的职业生涯规划的制定可以给予应有的指导和帮助。因此,由人力资源部来负责实施是比较理想的选择。

案例分享

案例一　铁桶的故事

一天某教授给一群大学生做了一个实验,把石块放进铁桶里,直到再也装不下一块石头时,教授问:“现在铁桶里还能不能装得下石头?”“不能。”学生们回答。“真的吗?”教授问。随后,他拿出一小桶碎石,不一会儿,这一小桶碎石全装进了桶里。“现在铁桶里是不是再也装不下了?”教授又问。接着又拿出一小桶细沙,倒在铁桶里,大约半分钟后,就看不到细沙了。“现在铁桶满了吗?”这一次,他端来一桶水,慢慢地把水往铁桶里倒。

“这个实验说明了什么?”教授说,“它告诉我们:如果你不是首先把石块装进铁桶里,那么,你就再也没有机会把石块装进铁桶里了,因为铁桶里早已经装满了碎石、沙子和水。而当你先把石块装进去,铁桶里会有很多你意想不到的空间来装剩下的东西。所以,在我们的职业生涯中,你们必须分清楚什么是石块,什么是碎石、沙子和水,并且应该把石块放在第一位。”

思考题:

1. 本案例带给你什么启示?如何分清楚什么才是你想要的“石块”?

2. 结合案例给你的启示,以“这就是我”为题,进行自我分析,找到自己会做什么、可以做什么、擅长什么,发现自己的潜能。要求客观、真实、深入评价自己,字数500字以上。

案例二　训练营

森林里的小动物们举办一个训练营,训练营共开设五门课程:唱歌、跳舞、跑步、爬山和游泳。第一天，来了许多小动物，有小鸭、小鸡、小鸟、小乌龟、小兔、小山羊和小松鼠。

当训练营的教练宣布今天上跑步课的时候，小兔子兴奋地围着体育场跑了一个来回，并自豪地说："我能做好我天生就喜欢做的事情！"而再看其他小动物，有撅着嘴的，有耷拉着脸的。

第二天一大早，小兔子蹦蹦跳跳来到学校。训练营的教练宣布今天上游泳课，小鸭兴奋地一下跳进水里，天生恐水的小兔子傻了眼。

小兔子根本不是学游泳的料，即使再努力，它也不会成为游泳能手；当然，如果训练得法，它也许会成为跑步冠军。

思考题：

1. 结合案例，思考员工的自我发展和职业生涯规划有什么内在的联系。
2. 搜索职业生涯规划样本，模仿进行个人职业生涯规划。

思考与练习

1. 职业锚有哪些类型？
2. 在职业生涯中怎样看待职业调整？怎样进行职业调整？
3. 组织职业管理对传统人事管理提出了哪些挑战？

参考文献

[1]约翰·M.伊万切维奇[美],赵曙明.人力资源管理[M].北京:机械工业出版社,2005.

[2]姚裕群,张琪,李宝元.人力资源管理开发与管理案例[M].长沙:湖南师范大学出版社,2007.

[3]于桂兰,苗宏慧.人力资源管理[M].北京:北京交通大学出版社,2009.

[4]潘琦华.人力资源管理新教程[M].北京:北京师范大学出版社,2010.

[5]马光菊.人力资源管理[M].北京:中国财政经济出版社,2008.

[6]陈才,龙江智.旅游景区管理[M].北京:中国旅游出版社,2008.

[7]孙健敏.人力资源管理[M].北京:科学出版社,2009.

[8]王惠琴.人力资源管理[M].北京:中国经济出版社,2009.

[9]李旭穗.人力资源管理实务[M].广州:华南理工大学出版社,2009.

[10]贺秋硕,喻靖文.人力资源管理案例引导教程[M].北京:人民邮电出版社,2010.

[11]李作学.人力资源管理工作案例[M].北京:人民邮电出版社,2009.

[12]刘子龙,张颖昆.人力资源管理[M].北京:机械工业出版社,2010.

[13]张国栋,冯小俊.人力资源管理[M].北京:经济科学出版社,2009.

[14]黄维德.人力资源管理实务教程[M].北京:北京大学出版社,2009.

[15]于秀之.人力资源管理[M].北京:中国社会科学出版社,2008.

[16]曲建国.人力资源管理[M].北京:清华大学出版社,2009.

[17]戴昌钧.人力资源管理[M].天津:南开大学出版社,2008.

[18]夏兆敢.人力资源管理[M].上海:上海财经大学出版社,2006.

[19]罗碧华,李昱,谭谊.人力资源管理理论与实务[M].长沙:湖南大学出版社,2008.

[20]周占文.人力资源管理[M].北京:电子工业出版社,2009.

[21]董观志.景区经营管理[M].广州:中山大学出版社,2007.

[22]张进福,黄福才.景区管理[M].北京:北京大学出版社,2009.

[23]卢晓.旅游景区服务与管理[M].北京:清华大学出版社,2009.

[24]王淑华.旅游景区经营与管理[M].郑州:郑州大学出版社,2008.

[25]赵黎明.旅游景区管理学[M].天津:南开大学出版社,2009.

[26]周玲强.旅游景区经营管理[M].杭州:浙江大学出版社,2006.

[27]钟永德,陈晓磬.旅游景区管理[M].武汉:武汉大学出版社,2009.

[28]加里·德斯勒.人力资源管理(第9版)[M].北京:中国人民大学出版社,2005.

[29]李洪波.旅游景区管理[M].北京:机械工业出版社,2008.

[30]刘伟,刘国宁.人力资源[M].北京:中国言实出版社,2005.

[31] 谢晋宇.人力资源开发概论[M].北京:清华大学出版社,2005.

[32]李琦.人力资源管理基础技能实训[M].北京:北京大学出版社,2007.

[33] 孙泽厚,罗帆.人力资源管理理论与实务(第二版)[M].武汉:武汉理工大学出版社,2007.

[34]吴冬梅,白玉苓.人力资源管理案例分析[M].北京:机械工业出版社,2008.

[35]赵曙明.人力资源管理[M].北京:中国人民大学出版社,2006.

[36] 贾斌,杜大为.人员素质与能力测评.北京:电子工业出版社,2006.

[37]顾英伟.绩效考评[M].北京:电子工业出版社,2006.

[38]杨序国,何稳根.绩效管理何以见绩效[M].长沙:湖南科学技术出版社,2006.

[39]赵文明,赵建伟.员工绩效考核与绩效管理实务手册.北京:中国致公出版社,2005.

[40] 郑兰先.人力资源管理[M].北京:清华大学出版社,2008.

[41]方少华.人力资源咨询.北京:机械工业出版社,2006.

[42]杜映梅.绩效管理[M].北京:中国发展出版社,2006.

[43]朴愚,顾卫俊.绩效管理体系的设计与实施[M].北京:电子工业出版社,2006.

[44]乔治·T.米尔科维奇. 薪酬管理(第六版).北京:中国人民大学出版社,2002.

责任编辑：刘立梅

图书在版编目(CIP)数据

旅游景区人力资源管理/沈雁飞主编. ——北京：旅游教育出版社，2012.2
新编高职高专旅游管理类专业规划教材
ISBN 978-7-5637-2265-5

Ⅰ.①旅… Ⅱ.①沈… Ⅲ.①旅游区—人力资源管理—高等职业教育—教材
Ⅳ.①F590.6

中国版本图书馆CIP数据核字(2011)第264228号

新编高职高专旅游管理类专业规划教材
谢彦君 总主编
旅游景区人力资源管理
沈雁飞 主编
余世勇 副主编

出版单位	旅游教育出版社
地　　址	北京市朝阳区定福庄南里1号
邮　　编	100024
发行电话	(010)65778403 65728372 65767462(传真)
本社网址	www.tepcb.com
E-mail	tepfx@163.com
印刷单位	北京中科印刷有限公司
经销单位	新华书店
开　　本	787×960 1/16
印　　张	13.75
字　　数	214千字
版　　次	2012年2月第1版
印　　次	2012年2月第1次印刷
定　　价	24.00元

(图书如有装订差错请与发行部联系)